U0725406

普通高等教育土建学科专业"十二五"规划教材

全国高职高专教育土建类专业教学指导委员会规划推荐教材

房地产投资决策分析

（房地产经营与估价专业适用）

褚菁晶　主　编

裴艳慧　吴俊臣　副主编

银　花　陈有平　主　审

中国建筑工业出版社

1 房地产投资决策分析概述

【学习要点】 通过本章学习，了解投资的内涵、投资行为四要素、房地产投资的概念、类型、特性及作用；熟悉房地产投资的影响因素、投资价值的概念、房地产投资项目周期的划分；掌握房地产投资决策分析的内容和任务。

1.1 房地产投资的概念与类型

1.1.1 房地产投资的内涵

1. 投资的内涵

投资，是经济主体（国家、企业、个人）以获得未来货币增值或收益为目的，预先投入一定量的货币与实物，经营某项资产的经济行为。从广义上来说，用于投资的资源既可以是资金，也可以是土地、人力、技术、管理经验或其他资源；从狭义上来讲，用于投资的资源特指资金。投资的形式主要有：股票投资、债券投资、房地产投资、银行储蓄和期货买卖等。

投资行为有四个基本要素，包括投资主体、投资客体、投资目标和投资方式。

（1）投资主体，也叫投资者，指组织投资活动、筹集和提供投资基金、进行投资决策并实施投资的行为主体。包括各级政府、企事业单位或个人等。

（2）投资客体，即投资对象或标的物，如房地产、设备、技术、股票等。

（3）投资目标，即投资活动要达到的目的和投资者的投资动机，通常投资目标按其所反映利益的性质不同分为三类：反映经济利益的盈利性目标，是以资本的回收和增值为表象的；反映社会效益的社会性目标，是以社会综合效益为表象的；反映环境效益的环境性目标是以投资环境的改善为表象的。其中，盈利性目标是投资的主动力。

（4）投资方式，指投资过程或投资活动的运行方式，一般分为直接投资和间接投资。直接投资是把资金直接投入建设项目，形成实物资产（房屋、设备、建筑用地等）或投入社会生产经营活动（商业、开发等）的投资；间接投资指通过购置有价证券（期货、债券、股票、基金等）进行的投资。

2. 房地产投资

房地产投资是指经济主体（国家、企业、个人）将一定的资金直接或间接地投入到未来的房地产开发、经营、管理、服务和消费等活动中，期望获得未来房地产资产增值或收益的经济行为。房地产投资的对象从广义上来说，包括房地产资产和房地产资产权益。前者拥有的是实物资产，进行的是直接投资（如房地产开发投资和房地产置业投资等）；后者拥有的是权益资产，进行的是间接投资（如购买房地产企业发行实物股票、债券，以及购买房地产资产支持的证券或债券等）。

住宅。公共住房又可细分为面向低收入家庭出租的廉租住房、面向中低收入家庭出售的公共租赁住房、经济适用住房以及面向中等收入家庭出售的限价商品住房等多种类型。商品住宅中，又可细分为商品住宅、高档公寓和别墅等多种类型。住宅是人类需要的最基本的生存条件之一，随着人们生活水平的提高和支付能力的增强，在今后的房地产投资中，住宅房地产投资市场潜力最大，投资风险也相对较小。

（2）商业房地产投资。商业房地产也称经营性物业或投资性物业，包括写字楼、商场、旅馆等，是能出租经营、为投资者带来经常性现金收入的房地产。这类投资涉及的资金数量巨大，收益较大，但同时承担的风险也较大。

（3）工业房地产投资。工业房地产通常为人们的生产活动提供空间，包括轻工业厂房、重工业厂房、高新技术产业用房等。由于受到工业生产工艺及要素的限制，工业房地产变现性较难，其投资风险较大。不过随着物流行业的发展，传统的以自用为主的仓储用房也越来越多地用于出租经营，成了工业房地产的重要组成部分。

（4）酒店和休闲娱乐设施投资。酒店和休闲娱乐设施是为人们的商务或公务旅行、会议、旅游、休闲、娱乐活动提供入住空间的建筑，包括酒店、休闲度假中心等。严格地说，这类投资业属于商业房地产投资，但其在经营管理服务活动上的特殊性，又使得其成为一种独立的投资类型。

（5）特殊用途房地产投资。特殊用途房地产是除去住宅、商业、工业等典型房地产类型后剩下来的非典型的、不具有代表性的各种房地产的统称，主要包括加油站、停车场、高尔夫球场、休闲旅游房地产、温泉、码头、高速公路、隧道等。这类房地产交易量小，同时其经营的内容通常要得到政府的特许，因此这类房地产的投资多属于长期投资，投资者靠日常经营活动的收益来回收投资、赚取投资收益，但特殊用途房地产适用性较差，因此投资风险也较大。

3. 按房地产投资经营方式划分

按房地产投资经营方式，可将其划分为出售型房地产投资、出租型房地产投资和混合型房地产投资。

（1）出售型房地产投资。这是指房地产投资以预售或开发完成后出售的方式得到收入、回收开发资金、获取开发收益，以达到预期投资目标。

（2）出租型房地产投资。这是指房地产投资以预租或开发完成后出租的方式得到收入、回收开发资金、获取开发收益，以达到预期投资目标。

（3）混合型房地产投资。混合型房地产投资是出售型和出租型的综合，是指房地产投资以预售、预租或开发完成后出售、出租、自营的各种组合方式得到收入、回收开发资金、获取开发收益，以达到预期投资目标。

4. 按房地产投资对象来划分

（1）地产投资。地产投资的对象是土地，通过对土地的开发和再开发，以出售或出租的方式经营，从而获取投资收益。最主要的地产投资形式就是土地开发投资，一般分为旧城区土地开发投资和新城区土地开发投资。

旧城区土地开发投资是指在原有城市建成区范围内对土地进行再开发，以提高旧城区土地利用价值的投资。旧城区往往都地处城市中心，大多是商业、文化活动的聚集地，这种区位的优越性使得将来在旧城区建成的商业、办公、旅游等项目出售、出租的价格水平较高，能够给开发商带来较高的收益。但旧城区土地开发投资也有土地开发费用昂贵、环境污染较严重、受规划限制大等缺点。

新城区土地开发投资是指在原有城市建成区以外对土地进行开发，将农用地转变为非农建设用地的投资。新城区土地开发投资的优势在于受周围环境制约少、城市规划限制条件少、拆迁安置补偿费低等，其缺点在于新区一般都是不具备开发建设条件的生地，配套设施少，基础设施不完备。

（2）房产投资。房产投资主要是用于房屋开发建设的投资，它是固定资产投资中非生产性建设投资的重要组成部分。通常，纯粹投资于房屋的情况比较少见，房产投资需要结合地产投资进行综合考虑。

（3）物业管理和服务投资。这是指用于物业管理和相关服务（如维修、保养）的投资，是房地产保值增值的重要环节。物业管理资金主要来源于物业维修基金、物业服务费用以及物业服务企业的经营性收入等。随着我国房地产业的不断发展，越来越多的房地产消费者更加关注物业管理的质量，物业管理和服务投资具有广阔的投资前景。

1.1.3 房地产投资的特性

房地产本身是比较特殊的资产类型，受制于房地产的不可移动性、异质性和弱流动性等特性，形成了房地产投资区别于其他类型投资的重要特性。

1. 产生级差收益

由于房地产具有不可移动性的特点，所有的房地产不论其外形、性能、用途如何，都只能固定在一定的地方，无法随便移动其位置。由于位置的固定性，使得房地产项目的开发、经营等一系列经济活动都必须就地进行，从而使房地产具有区域性的特点。此外，因每一栋房屋都会因用途、结构、材料和面积以及建造的地点、时间和房屋的气候条件等的不同而产生诸多的相异之处，在经济上不可能出现大量供应同一房地产的情况。

由于房地产的以上特性，就产生出对房地产投资的级差效益性，即地域的不同决定了房地产的价格的不同。例如，处于一个城市市区的房地产，其价格就远远高于郊区的房地产，即便在市区，也会因人口的密集程度、文化教育的发展程度等不同而不同，一般来说黄金地段的房地产价格必然昂贵。而且房地产的价格是相互影响的，其价格往往取决于其周围其他房产的开发状况和开发程度。

2. 投资周期较长

整个房地产投资的实际操作，就是房地产整个开发过程。对每一个房地产投资项目而言，它的开发阶段一直会持续到项目结束，投入和使用的建设开发期是相当漫长的。房地产投资过程中间要经过许多环节，从土地所有权或使用权的获得、建筑物的建造，一直到建筑物的投入使用，最终收回全部投资资金需要相当长的时间。房地产投资的资金回收期长，原因包括：①因为房地产投资不是一个简单的购买过程，它要受到房地产市场各个组成部分的制约，如受到土地投资市场、综合开发市场、建筑施工市场、房产市场的限制，其中特别是房屋的建筑安装工程期较长，投资者把资金投入房地产市场，往往要经过这几个市场的多次完整的运动才能获得利润；②由于房地产市场本身是一个相当复杂的市场，其复杂性不是单个投资者在短期内所能应付得了的。所以，一般投资者必须聘请专业人员来进行辅助工作，才能完成交易。这样，又会增加一定的时间；③如果房地产投资的部分

5

回收是通过收取房地产租金实现的，由于租金回收的时间较长，这样更会使整个房地产投资回收期延长。

3. 需要适时的更新改造投资

从持有房地产作为长期投资的角度出发，必须努力使所投资的房地产始终能在激烈的市场竞争中处于有利的地位。这就要求投资者适时调整房地产的使用功能，以适应市场环境的变化。房地产的收益是在使用过程中产生的，投资者通过及时调整房地产的使用功能，使之适合房地产市场的需求特征，不仅能增加房地产投资的当前收益，还能保持甚至提升其所投资房地产的价值。例如，写字楼的租户需要更方便的网络通信服务，那就可以通过升级现有网络通信设施来满足这种需求；购物中心的租户需要改善消费者购物环境、增加商品展示空间，那就可以通过改造购物中心的空间布局来满足这些需求；公寓内的租户希望获得洗衣服务，那就可以通过增加自助洗衣房、提供出租洗衣设备来解决这一问题。

按照租户的意愿及时调整或改进房地产的使用功能十分重要，这可以极大地增加对租户的吸引力。对投资者来说，如果不愿意进行更新改造投资或者其所投资房地产的可改造性很差，则意味着投资者会面临着较大的投资风险。

4. 流动性较差

流动性较差是指房地产投资在短期内变现的能力差，这与房地产资产的弱流动性特征密切相关。虽然房地产资产证券化水平在逐渐提高，但也不能从根本上改变房地产资产流动性差的弱点。

房地产投资成本高，不像一般商品买卖可以在短时间内马上完成轻易脱手，房地产交易通常要一个月甚至更长的时间才能完成；而且投资者一旦将资金投入房地产买卖中，其资金很难在短期内变现。所以房地产资金的流动性和灵活性都较低。当然房地产投资也有既耐久又能保值的优点。房地产商品一旦在房地产管理部门将产权登记入册，获取相应的产权凭证后，即得到了法律上的认可和保护，其耐久保值性能要高于其他投资对象。

5. 易受政策影响

房地产投资容易受到政府宏观调控和市场干预政策的影响。由于房地产在社会经济活动中的重要性，各国政府均对房地产市场倍加关注，经常会有新的政策措施出台，以调整房地产开发建设、交易和使用过程中的法律关系和经济利益关系。而房地产不可移动等特性的存在，使房地产投资者很难避免这些政策调整所带来的影响。政府的土地供给、公共住房、房地产金融、税收和市场规制等政策的变更，均会对房地产的市场价值产生影响，进而对房地产投资意愿、投资效果产生影响。

6. 依赖专业管理

房地产投资离不开专业化的投资管理活动。在房地产开发投资过程中，需要投资者在获取土地使用权、规划设计、工程管理、市场营销、项目融资等方面具有管理经验和能力。房地产置业投资，也需要投资者考虑租户、租约、维护维修、安全保障等问题，即使置业投资者委托了专业物业资产管理公司，也要有能力审查批准物业资产管理公司的管理计划，与物业资产管理公司一起制定有关的经营管理策略和指导原则。此外，房地产投资还需要房地产估价师、房地产经纪人、会计师、律师等提供专业服务，以确保置业投资总体收益的最大化。

7. 存在效益外溢和转移

房地产投资收益状况受其周边物业、城市基础设施与市政公用设施和环境变化的影响。政府在道路、公园、博物馆等公共设施方面的投资，能显著提高附近房地产投资的价值和收益水平。例如城市快速轨道交通线的建设，使沿线房地产资产由于出租率和租金水平的上升而大幅升值；城市棚户区改造、城中村改造等大型城市更新项目的实施，也会使周边房地产资产的价值大大提高。从过去的经验来看，能准确预测到政府大型公共设施建设并在附近预先投资的房地产投资者，都获得了较大的成功。

【例 1-1】 下列各项中，属于房地产投资特性的是（   ）。

A. 房地产投资回收期长

B. 房地产投资会对周围环境和项目产生影响

C. 房地产投资需要专业的金融服务支持

D. 房地产投资受区位影响

E. 房地产投资收益率较低

解答：房地产投资需要大量的资金，过程会持续较长，因此投资周期长，投资的回收期自然长；房地产投资会产生级差收益，这主要是由于区位的影响；房地产投资影响其周边物业、城市基础设施与市政公用设施和环境，产生效益外溢，这正是相互影响性的体现；房地产投资离不开专业的管理和支持，虽然存在风险，但房地产投资的收益率是很高的。因此，正确答案是 A、B、C、D。

1.1.4 房地产投资的作用

房地产业是国民经济的支柱型产业，房地产投资行为是房地产业的必然组成部分，是支持房地产业发展、维持经济高增长的必要手段。房地产投资的作用分为两个方面。

首先，从宏观的角度来看：①房地产投资有利于国民经济的发展，对一个国家或地区的经济增长、就业机会创造以及相关产业的发展，均具有重要的带动作用，可以增加政府财政和税收收入；②房地产投资能够协调优化社会资源配置，能够改善人民居住水平和社会福利、提高城市公共品质量和城市空间使用效率；③房地产投资可以有效地改善城市投资环境，通过直接投资和间接投资形式，有效合理地进行投资组合与分配，改善投资环境，加快资产增值。

其次，从微观角度来看：①房地产投资是一种增值手段，投资者可以通过房地产投资，获得经常性的租金收入和资本增值；②房地产投资的风险与收益适当，房地产投资者通过投资组合，降低其投资的总体风险，抵御通货膨胀的影响；③房地产投资可以获得避税收入，在实际经营收入相同的情况下，提取的折旧越多，所要缴纳的所得税就越少，从而起到了避税的作用；④房地产投资可以提升投资者资信等级，房地产投资行为通常能够以房地产作为贷款条件，因此获得大量资金支持，同时由于资产保障性好而获得较高的资信等级。

1.1.5 房地产投资的影响因素

影响房地产投资的因素较多，其中主要因素有经济因素、社会因素、政治和行政因素、政策法规因素和技术因素等。

1. 经济因素

影响房地产投资的经济因素往往是比较直接的，例如经济发展状况、居民储蓄、消费水平，财政收支及金融状况、居民收入水平等。它们都影响着房地产投资者的决策结论：是否投资、投资何种类型的房地产、投资的规模等。

2. 社会因素

影响房地产投资的社会因素主要有社会秩序、城市化水平、人口水平、人均收入水平等。社会秩序包括当地社会的稳定性、安全性，当地居民对本地经济发展的参与感，对外来经济实力的认同感等。一个地区社会秩序好，就会优化投资环境，特别是房地产的投资环境。城市化发展意味着人口向城市地区集中，会造成城市房地产的需求不断增加，从而带动房地产投资增加。人口的不断增长，会增加对房地产的需求，使得房地产价格上扬，进而刺激房地产投资，如此良性循环。

3. 政治和行政因素

影响房地产投资的政治和行政因素主要有政治局势、行政隶属变更、城市发展战略和城市规划等。一个国家或者某一地区政治环境稳定，相应的经济策略就会可持续利于经济发展，吸引众多国内外投资者投资于房地产行业，促进房地产业的发展。如果出现行政隶属变更，例如将某个非建制镇升格为建制镇，或将某个地区由县级市升级为地级市，势必会促使该地区的房地产价格上涨，从而促进房地产投资。城市发展战略、城市规划、土地利用规划等对房地产投资都有很大的影响，特别是城市规划对房地产用途、建筑高度、容积率等的规定对投资的影响非常大。

4. 政策法规因素

影响房地产投资的政策因素主要有房地产政策、金融政策、税收政策；法规因素主要是指房地产相关法律法规。房地产政策的变化直接影响到房地产投资的政策保障度、市场变化、运作模式等。由于房地产投资的资金来源很大比例来自贷款，如果金融政策出现变动，特别是存贷利率的变动，将会对房地产投资收益有非常重要的影响。而房地产的税收政策是否合理，直接关系到房地产投资收益的高低。至于法规方面，影响因素主要是土地和房地产以及投资的相关法律的完整性、法制的稳定性和执法的公正性。完整性是指投资项目所依赖的法律条文的覆盖面，稳定性是指法规是否变动频繁，公正性是指法律纠纷争议仲裁过程中的客观性。法规的完整与否，决定对房地产投资是否有促进作用。

5. 技术因素

影响房地产投资的技术因素主要包括施工技术、房屋装修技术等。一流的施工技术能够保证房地产物质实体的质量，有利于房地产投资的长远发展。同时，房屋的装修技术也是房地产价值增值的有效影响因素。

1.2 房地产投资分析与决策

1.2.1 房地产投资决策分析的内容

房地产投资决策分析就是围绕事先确定的经营目标，在占有大量信息的基础上，借助于现代化的分析手段和方法，通过定性的推理判断和定量的分析计算，对各种房地产投资机会进行分析并作出选择的过程。

房地产投资决策分析的内容一般包括以下几个方面。

1. 房地产投资决策的环境与市场分析

在投资前期，充分了解和把握投资环境，对于制定正确的房地产投资方案、做出正确的房地产投资决策是非常重要的。房地产投资决策环境分析主要关注的是与房地产的建设、销售等相关的制度、政策法规的稳定性，管理方法的合理性以及基础设施的完备状况等。同时，政治、经济、法律、社会文化、基础设施和配套设施、自然地理六大因素的共同作用又在不同程度上影响着房地产投资环境。

市场状态直接决定着投资项目未来的收益水平。因此，房地产投资项目在投资决策确定之前，需要调查房地产市场需求情况，辨识把握房地产市场动态。

2. 房地产投资策划与产品定位

在进行了投资环境与市场分析之后，要根据市场条件和投资环境要求选择合适的投资产品类型，因此要进行房地产投资策划与产品定位。系统的分析定位策略、选择最佳进入市场时机和产品的最佳规模，为项目做好规划。

3. 房地产投资决策区位条件分析

在大多情况下，房地产销售价格和租金水平主要是由其区位因素决定的，某一区位如果需求量大，那么该区位单位面积的租金和价格水平就会高。因此，区位条件的好坏对房地产投资项目的利润和收益有着重要的影响，项目投资必须做好区位条件分析。一般对投资决策项目构成影响的区位条件包括该项目具体地点的自然和法律特征和相关的附属建筑物、规划等限制规定的法律因素。

4. 房地产投资基础数据估算

以尽可能少的投入，获取尽可能多的收益，是理性房地产投资者的必然要求和选择。客观而准确地估算项目投资额，科学地制定资金筹集方案，对于降低项目投资额、减少建设期利息等项目支出、实现利润最大化目标具有重要的意义。融资方式多种多样，投资分析人员需要根据投资者自身状况制定各种融资方案，并根据融资方式的可能性及成本率选择最优融资方案，以保证投资所需资金能够按计划获取并将资金成本控制在最低，以增强投资项目的可行性和利润率。

5. 房地产项目投资决策的财务分析

财务分析是对项目的盈利能力、偿还能力、资金平衡能力等进行的分析。通过市场分析、成本估算和融资方案的选取，取得一系列财务评价基础数据与参数，在客观估算项目销售收入与成本费用的基础上，采用财务内部收益率、财务净现值、投资回收期、投资利润率、借款偿还期、利息备付率、偿债备付率等财务指标评价项目的可行性。

6. 房地产项目投资决策的不确定性分析

在进行房地产投资项目的经济分析中，需要运用大量的技术经济数据，如销售单价、成本、收益、贷款、利率、工期等。由于这些数据都是投资分析人员根据资料对未来的可能性作出的某种估计，所以分析中必然带有某种不确定性。房地产投资项目一般都有较长的投资建设和经营期，在此期间，主客观条件的变化会使这些数据也发生变化。通过盈亏平衡分析、敏感性分析对这些不确定性因素加以分析，以揭示项目所能达到的损益水平。所以，不确定性分析在房地产投资决策分析中具有重要意义。

7. 房地产投资项目的风险分析

房地产投资的风险主要体现在投入资金的安全性、期望收益的可靠性、投资项目的变现性和资产管理的复杂性四个方面。通常情况下，人们往往把风险划分为对市场内所有投资项目均产生影响、投资者无法控制的系统风险、仅对市场内个别项目产生影响和可以由投资者控制的个别风险。风险分析主要应用风险等级划分、风险评估方法（专家评估法、概率分析法）对风险因素加以识别，做出定量估计，分析其对项目投资决策的影响，并提出规避风险的措施。

8. 房地产投资项目的社会影响分析

房地产投资项目的社会影响分析是通过分析项目涉及的各种社会因素，评价项目的社会可行性，提出项目与当地社会的协调关系，规避社会风险，促进项目顺利实施，保持社会稳定的方案。

9. 房地产投资方案比选与决策

很多时候，投资者需要从各种投资方案中选择一个或几个投资方案。投资决策就是围绕事先确定的经营目标，在拥有大量信息的基础上，借助现代化的分析手段和方法，通过定性分析的推理判断和定量分析的计算，对各种投资方案进行比较和选择的过程。前面所完成的市场与区位分析、基础数据分析估算、财务分析、不确定性分析和风险分析是房地产投资决策的基础，投资决策是对上述分析结果的综合利用。

1.2.2 房地产投资决策分析的任务

房地产投资决策分析是一项高知识含量的工作，需要分析人员为投资者提供解决诸如投资方向、运作方式、投资收益、投资风险等问题的方法，这是房地产投资决策分析要完成的基本任务。

1. 为投资者提供投资方向

投资者在准备投资前，经常会面临投资方向的问题，诸如地域、地址选择、物业种类选择、规模、期限选择、合作伙伴选择等。投资者有可能是最初进入该市场或是投资新手，对投资环境一无所知，需要房地产投资决策分析人员做全面的指导，为投资者提供一个可行的解决方案，使投资者可以依据方案进行投资活动，并取得较好的收益。

2. 为投资者提供运作方式

一项投资活动的运作包括许多方面，例如如何获取土地使用权、如何取得建筑开工许可证、如何筹集资金、如何保证开发建设工期、如何选择合作伙伴、如何营销等问题，而这其中许多问题都是专业性极强的技术问题，仅靠投资者个人的力量是无法完成的。这就需要决策分析人员针对每个项目的具体情况提出可行的运作方式建议。

3. 为投资者预测投资收益

投资收益是投资者关心的根本问题，是进行投资活动的根本目的。收益水平的高低是投资者决定是否投资的重要因素。投资者需要详细了解全部投资额、自有资金及贷款额、资金分期投入额、贷款偿还期限及利率、投资回收期及内部收益率、利润率等。其中投资者最关心的是税后纯利润与投资的比例。也有一些投资者更关心投资的社会效益问题，如企业形象、人际关系等，这些专业的指标需要房地产投资决策分析人员进行专业的统计、测算，为投资者提供可靠的投资收益预测。

4. 为投资者分析风险并提供避险策略

风险与收益是共存的，每一个项目都存在一定的风险，决策分析人员要在帮助投资者计算投资收益的同时，让他们了解到所要承担的风险，并针对项目风险提供规避、防范风险的方法、策略，以使投资者能及时调整投资方案，免除或减少由风险造成的损失。如果分析人员没有如实分析风险或只报喜不报忧，则是严重有悖职业道德或失职的行为。

除上述任务外，决策分析人员还需就投资项目可能引发的社会问题、环境问题加以阐述和分析。房地产投资的主要目标是获取高额利润，但并不意味着不考虑投资的社会效益和环境效益。因为一项社会效益和环境效益不好的房地产投资项目，不可能获得政府的批准，或者会因社会、生态问题被强行中断，从而造成巨大损失。

1.3 房地产投资决策分析的基本问题

在进行房地产投资决策分析的过程中，通常会遇到一些基本的概念，这些概念的理解关乎投资决策结论的准确性，下面就将这些概念做一简要介绍。

1.3.1 投资价值

1. 投资价值的概念

从房地产投资的角度说，房地产的投资价值是预期的未来收益的折现价值，该价值是根据项目所能产生的税后现金流量和投资者所能接受的最低收益率，计算所得到的投资者购置该资产所应支付的最大款额。

资金投入的时间不同或者收益产生的时间不同，对项目投资价值的影响也不同。一个开发项目的投资价值在于开发完成后的价值大于其投入的成本费用，并在一定的利润水平之上；一个置业项目的投资价值在于其持有期内各年净现金流量的现值大于其投入的初始现金支出。

2. 对投资价值的理解

房地产投资价值更侧重于投资者的判断。在具体评估房地产投资价值的时候，它可以理解为潜在购买者愿意为某一物业支付的最高价格，或者是潜在卖方愿意接受的最低价格。所以投资价值也可以理解为是根据项目所能产生的税后现金流量和投资者所能接受的最低收益率，计算得到的投资者购置该资产所支付的最大款额。

同样的投资机会对于不同投资者可能产生不同的投资价值，所以更多的情况下投资价值的大小取决于投资者对某一投资机会的判断，主要基于投资者对投资对象自身及未来市场的认知、预测。

投资价值的确定更多地受制于投资者的个人因素，这些个人因素包括：投资者对投资对象未来产生利润或收益能力的预期；投资者对投资对象可能持有期的假定；投资者对投资对象销售价格的判断；投资者在个人所得税方面的不同；投资者融资前景的差异；投资者对市场其他投资机会的考虑；投资者对于风险的态度等。不同的投资者对未来经营收益的预期不同，所得税状况不同，对推迟消费意愿和承担风险的态度也不同。因此，就房地产而言，这进一步说明了不同的投资者对同一个房地产投资价值的判断是不一样的。

在投资决策分析的过程中，分析者不但要考虑项目本身的区位条件、开发条件、资金条件等，还应注重分析项目对投资者的影响，即分析投资价值，为投资者提供更为细致的分析和建议。

【例 1-2】 下列各项中，对房地产投资价值的理解正确的是（　　）。

A. 房地产投资价值是针对某个投资者而言的

B. 房地产投资价值与市场价值相同

C. 房地产投资价值是现实存在的价值

D. 房地产投资价值取决于投资者对未来的预期

E. 房地产投资价值基于分析人员的认定

解答：房地产投资价值的大小取决于投资者对某一投资机会的判断，主要基于投资者对投资对象自身及未来市场的认知、预测，与市场价值不同，是投资分析者利用大量的资料数据分析得出的，因此，正确答案是 A、C、D、E。

1.3.2 房地产投资项目周期

项目周期是指项目从起始到结束的完整循环过程，它不仅包含按时序展开的各个阶段，同时也是一个循环的过程。在项目周期循环往复的过程中，管理和投资咨询等人员可以通过不断总结经验教训，提高投资决策水平。

房地产投资项目周期是指房地产投资项目经历的全过程，在房地产领域，通常把项目周期统称为"开发经营期"，有时为分析简便，直接称之为"计算期"。主要分为开发投资项目周期和置业投资项目周期。

1. 房地产开发投资项目周期

在进行房地产开发时，将资金运用到从找区位开始，经过立项、规划设计、施工、竣工，到销售完毕，直至到经营的整个过程。因此，房地产开发投资项目周期一般包括投资前期、投资实施期以及经营期。

（1）投资前期

房地产开发投资前期又称为投资准备期，是指从投资项目设想到项目投资实施前的一段时间，具体包括投资机会研究、投资项目建议、项目可行性研究、项目评估与决策等阶段。该阶段的核心是对房地产投资项目进行论证与评价。本阶段需要对是否投资、投资规模、投资方案以及资金筹措方案等进行选择。

1）投资机会研究。投资机会研究重点在于研究能否投资，将投资意向变为投资建议。投资机会研究比较粗略，主要依靠笼统的估计。该阶段研究费用一般占总投资的 0.2%～0.8%，需要时间大致为 1～3 个月。

2）投资项目建议。经投资机会选择的项目，需要投资项目建议书阐明。项目建议书的核心是申述提出项目的理由及其主要依据，作为项目申请立项的重要依据。

3）投资项目可行性研究。投资项目建议书被批准后，即可进入项目的初步可行性研究阶段，进一步对项目建设的可能性与潜在效益进行论证分析，作出是否投资以及是否有进行详细可行性研究的必要等决定。初步可行性研究阶段所需费用约占总投资的 0.25%～1.5%。经过初步可行性研究阶段后，如果需要，就进入详细可行性研究阶段。其所需的费用，小型项目约占总投资的 1.0%～3.0%，大型复杂项目约占总投资的 0.2%～1.0%。现实中，房地产投资项目可行性研究阶段需要时间大致为 1～3 个月。

4) 项目评估与决策。根据有关规定，大中型建设项目、限额以上的更新改造项目以及一些重要的小型和限额以下的生产经营性项目，必须经国家计委或地方计委委托有资格的咨询评估单位就项目的可行性研究报告进行评估论证。未经评估的建设项目，任何单位不准审批，也不准组织建设。

项目评估是由国家计委或地方计委组织和授权建设银行、投资银行、工程咨询公司或有关专家，代表国家对上报的建设项目可行性研究报告进行全面的审核和再评价。经过项目评估后，开发建设项目才能获得政府审批，也才能获得贷款银行的贷款。之后再经过项目决策，即决策部门或决策者给出结论性意见之后，项目才能进入投资实施阶段。

（2）投资实施期

房地产开发投资项目投资实施期，是把规划变成现实、完成项目建设计划的关键时期。它通常包含设计、开工、施工及竣工验收四个阶段。其具体内容是：

1) 规划设计阶段。根据开发项目的具体目标，进行初步设计、详细设计和施工方案设计等。规划设计阶段的成果是"设计方案"。

2) 开工阶段。通过招投标，选定施工单位，进行设备材料订货，作好开工前的准备。开工阶段的成果是"开工报告"。

3) 施工阶段。施工阶段即进行建筑工程施工建设、设备安装等过程。按施工的进度，分阶段产生"施工阶段报告"。

4) 竣工验收阶段。项目竣工后，由开发商或投资者组织相关力量进行验收。验收合格的项目，便可以进入营销或经营阶段。该阶段的成果是"竣工验收报告"。

（3）经营期

经营期是项目偿还贷款，回收投资并获取经济效益的期间。开发完成后的房地产的经营使用方式，主要有销售（包括预售，下同）、出租、营业。因此，经营期可以具体化为销售期（针对销售这种情况）和运营期（针对出租、营业）。因项目的性质、用途不同，房地产开发项目的经营期的工作内容与形式有很大差别。

销售的房地产开发项目，如普通住宅、公寓、别墅以及商铺等，其销售期通常分为两种情况，一是项目投资建设一定阶段后（通常为3~6个月），便可以进行预售业务，即进入销售期；二是在项目全部竣工验收合格后，才能进行销售工作，进入销售期。

出租和营业的房地产开发项目，如商场、写字楼、酒店等，其项目竣工验收合格后，不是用来销售，而是用来从事经营业务，由开发投资商自己或提前招商确定的经营商进行经营，进入项目的运营期。

项目经营期的长短决定了项目收益现金流的大小，是项目基础数据估算和财务分析的基础。

2. 房地产置业投资项目周期

置业投资与开发投资不同，置业投资一般不需要进行前期可行性分析、规划、土地购置、开发、房屋建设等环节，因此项目周期略有不同。

（1）改造期

如果房地产置业投资者想在必要的改建、扩建、装饰装修之后再进行房地产的转让、出租或自营，那么将会经历改造期，一般时间不会持续太长；否则可直接进入经营期，不含改造期。

（2）经营期

与房地产开发投资项目相同，房地产置业投资的经营使用方式，主要有销售、出租、营业。因此，其经营期也可以具体化为销售期（针对销售这种情况）和运营期（针对出租、营业）。

本 章 小 结

房地产投资是指经济主体（国家、企业、个人）将一定的资金直接或间接地投入到未来的房地产开发、经营、管理、服务和消费等活动中，期望获得未来房地产资产增值或收益的经济行为。其三要素指的是时机、区位和质量。

房地产投资的类型按房地产投资形式划分分为：房地产直接投资、房地产间接投资；按房地产投资的用途划分分为住宅房地产投资、商业房地产投资、工业房地产投资、酒店和休闲娱乐设施投资和特殊用途房地产投资；按房地产投资经营方式划分分为出售型房地产投资、出租型房地产投资和混合型房地产投资；按房地产投资对象来划分分为地产投资、房产投资、物业管理和服务投资。

房地产投资决策分析的内容一般包括以下几个方面：房地产投资决策的环境与市场分析、房地产投资策划与产品定位、房地产投资决策区位条件分析、房地产项目基础数据估算、房地产项目投资决策的财务分析、房地产项目投资决策的不确定性分析、房地产投资项目的风险分析、房地产投资项目的社会影响分析、房地产投资方案比选与决策。

房地产投资决策分析的任务包括：①为投资者提供投资方向；②为投资者提供运作方式；③为投资者预测投资收益；④为投资者分析风险并提供避险策略。

房地产投资决策分析中有关的基本概念有投资价值及投资项目周期等。

思 考 题

1. 房地产投资的三要素是什么？
2. 房地产投资的类型按照不同的划分方式分别有哪些？
3. 简述房地产投资的特性。
4. 房地产投资决策分析的内容有哪些？
5. 房地产投资决策分析的任务有哪些？
6. 什么是房地产投资项目周期？

练 习 题

已知某房地产投资者拟对一宗土地进行开发建设，具体规划是建成一住宅小区，并销售该住宅小区以回笼资金。如果该投资者预计在开发总投资超过 30% 之后进行预售，那么，请你说明此房地产投资项目的周期如何划分。

2 房地产投资决策分析基本原理

【学习要点】 通过本章学习，掌握现金流量的含义与现金流量图的绘制方法、资金时间价值的内涵、资金等值计算；熟悉单利计息与复利计息的方法、名义利率与实际利率的换算、房地产市场四象限的划分；了解资本资产定价模型的核心思想、房地产的几种定价方法。

2.1 资金时间价值

2.1.1 现金流量与现金流量图

1. 现金流量的含义

在房地产投资决策分析中，把某一项投资活动作为一个独立的系统，把各个时间点上实际发生的资金流出或流入叫作现金流量。现金的流出包括土地费用、建造费用、还本付息、流动资金、经营费用以及税金等。现金的流入则包括销售收入、出租收入、回收固定资产残值、回收流动资金等。

现金流量中的"现金"，不是我们通常所理解的手持现金，而是指企业的库存现金和银行存款，还包括现金等价物，即企业持有的期限短、流动性强、容易转换为已知金额现金、价值变动风险很小的投资等。包括现金、可以随时用于支付的银行存款和其他货币资金。一项投资被确认为现金等价物必须同时具备四个条件：期限短、流动性强、易于转换为已知金额现金、价值改动风险小。

相对于不同产品类型，房地产投资的现金流量有三种不同的情况：①开发后出售的房地产项目，其现金流量与项目的投资和销售收入有关，是项目销售收入扣除总投资（或总成本费用）及偿还贷款本息之后的余额；②开发后持有房地产项目，其现金流量主要与净租金收入或净经营收入有关，同时考虑每年还本付息因素。这些收入因为在未来都是长期内实现的，因此计算时必须进行折现，经营期结束时转售此项目时，还会有转售收益及固定资产余值，也是现金流量的一部分；③置业投资项目，其现金流量通常由两部分组成，一部分是持有期内房地产每年的净经营收益，另一部分是持有期末房地产的净转售收益。

2. 现金流量图

在分析某一项投资活动时，其资金的流向（收入或支出）、数量和发生的时点都不尽相同。为了直观地反映投资项目计算期内现金流量的发生情况，在进行现金流量分析时，可绘制现金流量图。现金流量图（Cash Flow Diagram）是指把投资项目（系统）的现金流量用时间坐标表示出来的一种示意图。一般来说，横坐标上时间可以以年、半年、季度或者月等为单位，用现金流量图来表明在各个时间点上现金流量的流入、流出或者具体数量的大小。

绘制现金流量图的基本规则是：

（1）以横轴为时间轴，向左右延伸表示时间的延续，轴上的每一刻度表示一个时间单位，两个刻度之间的长度表示时间周期，"0"点通常表示当前时点或者某一基准时刻，也可以表示资金运动的时间起始点。"1"表示第一个计息周期的期末，同时又是第2个计息周期的开始，以此类推。

（2）若现金流入或流出不是发生在计息周期内的期初或期末，而是发生在计息周期内的期间，为了简化计算，通常是将代数和看成是在计算周期末发生。

（3）在时间坐标里的垂直箭线代表不同时点的现金流量。垂直箭线的长度根据现金流量的大小按比例画出。箭头向下表示现金流出；箭头向上表示现金流入。在各箭线的上方（或下方）注明现金流量的数值，如图2-1所示。

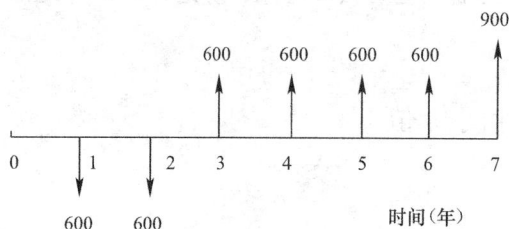

图 2-1　现金流量图

总之，要正确绘制现金流量图，必须把握好现金流量的三要素，即：现金流量的大小（现金数额）、方向（现金流入或流出）和时点（现金流量发生的时间）。

2.1.2　资金时间价值概述

资金时间价值是指资金随着时间推移所具有的增值能力，或者是同一笔资金在不同的时间点上所具有的数量差额。资金时间价值是如何产生的呢？从社会再生产角度来看，投资者利用资金是为了获取投资回报，即让自己的资金发生增值，得到投资报偿，从而产生了"利润"；从流通领域来看，消费者如果推迟消费，也就是暂时不消费自己的资金，而把资金的使用权暂时让出来，得到"利息"作为补偿。因此，利润或利息就成了资金时间价值的绝对表现形式。换句话说，资金时间价值的相对表现形式就成为了"利润率"或"利息率"，即在一定时期内所付利润或利息额与资金之比，简称为"利率"。

资金时间价值是项目投资决策分析的重要概念，由于资金具有时间价值，因此同一笔资金，在不同的时间，其价值是不同的。计算资金的时间价值，其实质就是不同时点上资金价值的换算。这种进行了资金换算的分析方法被称为动态分析法，即考虑了资金时间价值；而不考虑资金时间价值，即不进行资金时间价值换算的分析方法被称为静态分析法。

通常情况下，只有当所获得的投资收益大于或等于银行利息收入时，即投资利润率等于同期银行利息率时，投资者才进行投资活动，否则宁愿把资金存在银行中，而不愿进行有一定风险的投资活动。由此可见，资金的时间价值从价值量上看，是在没有风险和没有通货膨胀条件下的社会平均资金利润率，资金的时间价值是企业（投资者）资金利润率的最低限度。

2.1.3　利息与利率

利率是资金时间价值的相对表现，而利息则是资金时间价值的绝对表现。利息的计算有两种方法：一是只就本金计算利息的单利法，二是不仅本金计算利息，利息也能生利，也就是"本上加利"的复利法。相比较而言，复利法更能确切地反映本金及其增值部分的时间价值。

1. 单利计息法

单利计息法是每期的利息均按照原始本金计算的计息方式，即不论计息期数为多少，只有本金计息，利息不再计利息。计算公式如下：

$$I = P \times n \times i \tag{2-1}$$

式中　I——利息总额；

　　　i——利率；

　　　P——现值（初始资金总额）；

　　　n——计息期数。

n 个计息期结束后的本利和为：

$$F = P + I = P \times (1 + i \times n) \tag{2-2}$$

式中　F——终值（本利和）。

【例 2-1】　某建筑企业存入银行 10 万元的一笔资金，年利率为 2.98%，存款期限为 3 年，按单利计息，问存款到期后的利息和本利和各为多少？如果按照复利计息或按月计息则结果会有何种变化？

解：$I = P \times n \times i = 10 \times 3 \times 2.98\% = 0.894$ 万元

$\qquad F = P + I = 10 + 0.894 = 10.894$ 万元

2. 复利计息法

复利计息法是各期的利息分别按照原始本金与累计利息之和计算的计息方式，即每期利息计入下期的本金，下期则按照上期的本利和计息。计算公式如下：

$$F = P \times (1 + i)^n \tag{2-3}$$

$$I = P \times [(1 + i)^n - 1] \tag{2-4}$$

在例 2-1 中，如果选用复利计息，则计算方法和单利计息的计算方法完全不同。计算过程如下：

解：$F = P \times (1 + i)^n = 10 \times (1 + 2.98\%)^3 = 10.921$ 万元

$\qquad I = P \times [(1 + i)^n - 1] = F - P = 10.921 - 10 = 0.921$ 万元

2.1.4　名义利率与实际利率

在复利计息方法中，一般采用年利率。当计息周期以年为单位，则将这种年利率称为实际利率；当实际计息周期小于一年，如每月、每季、每半年计息一次，这种年利率就称为名义利率。设名义利率为 r，一年内计息次数为 m，则名义利率与实际利率的换算公式为：

$$i = \left(1 + \frac{r}{m}\right)^m - 1 \tag{2-5}$$

在例 2-1 中，如果选用的计息周期不是 1 年，也就是说不采用常用的年利率，而是采用计息周期小于一年的月利率、季度利率、半年利率，则实际计算出的利息、本利和也与完全采用年利率计算出的不相同。这就是实际利率与名义利率的计算结果差异。现在我们按照每月计息一次来进行计算，复利计息，计算结果如下：

解：$i = (1 + r/m)^m - 1 = (1 + 2.98\%/12)^{12} - 1 = 3.02\%$

$$F = P \times (1+i)^n = 10 \times (1+3.02\%)^3 = 10.934 \text{ 万元}$$
$$I = F - P = 10.934 - 10 = 0.934 \text{ 万元}$$

名义利率越大，计息周期越短，实际利率与名义利率的差异就越大。当然，实际利率比名义利率更能反映资金的时间价值。

通过上述分析和计算，可以得到名义利率和实际利率存在下面的关系：

(1) 实际利率比名义利率更能反映资金的时间价值；

(2) 名义利率越大，计息周期越短，实际利率与名义利率的差异就越大；

(3) 当每年计息周期数 $m=1$ 时，名义利率与实际利率相等；

(4) 当每年计息周期数 $m>1$ 时，名义利率与实际利率相等；

(5) 当每年计息周期数 $m \rightarrow \infty$ 时，名义利率 r 与实际利率 i 的关系为：$i = e^r - 1$。

在实际投资项目中，有可能会出现通货膨胀，这也会导致名义利率与实际利率的差异。如果在投资期内发生了通货膨胀，即使市场利率不发生变化，投资人按照市场利率计算获得的货币收入也将会发生贬值。考虑通货膨胀因素在内的利率为名义利率，不考虑通货膨胀的利率为实际利率。如果通货膨胀的变化对市场是必须的，则名义利率中一般会包含投资人对通货膨胀的预期，名义利率便不用再作变动。

在考虑通货膨胀情况下，假设通货膨胀率为 f，名义利率与实际利率之间的换算关系如下：

$$r = \frac{1+r}{1+f} \tag{2-6}$$

在实际房地产投资分析中，为了简便起见，通常不考虑通货膨胀的影响。

2.1.5 资金等值计算

资金等值是指在考虑时间因素的情况下，不同时点发生的绝对值不等的资金可能具有相同的价值。换句话说，资金等值就是与某一时间点上一定金额的实际经济价值相等的另一时间点上的价值。

比如，现在借入 10000 元，年利率是 10%，一年后要还的本利和为 11000。也就是说，现在的 10000 元与一年后的 11000 元虽然绝对值不等，但它们是等值的，即实际经济价值相等。

通常情况下，在资金等值计算中，人们把资金运动起点时的金额称为现值，把资金运动结束时与现值等值的金额称为终值或未来值，而把资金运动过程中某一时间点上与现值等值的金额称为时值。

资金等值换算的核心是复利计算问题，大体可以分为三种情况：一是将一笔总的金额换算成一笔总的现在值或将来值；二是将一系列金额换算成一笔总的现在值或将来值；三是将一笔总的金额的现在值或将来值换算成一系列金额。

1. 复利终值公式

投资者期初一次性投入资金 P，按给定的投资报酬率 i，期末一次性回收资金 F，如果计息时限为 n，复利计息，终值 F 为多少？即已知 P、n、i，求 F，计算公式如下：

$$F = P \times (1+i)^n \tag{2-7}$$

式中 $(1+i)^n$——整付复本利系数，记为 $(F/P, i, n)$。

2. 复利现值公式

在将来某一时点 n 需要一笔资金 F，按给定的利率 i 复利计息，折算至期初，则需要一次性存款或支付数额 P 为多少？即已知 F、i、n，求 P。将复利终值公式加以变形，得到复利现值公式为：

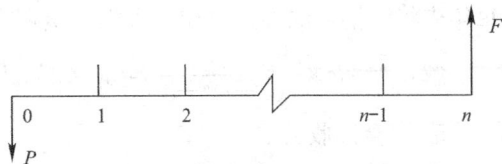

图 2-2 一次支付现金流量图

$$P = F \times (1+i)^{-n} \tag{2-8}$$

式中 $(1+i)^{-n}$——整付现值系数，记为 $(P/F, i, n)$。

把未来时刻资金的时间价值换算为现在时刻的价值，称为折现或贴现。

【例 2-2】 某企业与某银行长年存在贷款存款业务，在资金积累阶段须以一定量的存款作为今后经营资金的积累，而在一定积累的基础上则可以向银行贷款来解决经营资金的不足问题；贷款之后，在银行规定的还款过程中，通常采用分期等额偿还的方式进行偿还。在实际中，企业的投资有时是一次性的，称之为期初一次性投资，有时却是分期分批进行投资。不同的投资方式、还款方式所得到的数据是不一样的。如果该企业在 5 年后需一笔 100 万元的资金拟从银行中提取，银行存款年利率 3%，现在需存入银行多少钱？

解：$P = F \times (1+i)^{-n} = 100 \times (1+3\%)^{-5} = 86.3$ 万元

3. 年金复利终值公式

在经济评价中，连续在若干期每期等额支付的资金被称为年金。年金复利终值公式是研究在 n 个计息期内，每期期末等额投入资金 A，以年利率 i 复利计息，最后期末累计起来的资金 F 到底是多少？也就是已知 A、i、n，求 F。计算公式如下：

$$F = A \times \frac{[(1+i)^n - 1]}{i} \tag{2-9}$$

式中 $[(1+i)^n-1]/i$——年金复本利系数，记为 $(F/A, i, n)$。

在例 2-2 中，该企业将从银行贷款得来的 2 千万元资金每年以 500 万元投资某项目，已知该项目的投资回报率为 10%，则项目最终可以赚到多少钱？此时我们将投入的资金以及利息回报都合算为一个整体，则计算结果如下。

解：$F = A \times \frac{[(1+i)^n-1]}{i} = 500 \times [(1+10\%)^4 - 1] \div 0.1 = 2320.5$ 万元

4. 偿债基金公式

为了在 n 年末能筹集一笔资金来偿还借款 F，按照年利率 i 复利计算，从现在起至 n 年每年年末需等额存储的一笔资金 A 为多少？即已知 F、i、n，求 A。由年金复利终值公式推导得出其计算公式如下：

$$A = F \times \frac{i}{[(1+i)^n - 1]} \tag{2-10}$$

式中 $i/[(1+i)^n-1]$——基金年存系数，记为 $(A/F, i, n)$。

图 2-3 等额序列支付现金流量

在例 2-2 中，该企业在第 5 年末应偿还银行一笔 50 万元的债务，年利率为 3%，因为条件有限，与银行协商分期分批偿还给银行，

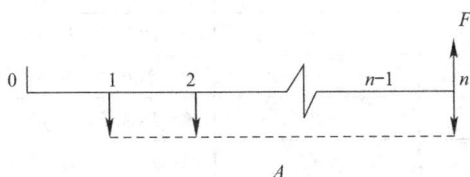

每年末将所偿还的经过分摊的等额资金存入银行，则每年末存入银行的资金计算如下。

解：$A = F \times \dfrac{i}{[(1+i)^n - 1]} = 50 \times 3\% / [(1+3\%)^5 - 1] = 9.418$ 万元

5. 资金回收公式

在年利率为 i，复利计息的情况下，为在第 n 年末将初始投资 P 全部收回，在这 n 年内，每年末应等额回收多少数额的资金 A？即已知 P、i、n，求 A。计算公式如下：

$$A = P \times \frac{i(1+i)^n}{[(1+i)^n - 1]} \tag{2-11}$$

式中 $i(1+i)^n / [(1+i)^n - 1]$——投资回收系数，记为 $(A/P, i, n)$。

现在企业需要向银行贷款解决资金不足问题，银行规定的贷款利率为 10%。贷款 100 万，投资于 5 年期的某项目，每年回收资金多少？

解：$A = P \times \dfrac{i(1+i)^n}{[(1+i)^n - 1]} = 100 \times 10\% \times (1+10\%)^5 / [(1+10\%)^5 - 1] = 26.38$ 万元

6. 年金现值公式

在 n 年内，按年利率 i 复利计算，为了能在今后每年末能提取等额资金 A，现在必须投资多少？即已知 A、i、n 的条件下，求 P。由资金回收公式推导得出年金现值公式如下：

$$P = A \times \frac{[(1+i)^n - 1]}{i(1+i)^n} \tag{2-12}$$

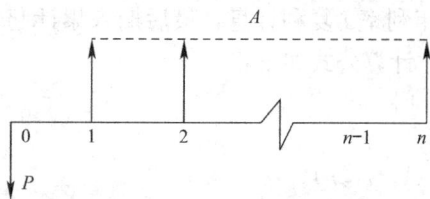

式中 $[(1+i)^n 1] / i(1+i)^n$——年金现值系数，记为 $(P/A, i, n)$。

现在该企业有充足的资金投资某项目，希望在 5 年内收回全部投资的本利和，预计每年获利 50 万元，年利率为 10%，那么，如果要知道目前已经向银行贷款多少用于本次投资，就可以按照下面的方法进行计算。

图 2-4 等额序列支付现金流量

解：$P = A \times \dfrac{[(1+i)^n - 1]}{i(1+i)^n} = 50 \times ([1+10\%)^5 - 1] / 10\% \times (1+10\%)^5 = 189.54$ 万元

7. 资金等值系数的应用

资金等值系数在房地产投资分析与评估中的应用非常普遍，尤其是在房地产抵押贷款、房地产开发项目融资活动中，经常会涉及利息计算、月还款计算等问题。

资金等值系数标准表示法及计算公式汇总表　　　表 2-1

系数名称	标准表示法	所求	已知	公式
整付现值系数	$(P/F, i, n)$	P	F	$P = F(P/F, i, n)$
整付复本利系数	$(F/P, i, n)$	F	P	$F = P(F/P, i, n)$
年金现值系数	$(P/A, i, n)$	P	A	$P = A(P/A, i, n)$
投资回收系数	$(A/P, i, n)$	A	P	$A = P(A/P, i, n)$
基金年存系数	$(A/F, i, n)$	A	F	$A = F(A/F, i, n)$
年金复本利系数	$(F/A, i, n)$	F	A	$F = A(F/A, i, n)$

【例 2-3】 某家庭购买一套面积为 120m² 的商品住宅，单价为 8500 元/m²，首付款为房价的 30%，其余申请住房公积金和商业组合抵押贷款。已知公积金和商业贷款的利率分别为 4.2% 和 6.6%，期限都为 15 年，公积金贷款的最高限额为 50 万元。问该家庭申请组合抵押贷款后的最低月还款额是多少？

解：

(1) 已知：$P = 8500 \times 120 \times (1 - 30\%) = 714000$ 元，$n = 15 \times 12 = 180$ 月

$i_1 = 4.2\%/12 = 0.35\%$，$i_2 = 6.6\%/12 = 0.55\%$

$P_1 = 500000$（元），$P_2 = 714000 - 500000 = 214000$ 元

(2) 计算等额偿还公积金贷款和商业贷款本息的月还款额：

$$A_1 = P_1 \times [i_1(1 + i_1)^n]/[(1 + i_1)^n - 1]$$
$$= 500000 \times [0.35\%(1 + 0.35\%)^{180}]/[(1 + 0.35\%)^{180} - 1]$$
$$= 3748.75（元）$$

$$A_2 = P_2 \times [i_2(1 + i_2)^n]/[(1 + i_2)^n - 1]$$
$$= 214000 \times [0.55\%(1 + 0.55\%)^{180}]/[(1 + 0.55\%)^{180} - 1]$$
$$= 1875.95（元）$$

(3) 组合还款的最低月还款额 $A = A_1 + A_2 = 3748.75 + 1875.95 = 5624.70$ 元

【例 2-4】 某家庭以 8000 元/m² 的价格，购买了一套建筑面积为 150m² 的住宅，银行为其提供了 10 年期的住房抵押贷款，该贷款的年利息为 6%，抵押贷款价值比率为 70%。如该家庭在按月等额还款 2 年后，于第 3 年初一次性提前偿还了贷款本金 500000 元，问从第 3 年开始的抵押贷款月还款额是多少？

解：

(1) 已知：$P = 8000 \times 150 \times 70\% = 840000$ 元，$P' = 500000$ 元，$n = 10 \times 12 = 120$ 月

$n' = (10 - 2) \times 12 = 96$ 个月；$i = i' = 6\%/12 = 0.5\%$

(2) 正常情况下抵押贷款的月还款额为：

$$A = \frac{P \times i}{1 - (1 + i)^{-n}} = \frac{840000 \times 0.5\%}{1 - (1 + 0.5\%)^{-120}} = 9325.72 \text{ 元}$$

(3) 第 3 年年初一次性偿还本金为 500000 元后，在第 3 年到第 10 年内减少的月还款额为：

$$A' = \frac{P' \times i'}{1 - (1 + i')^{-n'}} = \frac{500000 \times 0.5\%}{1 - (1 + 0.5\%)^{-96}} = 6570.72 \text{ 元}$$

(4) 从第 3 年开始的抵押贷款月还款额是：$9325.72 - 6570.72 = 2755$ 元

【例 2-5】 某家庭以 8500 元/m² 的价格，购买了一套建筑面积为 170m² 的住宅，银行为其提供了 10 年期的住房抵押贷款，该贷款的年利息为 6%，抵押贷款价值比率为 70%，月还款常数为 0.65%。问抵押贷款到期后，该家庭应向银行偿还的剩余本金额是多少？

解：

(1) 已知：$P = 8500 \times 170 \times 70\% = 1011500$ 元，月还款常数 $\alpha = 0.65\%$，$n = 10 \times 12 = 120$（月）

$i' = 6\%$；$i = i'/12 = 6\%/12 = 0.5\%$

(2) 按月等额偿还抵押贷款本息的月还款额为：

$$A = \frac{P \times i}{1-(1+i)^{-n}} = \frac{1011500 \times 0.5\%}{1-(1+0.5\%)^{-120}} = 11229.72 \; 元$$

(3) 实际每月的月还款额为：$1011500 \times 0.65\% = 6574.75$ 元

(4) 借款人每月欠还的本金：$11229.72 - 6574.75 = 4654.97$ 元

(5) 抵押贷款到期后，该家庭应向银行偿还的剩余本金为：

$$F = \frac{A[(1+i)^n - 1]}{i} = \frac{4654.97 \times [(1+0.5\%)^{120} - 1]}{0.5\%} = 762853.44 \; 元$$

2.2 房地产市场四象限模型

2.2.1 房地产市场概述

房地产是一种特殊的商品，不可移动性是其与劳动力、资本以及其他类型商品的最大区别。虽然土地和地上建筑物不能移动，但它可以被某个人或机构拥有，并且给拥有者带来利益，因此就产生了房地产交易行为。

房地产市场可以理解为从事房地产买卖、租赁、抵押、典当等交易的活动场所以及一切交易途径和形式。房地产经济学中对房地产市场的定义，则是指当前潜在的房地产买者和卖者，以及当前的房地产交易活动。一个完整的房地产市场是由市场主体、客体、价格、资金、运行机制等因素构成的一个系统。

与一般市场相同，房地产市场也是由参与房地产交换的当事者、房地产商品、房地产交易需求、交易组织机构等要素构成的。这些要素反映着房地产市场运行中的种种现象，决定并影响着房地产市场的发展与未来趋势。我们所提到的四象限模型是分析房地产市场的一种工具，通过定性分析与定量研究相结合，研究房地产市场的变化。

2.2.2 房地产市场四象限划分

1. 两市场的划分

四象限模型建立在两个市场划分的基础上，这两个市场分别是房地产资产市场和房地产使用市场。所谓房地产资产市场是指进行房地产买卖是为了投资，而房地产使用市场是指承租或者购置房地产的目的是由当事者使用的市场。

之所以要划分为两个市场，是由于从经济学最基本的供需关系分析中可以发现，如果将房地产市场作为一个整体研究将会出现模糊的区域，这时就有必要进行细分，而划分为房地产资产市场和房地产使用市场是基于影响着两个市场的供求关系的因素的不同，当然，两个市场之间也存在着紧密的联系。

所谓四象限就是在两市场划分基础上，建立 4 个象限，Ⅰ象限和Ⅳ象限为房地产使用市场，而Ⅱ象限与Ⅲ象限为房地产资产市场。

2. 科学的经济学分析

通过建立四象限模型，使得规范的经济学分析可以进行，即各要素的逻辑关系可以通过数学模型的方式进行推演，其中最重要的是能够实现对外部要素如何影响房地产市场的内部变量的研究。同时四象限模型使得对房地产市场变化的研究可以定量化。

2.2.3 四象限模型均衡状态的影响分析

（1）在下图 2-5 中，我们将四个互相作用，并表示或影响供求关系的因素租金 R、市场存量 S（视作供给）、新开发建设量 C 和房地产物业价格 P 作为坐标的四个方向的轴。每根轴都从原点出发，数据均为正值，越往外值越大。

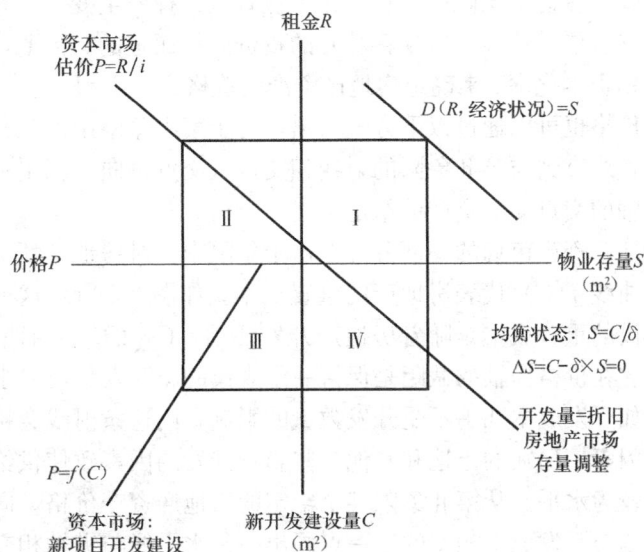

图 2-5 房地产物业市场与资本市场的关系

在解释图 2-5 时，按照顺时针方向对各象限进行解释是比较合适的。在这个图中，右侧的两个象限（第 I 和第 IV）代表空间使用的物业市场，左侧的两个象限（第 II 和第 III）则是对资产市场上的房地产所有权进行研究，让我们从揭示短期租金形成机理的第 I 象限开始分析。

（2）第 I 象限有租金和存量两个坐标轴：租金（每单位空间）和物业存量（也以空间的计量单位进行衡量，如平方米）。曲线表明在国家特定的经济条件下，对物业的需求数量怎样取决于租金。从纵轴上可以看出，租金变化时所对应的物业需求数量。如果不管租金如何变化，家庭或企业的物业需求数量不变（非弹性需求），那么曲线则会几乎变成一条完全垂直的直线；如果物业的需求量相对于租金的变化特别敏感（弹性需求），则曲线就变得更为水平。如果社会经济状况发生变化，则整个曲线就会移动。当公司或家庭数量增加（经济增长）时，曲线会向上移动，表明在租金不变的情况下，物业需求会增加；当经济衰退时，曲线会向下移动，表明物业需求减少。

为了使物业需求量 D 和物业存量 S 达到平衡，必须确定适当的租金水平 R，使需求量等于存量。需求是租金 R 和经济状况的函数：D（R，经济状况）$=S$。

如前所述，物业市场上的存量供给是由资产市场给定，因此，在图 2-5 中，对于横轴上的某一数量的物业存量，向上画一条垂直线与需求曲线相交，然后从交点再画一条水平线与纵轴相交，按照这种方法可以找出对应的租金标准，在使用物业的这种租金标准下，我们可以将注意力转移到第 II 象限。

第Ⅱ象限代表了资产市场的第一部分，有租金和价格（每单位空间）两个坐标轴。以原点作为起点的这条射线，其斜率代表了房地产资产的资本化率，即租金和价格的比值。这是投资者愿意持有房地产资产的当前期望收益率。一般说来，确定资本化率需要考虑四个方面的因素：经济活动中的长期利率、预期的租金上涨率、与租金收入流量相关的风险和政府对房地产的税收政策。当射线以顺时针方向转动时，资本化率提高；逆时针方向转动时，资本化率下降。在这个象限中，资本化率被看做一种外生变量，它是根据利率和资本市场上各种资产（股票、债券、短期存款）的投资回报而定的。因此，该象限的目的是对于租金水平只利用资本化率 i 来确定房地产资产的价格 P：$P=R/i$。

房地产资产的价格也可以通过以下方式得出，对于第Ⅰ象限中的某种租金水平，画出一条垂直于纵轴的直线直到与第Ⅱ象限的射线相交，从交点再向下画出一条垂直于纵轴的直线，该直线与横轴的交点便是资产的给定价格。

第Ⅲ象限是房地产资产市场的一部分，在这个象限中，对房地产新资产的形成原因进行了解释。这里的曲线 $f(C)$ 代表房地产的重置成本。如图 2-5 所示这种情况的假设条件是，新项目开发建设的重置成本是随着房地产开发活动（C）的增多而增加，所以这条曲线向左下方延伸。它在价格横轴的截距是保持一定规模的新开发量所要求的最低单位价格（每单位空间）。假如开发成本几乎不受开发数量的影响，则这条射线会接近于垂直；如果建设过程中的瓶颈因素、稀缺的土地和其他一些影响开发的因素致使供给非弹性变化，则这条射线将会变得较为水平。从第Ⅱ象限某个给定的房地产资产价格，向下垂直画出的一条直线，再从该直线与开发成本相交的这一点画出一条水平线与纵轴相交，由纵轴交点便可以确定在此价格水平下的新开发建设量，此时开发成本等于资产的价格。如果房地产新的开发建设量低于这种平衡数量，则会导致开发商获取超额利润；反之，如果开发数量大于这个平衡数量，则开发商会无利可图。所以新的房地产开发建设量 C，应该保持在使物业价格 P，等于房地产开发成本 $f(C)$ 的水平上，即：$P=f(C)$。

在第Ⅳ象限，年度新开发建设量（增量）C，被转换成为房地产物业的长期存量。在一定时期间内，存量变化 ΔS，等于新建房地产数量减去由于房屋拆除（折旧）导致的存量损失。如果折旧率以 δ 表示，则：$\Delta S=C-\delta S$。

以原点作为起点的这条射线代表了使每年的建设量正好等于纵轴上某一个存量水平（在水平轴上）。在这种存量水平和相应的建设量上，由于折旧等于新竣工量，物业存量将不随时间发生变化。因此，ΔS 等于 0，$S=C/\delta$。在以后的章节中将对这种关系进行更为详细的讨论；在这里，重要的是需要记住这一点，即在第Ⅳ象限假定了某个给定数量的开发建设量，同时确定了假设在开发建设量永远继续的情况下导致的存量水平。

对四象限模型，我们已经进行了 360 度的全方位分析。从某个存量值开始，在物业市场确定租金，这个租金可以通过资产市场转换成为物业价格。接着，这些资产价格可导致形成新的开发建设量；再转回到物业市场，这些新的开发建设量最终会形成新的存量水平。当存量的开始水平和结束水平相同时，物业市场和资产市场达到均衡状态。假如结束时的存量与开始时的存量之间有差异，那么图 2-5 中四个变量（租金、价格、新开发建设量和存量）的值将并不处于完全的均衡状态。假如开始时的数值超过结束时的数值，租金、价格和新开发建设量必须增长以达到均衡。假如初始存量低于结束时的存量，租金、价格和新开发建设量必须减少，使其达到均衡。

（3）宏观经济变化对均衡的影响

图2-6的四象限模型也表达了宏观经济对房地产供需均衡的影响，比如需求的决定，利率水平等。我们可用逐个因素的变化来看看供需均衡是如何变动的。

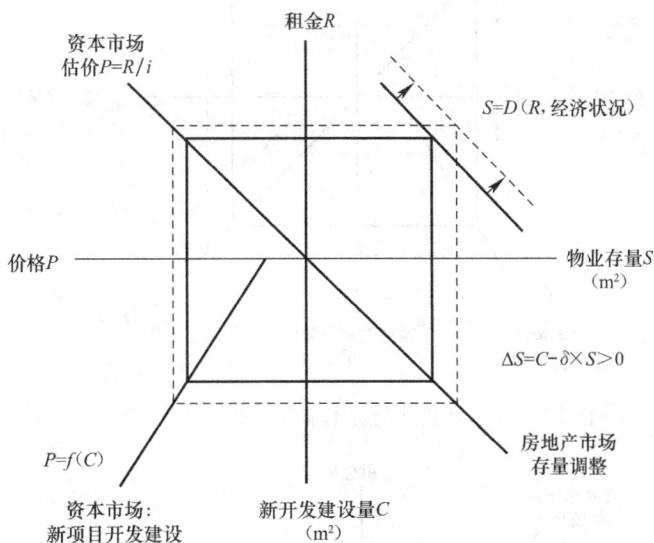

图 2-6　物业与资本市场：需求 D 发生变化—R 上升

图2-6表示经济增长对供需均衡的影响。当经济增长时，人们收入增加，对空间的需求亦随之增长。假设其他条件不变，这种增长导致需求曲线（图中为一直线）D 向外移动，结果是：租金水平 R 上升→物业价格 P 上升→新开发建设量 C 上升→物业存量 S 上升→满足需求。

（4）资本需求发生变化对均衡的影响

同样，长期利率水平也对投资者的预期产生影响，进而影响到房地产供需均衡状况。假设资本市场能对各种资产的价格进行有效调整，使各种投资在进行风险调整后，能够获得社会平均的投资回报，那么，利率上升使得投资者愿意将资金投向其他的经济领域，比如买债券，房地产市场资金减少，价格下跌。利率下跌，房地产市场资金进入增加，价格逐渐上升。无论何种情形，最后供求双方会达到一种均衡。如图2-7所示。

图2-7中表示利率下降的情形，其均衡机制为：利率下降→房地产物业价格 P 上升→新开发建设量 C 增大→市场存量 S（供给）增加→租金下降，需求上升→达到均衡。

（5）开发成本变化对均衡的影响

影响房地产市场的最后一个外部因素是新开发建设项目供给计划的变动。这种变化的来源较多，如较高的短期利率使开发项目融资难度上升，导致新建物业的成本加大，并导致新开发建设量减少；政府出台较为严格的区域规划或其他的建筑法规，也可能增加开发成本和降低新项目开发建设的获利水平（如对开发产品的要求，城市拆迁安置）。这涉及供应因素的负面变化，会使得第Ⅲ象限内的价格成本曲线向外移，进而影响到整个供求平衡。具体见图2-8所示。

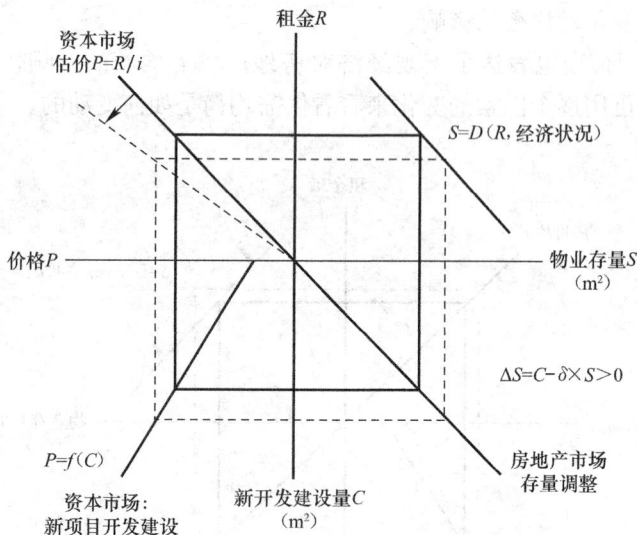

图 2-7　房地产物业与资本市场：资本需求发生变化

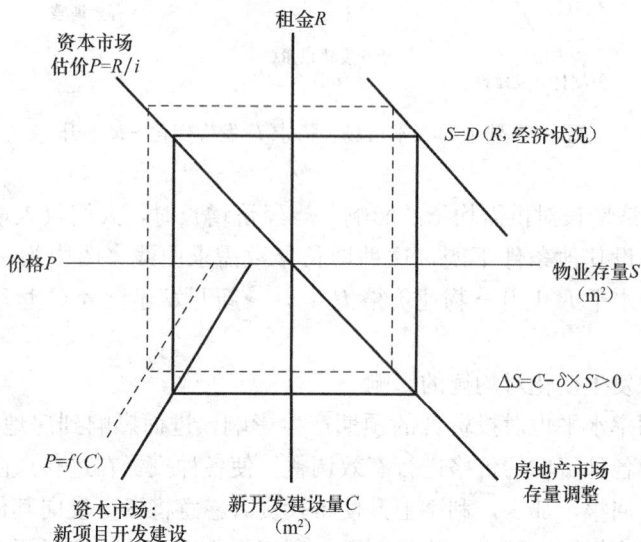

图 2-8　房地产物业与资本市场：开发成本变化

图 2-8 的作用机制为：开发成本上升，价格成本曲线外移→新开发建设量下降→物业存量增加值下降→物业供给下降→租金上升→拉动价格上升。

2.3　资本资产定价模型

2.3.1　资本资产定价模型简介

1. 资本资产定价模型的历史由来

资本资产定价模型（Capital Asset Pricing Model 简称 CAPM）是由美国学者夏普

(William Sharpe)、林特尔（John Lintner）、特里诺（Jack Treynor）和莫辛（Jan Mossin）等人在资产组合理论的基础上发展起来的，是现代金融市场价格理论的支柱，广泛应用于投资决策和公司理财领域。

资本资产定价模型就是在投资组合理论和资本市场理论基础上形成发展起来的，主要研究证券市场中资产的预期收益率与风险资产之间的关系，以及均衡价格是如何形成的定价理论。

2. 资本资产定价模型的意义

（1）资本资产定价模型是现代金融理论的一块重要的基石，在证券投资、房地产投资与金融投资中都有重要的应用价值。

（2）现代资本资产定价模型（CAPM）是第一个关于金融资产定价的均衡模型，也是第一个可以进行计量检验的金融资产定价模型；同时，资本资产定价模型还是第一个在不确定条件下，使投资者实现效用最大化的资产定价模型。

（3）资本资产定价模型可以将风险区分为系统风险和非系统风险，提出非系统风险可以通过投资组合来消除，并且给予 β 系数来表示系统风险。

3. 资本资产定价模型的核心思想

CAPM 的核心思想是在一个竞争均衡的资本市场中，非系统风险可以通过多元化加以消除，对期望收益产生影响的只能是无法分散的系统风险，期望收益与 β 系数线性相关。在金融投资决策中，风险的度量和管理一直是理论界和实证界所关注的核心问题。

1964 年，美国著名投资理论家夏普，提出了著名的资本资产定价公式 $r_i = r_f + \beta_i(r_m - r_f)$

r_i：第 i 种证券的预期收益率；

r_f：无风险收益率，一般是一年期的国债利率；

r_m：市场证券组合的预期收益率；

β_i：第 i 种证券的系数。

根据这一定义，我们可以得到关于资本资产定价模型的一些结论：

（1）风险资产的收益组成有两种，一部分是无风险资产的收益由 r_f 表示，另一部分是市场风险补偿，由 $\beta_i(r_m - r_f)$ 表示。其中 β 系数表示系统风险的大小，这就意味着高风险资产必然伴随着高收益。这样将风险分为两类的方法简单化了研究，提高了公式的可用度。

（2）区分系统风险与非系统风险可以有的放矢的降低风险。并非风险资产承担的风险都需要补偿，需要补偿的只是系统风险。由于系统风险不能由分散化而消除，必须伴随有相应的收益来吸引投资者投资，相反，非系统性风险由于可以分散掉，则无需补偿。

（3）市场组合是按照市场份额来安排投资者的市场组合。资本资产定价模型指出最佳的组合就是市场组合，市场组合的非系统风险最小，所有的风险投资者都会持有市场组合。

① 系统风险的度量（贝他系数）

度量一项资产系统风险的指标是贝他系数 β。贝他系数被定义为某项资产的收益率与市场组合之间的相关性。公式如下：

$$\beta_J = \frac{COV(K_J, K_M)}{\sigma_M^2} = \frac{r_{JM}\sigma_J\sigma_M}{\sigma_M^2} = r_{JM}\frac{\sigma_J}{\sigma_M} \tag{2-13}$$

贝他系数的计算方法有两种：第一种是：使用回归直线法（略），第二种是：定义法求 β（即使用上面的那个定义公式）。

其步骤是：第一步求 r_{JM} 相关系数 $(r) = \dfrac{\sum\limits_{i=1}^{n}\left[(X_i - \overline{X}) \times (y_i - \overline{y})\right]}{\sqrt{\sum\limits_{i=1}^{n}(X_i - \overline{X})^2} \times \sqrt{\sum\limits_{i=1}^{n}(y_i - \overline{y})^2}}$; (2-14)

第二步求标准差 σ_J、σ_M，利用公式 $\sigma = \sqrt{\dfrac{\sum\limits_{i=1}^{n}(X_i - \overline{X})^2}{n-1}}$; (2-15)

第三步求贝他系数 $\beta_J = r_{JM}\dfrac{\sigma_J}{\sigma_M}$ (2-16)

贝他系数 β 的经济意义在于，它告诉我们相对于市场组合而言特定资产的系统风险是多少。

② 投资组合的贝他系数：投资组合的 β_p 等于被组合各证券 β 值的加权平均数。

$$\beta_p = \sum_{i=1}^{n} X_i\beta_i \tag{2-17}$$

③ 证券市场线：按照资本资产定价模型理论，单一证券的系统风险可由 β 系数来衡量，而其风险和收益之间个关系可以由证券市场线来描述。

公式： $K_i = R_f + \beta(K_m - R_f)$ (2-18)

式中　　K_i——是第 i 个股票的要求收益率；

　　　　R_f——是无风险收益率；

　　　　K_m——是平均股票的要求收益率；

$(K_m - R_f)$——是投资者为补偿承担超过无风险收益的平均风险而要求的额外收益，即风险价格。

4. 资本资产定价模型的假设：

（1）所有投资者均追求单期财富的期望效用最大化，并以各备选组合的期望收益和标准差为基础进行组合选择；

（2）所有投资者均可以无风险利率无限制地借入或贷出资金；

（3）所有投资者拥有同样预期，即对所有资产收益的均值、方差和协方差等，投资者均有完全相同的主观估计；

（4）所有的资产均可被完全细分，拥有充分的流动性且没有交易成本；

（5）没有税金；

（6）所有投资者均为价格的接受者，即任何一个投资者的买卖行为都不会对股票价格产生影响；

（7）所有资产的数量是给定的、固定不变的。

2.3.2　资本资产定价方法分析

资本资产定价方法在房地产领域表现为房地产的定价方法。大致分为成本加成定价法、市场比较定价法和需求导向定价法三类。从理论上讲，正常情况下的理想评估结果是：需求导向定价法高于成本加成定价法，市场比较定价法居于需求导向定价法和成本加成定价法之间。这是因为：需求导向定价法是从消费者的角度出发的，成本加成定价法是从供者的角度出发的，而市场比较定价法是从供求均衡的角度出发的。

（1）成本加成定价法

成本加成定价法是房地产项目定价中应用最广的定价方法之一。大多数开发商都会采用这个方法对房地产项目进行一个初步的估价，其方法就是将建成房地产项目所花费的费用，或者预算费用与预期所获得的利润加总。

成本加成定价法中的成本是指从取得土地直到建筑物建成交付使用的全过程中开发商所支付的各种费用。这些费用包括直接的和间接地，物质的和非物质的，如土地使用权购置费用、工程设计和开发费用、人工费、管理费、销售费、房地产开发公司的正常运作费用，以及各种税费和附加费等。所有这些费用的总和构成了房地产项目的总成本。

成本加成定价法中的加成则是指开发商预期获得的利润所占售价的比例，即通常所说的利润率。

（2）市场比较定价法

市场比较定价法也称现行定价法，主要指通过市场调查，选择一个或几个与被评估项目相同或类似的房地产项目作为比较对象，分析比较对象的成交价格和交易条件，进行对比调整，估算出待定价房地产价格的方法。运用市场比较法进行房地产定价的核心问题是选取合适的可比实例和进行因素修正，其中模糊性比较强。在市场比较法中运用模糊数学方法进行定价，可将已经发生的许多交易实例，经分析整理后建立房地产价格数据库。接受评估价格的任务后，利用计算机在许多典型的交易实例中查找出与待估房地产最相近的即可比实例，通过选择隶属函数进行因素修正，在根据当时的房地产市场供求关系、价格水准、政策变化等因素确定修正系数，从而通过计算机计算可得到比较合理的待定价房地产的价格。

（3）需求导向定价法

需求导向定价法是以消费者的需求为中心的定价方法，它根据消费者对房地产产品的需求强度和对产品所含特征的使用价值的认识程度来制定企业价格。具体分为认知价值定价法和价值定价法。

认知价值定价法是按照购买者或消费者对房地产产品及其价值的认识程度和感觉定价。房地产开发商利用营销组合中的非价格变量，在购买者心目中建立地位，价格就依此感受价值来决定。

价值定价法则强调产品的定位永远对于消费者来讲是"物美价廉"的，即相对较高的质量品质和相对低廉的价格。

以上定价方法将在本书第六章租售价格确定的内容中详加介绍。

2.3.3 资本资产定价模型的应用

以某房地产开发商拟在某地区开发某一普通商品住宅小区（占地 16 万 m^2，容积率为 1.0）为例，进行房地产定价的决策，以下是定价模型的具体应用。

1. 选取已建成的类似房地产开发项目

根据专家的意见，综合各方面的因素，选取 4 个已建成的房地产开发项目，其售价分

别为 $p=(1800，3000，2500，2000)$。

2. 权重的确定

（1）构造判断矩阵

根据房地产定价的指标体系及量化方法，由所获得相关数据和行业六位专家打分（百分制）取其平均值的方法，得到表2-2所示的判断矩阵。

判断矩阵　　　　　　　　　表2-2

B	b1	b2	b3	b4	b5	b6	b7	W
b1	1	2	3	4	4	5	5	0.34
b2	2	1	2	3	3	4	4	0.22
b3	1/3	1/2	1	2	2	3	3	0.14
b4	1/4	1/3	1/2	1	1	2	2	0.08
b5	1/4	1/3	1/2	1	1	2	2	0.08
b6	1/5	1/4	1/3	1/2	1/2	1	1	0.06
b7	1/5	1/4	1/3	1/2	1/2	1	1	0.06

（2）确定指标权重

根据AHP（层次分析）法的计算步骤，可分别得到各因素的相对权重、最大特征值及一致性检验结果，从而得到表2-3所示的房地产定价的各影响权重。

房地产定价的影响因素权重　　　　　　表2-3

项目	经济政治社会因素	区域因素	产品特征	基础设施配套因素	公共设施因素	环境因素	房地产开发商内部因素
权重	0.34	0.22	0.14	0.08	0.08	0.06	0.06

（3）拟建房地产项目价格的估算

根据拟建房地产项目与已建房地产项目的专家打分结果（表2-4）以及数据无量纲化处理后的结果（表2-5），可分别得出每一个已建项目与拟建项目的关联系数计算结果（表2-6）。

拟建房地产项目与已建房地产项目的专家打分结果　　　表2-4

项目	经济政治社会因素	区域因素	产品特征	基础设施配套因素	公共设施因素	环境因素	房地产开发商内部因素
拟建项目	90.0	85.2	85.9	80.0	90.2	90.7	85.6
项目1	85.4	89.8	95.2	93.4	87.6	92.1	81.7
项目2	92.6	90.4	95.3	85.6	90.7	90.3	85.6
项目3	80.4	85.5	95.0	85.1	90.6	85.1	85.9
项目4	81.2	83.1	90.0	86.4	89.5	83.2	86.5

无量纲化数据　　　　　　表2-5

项目	经济政治社会因素	区域因素	产品特征	基础设施配套因素	公共设施因素	环境因素	房地产开发商内部因素
拟建项目	1	1	1	1	1	1	1
项目1	0.949	1.054	1.108	1.168	0.971	1.015	0.954

项目	经济政治社会因素	区域因素	产品特征	基础设施配套因素	公共设施因素	环境因素	房地产开发商内部因素
项目 2	1.029	1.061	1.109	1.070	1.003	0.996	1.000
项目 3	0.893	1.004	1.106	1.064	1.004	0.938	1.004
项目 4	0.902	0.975	1.048	1.076	0.992	0.917	1.011

关联系数计算结果　　　　　　　　　　　　　　　　　表 2-6

项目	经济政治社会因素	区域因素	产品特征	基础设施配套因素	公共设施因素	环境因素	房地产开发商内部因素
差序列	0.051	0.054	0.108	0.168	0.129	0.015	0.046
	0.029	0.061	0.109	0.070	0.006	0.004	0.000
Δ_{0i}	0.107	0.004	0.106	0.064	0.004	0.062	0.004
	0.098	0.025	0.048	0.076	0.008	0.083	0.011
关联系数	0.622	0.609	0.438	0.333	0.394	0.848	0.646
	0.743	0.579	0.435	0.545	0.933	0.955	1.000
ξ_{0i}	0.440	0.955	0.442	0.568	0.955	0.575	0.955
	0.462	0.771	0.636	0.525	0.913	0.503	0.884

在表 2-6 中，$\Delta_{\max}=0.168$，$\Delta_{\min}=0.000$，根据每个影响因素的权重（表 2-3），可以计算出每一个已建房地产项目与拟建房地产项目的关联度，见表 2-7。

已建房地产项目与拟建房地产项目的关联度　　　　　　表 2-7

项目	项目 1	项目 2	项目 3	项目 4
关联度	0.555	0.676	0.635	0.614

根据表 2-7 的计算结果，其已建房地产项目与拟建房地产项目关系密切的次序为：项目 2、项目 3、项目 4、项目 1，相应的售价为 3000、2500、2000、1800。根据下列公式：

$$p = r_1 p_1 + r_2(1-r_1)p_2 + r_3(1-r_1)(1-r_2)p_3$$
$$+ \frac{1}{3}(1-r_1)(1-r_2)(1-r_3)\cdots(1-r_{n-1})(p_1+p_2+p_3) \quad (2-19)$$

拟建房地产项目的价格＝0.676×3000＋0.635×0.324×2500＋0.614×0.324×0.365×2000＋0.386×0.324×0.365×2500＝2801 元。

本 章 小 结

在房地产投资决策分析中，把某一项投资活动作为一个独立的系统，把各个时间点上实际发生的资金流出或流入叫作现金流量。现金的流出包括土地费用、建造费用、还本付息、流动资金、经营费用以及税金等。现金的流入则包括销售收入、出租收入、回收固定资产残值、回收流动资金等。现金流量图（Cash Flow Diagram）是指把投资项目（系统）的现金流量用时间坐标表示出来的一种示意图。

资金时间价值是指资金随着时间推移所具有的增值能力，或者是同一笔资金在不同的时间点上所具有的数量差额。利率是资金时间价值的相对表现，而利息则是资金时间价值的绝对表现。利息的计算有两种方法：一是只就本金计算利息的单利法，二是不仅本金计算利息，利息也能生利，也就是"本上加利"的复利法。在复利计息方法中，一般采用年利率。当计息周期以年为单位，则将这种年利率称为实际利率；当实际计息周期小于一年，如每月、每季、每半年计息一次，这种年利率就称为名义利率。资金等值是指在考虑时间因素的情况下，不同时点发生的绝对值不等的资金可能具有相同的价值。

四象限模型是分析房地产市场的一种工具，通过定性分析与定量研究相结合，研究房地产市场的变化。资本资产定价模型就是在投资组合理论和资本市场理论基础上形成发展起来的，主要研究证券市场中资产的预期收益率与风险资产之间的关系，以及均衡价格是如何形成的定价理论。房地产定价方法大致分为成本加成定价法、市场比较定价法和需求导向定价法三类。

思 考 题

1. 资金时间价值的含义是什么？
2. 绘制现金流量图的基本规则是什么？
3. 简述名义利率与实际利率的不同。
4. 说明房地产四象限模型的意义与作用？
5. 简述房地产定价的方法有哪些？

练 习 题

1. 从银行借 200 万元，借 5 年，年利率为 15%，每周复利计息一次。把年利率 15% 当作实际利率，利息少算了多少？

2. 年初向银行借 50000 元买设备，年利率为 10%，银行要求在第 10 年末本利一次还清。计划前 6 年每年末在银行存入一笔钱，存款利率为 8%，到第 10 年末刚好偿还第 10 年末的本利。问：前 6 年每年末应存入多少？

3. 某家庭购买一套面积为 80m² 的经济适用住宅，单价为 3500 元/m²，首付款为房价的 25%，其余申请公积金贷款和商业组合抵押贷款。已知公积金贷款和商业贷款的利率分别为 4.2% 和 6.6%，期限都为 15 年，公积金贷款的最高贷款限额为 10 万元。问该家庭申请组合抵押贷款后的最低月还款额是多少？

4. 某家庭以 4000 元/m² 的价格购买了一套建筑面积为 120m² 的住宅，银行为其提供了 15 年期的住房抵押贷款，该贷款的年利率为 6%，抵押贷款价值比为 70%，则：

(1) 如果该家庭在按月等额偿还 5 年后于第 6 年初一次提前偿还了贷款本金 8 万元，问从第 6 年开始的抵押贷款月还款额是多少？

(2) 假设月还款额为总款项的 0.65%，则抵押贷款到期后，该家庭应向银行偿还的剩余本金金额是多少？

3 房地产投资环境与市场分析

【学习要点】 通过本章学习，了解房地产投资环境的概念及特征、房地产市场调查的方法，熟悉房地产投资环境分析的要素构成、房地产投资环境评价内容及评价方法；掌握房地产市场分析的内容、房地产市场调查的内容与程序、房地产市场预测的主要方法。

3.1 房地产投资环境分析

3.1.1 房地产投资环境的概念

1. 房地产投资环境的概念

房地产投资环境是影响房地产投资、开发、经营、管理的一切政治、自然、社会和经济因素的总和。房地产投资环境不包括投资项目的具体内部因素，而是作为外部因素制约和影响房地产投资行为。房地产投资环境包括硬环境和软环境，硬环境如道路、交通、供水、能源、通信等基础设施状况，软环境主要是相关政策法规等。

可以这样比喻，进行房地产投资就如同种下一棵树，而投资环境就是养育树木并决定其生死的土壤。对于单个投资者来说，房地产投资环境是无法改变和不可控制的，投资者只有尽可能地去认识它、适应它。对房地产投资环境进行分析，是房地产投资和开发的第一步，只有确认了投资环境的健康和稳定，此后的市场研究和地块选择才能开始。

2. 房地产投资环境的特征

除了具备投资环境的一般特征外，房地产投资环境还有其自身特征，主要表现为以下几方面：

（1）不确定性风险多

房地产投资额度大、周期长风险出现的几率和影响将会倍增。随着时间的推移和环境的变化，各类房地产投资除了存在个别风险外，还面临系统风险。个别风险与投资者自身的经营状况相关，包括收益现金流风险、未来经营费用风险、资本价值风险和时间风险等，而系统风险难以被投资者判断和控制，如通货膨胀风险、市场供求风险、周期风险、变现风险、利率风险、政策风险等。房地产投资者深入分析评价投资地的经济环境、社会需求、市场容量和政策法规是有效规避风险的重要前提。

（2）区位条件影响大

位置固定性是房地产资产的最重要特征之一，区位条件对房地产投资影响巨大。任何房地产项目都需要落实到具体的区域，区位价值充分体现在对开发商、置业投资者和租客的吸引力。良好的区位条件，能使开发商通过开发投资获取高额开发利润，使置业投资者获取稳定的经常性收益，使租客方便开展其经营活动、赚取正常的经营利润并支付租金。对区位的分析评价实际就是要对其所处的城市经济地理环境的优劣做出判断。具体区位涉及的房地产微观投资环境是投资决策的重点论证内容。

（3）与经济环境密切相关

房地产投资环境与经济环境联系密切，后者对前者影响明显。我国区域经济发展极不平衡，形成了东部沿海发达、西部内陆落后的巨大反差，这样的经济格局反映到房地产投资上表现为东部发达城市房地产投资超前，而西部落后地区房地产投资严重滞后。此外，随着居民财富的增长，个人经济实力是影响房地产投资环境的重要因素，成为房地产商品购买力最主要的制约力量，而个人经济实力在很大程度上与当地经济水平有关。

（4）受城市规划制约

房地产投资环境受到城市规划和城市发展战略的影响和制约。房地产价值与其周边物业、城市基础设施、市政公用设施和环境变化紧密相关。这种影响包括两个方面：一方面受到城市规划的制约，例如城市土地的转让、利用就必须符合城市土地利用规划，并非完全市场调节；另一方面，随着城市发展战略的实施，政府在道路、公园、博物馆等公共设施等方面的投资，就能显著提高附近房地产的价值。经验证明，能准确预测到政府大型公共设施的投资建设并在附近预先投资的房地产开发商都能获得巨大成功。

3.1.2 房地产投资环境分析的要素

房地产投资环境分析是指以外部环境为对象，从构成环境的各种因素入手，定量与定性相结合，综合系统地分析环境的构成、变化的规律以及研究对象与环境之间的相互作用，从而对环境的发展水平、费用效益以及协调发展等方面作出客观的评价，为实际的决策或应用提供科学的依据。

房地产投资环境分析的要素分为自然环境要素、经济环境要素、行政环境要素和社会文化环境要素等四大基础要素，每一大类基础要素之下又可有影响权重大小不一的要素和子要素，以下分别做出分析说明：

1. 自然环境要素

（1）基础设施状况。这是构成投资物质技术环境的一个极重要的方面。主要包括能源、交通、邮电通讯三个方面。能源设施包括煤、电、水、气、燃料等的供应设施；交通设施包括了水、陆、空三个方面的交通运输条件；邮电通讯设施是指邮政、电报、电话、卫星等方面的通讯服务设施。基础设施的好坏对投资项目的顺利运行关系很大。良好的基础设施有利于提高工作效率，降低成本，增加项目的盈利；落后的基础设施则有与此相反的结果。

（2）区位交通条件。含公路、铁路、水运、航空、轨道交通等方面状况，对于城市的不同区域而言，交通条件的改善能够增加客流量，缩短与市中心的相对距离，减少经济与生活活动成本，提高区位的繁荣程度和区位效益。对于不同城市或地区而言，交通条件的改善可以促进城市或地区的外界交流和联系，扩大城市或地区的外界影响力和经济辐射范围，从而在更大的层面上促进内部的经济繁荣和消费水平提高。区位交通条件在房地产投资环境评估中，与基础设施状况一样，也是一项相当重要的投资环境要素。

（3）环境状况。主要是指环境质量及绿化两个方面，环境质量又包括大气质量、水质量、噪声污染、废渣处理状况等，绿化方面的主要指标即绿地覆盖率。当今世界日益追求生存质量，保护环境、优化人居环境成为共识，房地产开发投资中也是日益注重绿化，将环境绿化作为重要的卖点。

（4）土地状况。土地是一种兼有资源和资产双重属性的生产要素。如果评价房地产个体项目，土地状况即指项目地块的面积、形状、地质、地势等，这里我们要评价的对象是针对城市或城市内不同区域，属于宏观区位层次，土地状况即指城市或区域的地形状况及可供土地面积的大小。

2. 经济环境要素

（1）物价。物价总水平有一定上涨或者说有一定的通货膨胀对于房地产投资是有益的，房地产具有保值增值性质。通货膨胀会带动房地产的投资需求，从而带动房地产价格以比物价上涨更快的速度上扬。现实发生的通货膨胀，一般是较均衡的通货膨胀，只要物价上涨率不过分高，不发生恶性膨胀和经济动荡。一定的物价上涨差异微乎其微，一般作房地产区域投资环境评价比较时，也可将此因素忽略。

（2）地价。地价是房地产价格构成中的重要部分，由于土地供给的稀缺性，土地价格从长期来看是上涨的，政府土地出让一般以挂牌出让、招标出让和拍卖出让为主，近年来，土地价格的不断攀升使得土地成本占开发成本的比例不断增大，直接影响着房地产市场的价格。

（3）居民收入水平。房地产投资涉及的资金量较大，许多居民一生也只有一次购房经历。居民收入水平实际反映了居民购买力大小，它与房地产投资效益之间具有正相关关系。尤其在中国这样一个发展中国家，居民人均可支配收入相对较低，房地产的消费水平一时难以大幅提高，潜在需求短时间内难以转化为现实的有效需求。

考察国内各大、中城市的房地产市场，凡是居民收入水平较高的城市，市场销售一般较为活跃，房价水平也较高，可见居民收入水平是一个极其重要的投资因素，应给予重点关注。在房地产的投资环境分析中，对于这一要素应尽量收集到量化的统计指标，如人均可支配收入等，纳入综合评价计算。

（4）利率与银行按揭状况。当利率上升时，房地产开发商和经营者的资金成本会增加，消费者购买欲望会降低，因此，整个房地产市场将形成一方面生产成本增加；另一方面市场需求降低。这无疑给投资者和经营者带来损失。银行利率的高低和银行住房按揭的支持状况直接决定了居民的真实资金购买力，银行利率调低可以刺激需求，对于房地产投资是有利的。就国内市场而言，国家在各地的利率和住房按揭政策都是基本一致的，基本不存在地区差别，因此这一因素在投资环境分析中可以不考虑。

（5）经济增长水平。经济增长迅速，表示国民所得提高，居民购买力将增强，有利于物业价格提升和房地产投资。地区与城市之间具体情况不同，经济增长快慢不一，从而使房地产消费潜力有强有弱。经济增长率也是一项比较重要的经济环境指标。

（6）房地产开发供应状况。房地产开发供应状况实际上反映了房地产供应总量是否适度以及房地产产业的竞争程度，严重供过于求的城市或区域房地产市场对于投资来说显然是不利的，有时还起到决定性的主导作用。

房地产市场的价格也是受供求关系决定的，供求关系的周期性变化，会使房地产市场价格随之波动变化。房地产开发供应状况也是一项极其重要的投资环境要素，实际的投资环境评价之中，应该充分收集资料，尽量采用房地产空置率或房地产施工、竣工面积增加率等定量指标，实事求是地评价城市区域房地产市场的竞争状态和竞争程度。

3. 行政环境要素

（1）政治稳定性与战争风险。政局动荡与战争风险对于房地产的影响很明显，一旦发生就会导致房地产价格暴跌。目前一般区域投资比较，特别是国内区域之间投资比较时，这一点可以不予以考虑。

（2）房地产政策与政府办事效率。各地政府对于房地产都有专门的行业主管部门，每年都要核查房地产企业资质，制定并维护地方管理政策。房地产开发所涉及立项审批、土地转让、报建等手续相当复杂，办理各项手续往往费时费力，政府办事效率也是投资决策时必须考虑的一层因素。

（3）税费水平。房地产业牵涉到的政府税费名目繁多，数额较大的有城市基础设施配套费、垃圾处理费、人防费、营业税、土地增值税、交易契税、规划管理费、质监招标费、抗震审查费等等，各地根据自身实际对于房地产税负水平不一，特别是许多税费减免政策灵活性很大，尺度不一，政府在管理上需要改进完善。这样，房地产业投资决策与区域选择必须考虑区域真实的税赋水平，其中交易契税收取水平对于房地产二、三级市场都有较大的作用，各地的差别也较大，应予重点关注。

4. 社会文化环境要素

（1）区域人口数量。区域人口数量与区域房地产价格之间关系密切。在人口数量因素中，反映人口数量的相对指标是人口密度。人口密度从两方面影响房地产价格，一方面，人口密度的提高，有可能刺激商业、服务业等产业的发展，提高房地产价格；另一方面，人口密度过高会造成生活环境恶化，又有可能降低房地产价格。所以人口密度的提高只要没有影响到生活环境质量，对于房地产投资环境便是有益的。

（2）区域人口素质。人类社会随着文明的发展、文化的进步，一些公共设施必然日益完善；同时居住空间也必然力求宽敞舒适，凡此种种都能增加对房地产的需求。相反，如果区域中居民素质低、组成复杂，房地产价格也会低落。

（3）家庭人口。这里所说的家庭人口是指社会或某一区域家庭平均人口数。一般而言，随着每个家庭人口平均数的下降，即家庭小型化的趋势，区域房地产价格会呈现上长趋势，房地产的整体投资环境也会改善。

（4）消费文化与价值观念。东方人都是普遍较西方人更加关注房地产投资，其中可能不乏人口因素，但消费文化和价值观念不同可能是主要原因所在。即使在同一民族的不同地区，由于区域气候和地理条件的不同，也会导致日积月累的文化差异，从而产生不同类型的文化和价值观念。例如深圳是年轻化的沿海城市，与有悠久历史的西安、北京相比较，购房观念可能有很大差别。研究消费文化和价值观念上的这种差别，对于房地产投资的区域选择，甚至具体的房地产内部功能设计都有所裨益。

3.1.3 房地产投资环境影响评价

1. 房地产投资环境评价内容

（1）地理区位。地理区位是指投资项目所在地域区位及自然、风景地理特征。房地产投资者都十分重视对地理区位的研究。投资项目所处的地理区位不仅取决于自身的地理位置，更重要的是它的地理区位，是构成投资环境的重要方面。地理区位往往决定着一个地区在全国地区发展战略中的区域开发顺序和时序安排，决定着资源或产品输入输出的运输成本，决定着信息流的强度乃至影响决策的成败。

（2）资源条件。具有丰富的自然资源储量是产业发展的重要物质基础和有利条件。除了物产资源之外，由自然景观和人文古迹构成的旅游资源、港湾条件构成的港口资源也都属于投资环境的一个重要方面。

（3）基础设施。基础设施环境是房地产投资项目的硬环境，主要包括投资地域的交通、能源、通讯、给排水、排污等环境条件。属于交通环境条件的内容有：距机场、码头、车站的距离，主要交通干线的分布，重要的公共交通工具及数量，交通方便的程度等；属于能源条件的主要内容有：电力供应状况，距最近的变电站的距离，距煤气供应站的距离，距煤气主干线管道的距离，其他能源如煤炭、天然气的供应状况等；通讯环境条件是指最近的通讯电缆的位置，可设电话门数等；给排水及污水环境条件包括当地的自来水管道分布、距主要自来水管道的距离、排水排污设施状况、管道分布等。

（4）政治环境。政治环境指的是一国的政治制度、政局的稳定性和政策的连续性以及政府管理服务的水平等。

1）政治局势。政治局势稳定包含国内局势稳定和对外局势稳定两层含义。一般来说，一个地区如果政治局势比较稳定，很显然能够吸引房地产投资，房地产价格就会比较高；如果政局动荡，甚至发生战争，显然对房地产投资是不利的，土地或房地产价格就会下跌。

2）政策制度。投资者所关注的经济政策和产业政策，包括国民经济发展的政策、引进外资的政策、对外开放的政策以及税收政策等。同时，政策的连续性也是房地产投资者考虑的重点。政策不连续、不稳定，会使房地产投资者畏缩不前。

3）政府管理服务水平。由于房地产投资中政府审批环节多、时间长，高效、廉洁的政府形象将吸引房地产投资者进入。政府管理水平的优劣、政府服务水平的好坏直接关系到是否能够招商引资，是否能够吸引房地产投资。

（5）经济环境。经济环境主要有宏观经济环境、市场环境、财务环境、资源环境等。

1）宏观经济环境。宏观经济环境是一国或者地区的总体经济环境。

2）市场环境。市场环境是指投资项目面临的市场状况。

3）财务环境。财务环境是投资项目面临的资金、成本、利润、税收等环境条件。

4）资源环境。资源环境是指从人力资源、原材料资源、土地资源和能源角度出发研究的投资环境。

（6）社会文化条件。社会环境是计划投资地域的社会秩序、社会信誉和社会服务等条件，同时包括当地居民的文化教育水平、社会传统、风俗习惯等。

1）社会秩序。社会秩序是指计划投资地区的社会政治秩序和经济生活秩序。

2）社会信誉。社会信誉是由公共道德水平和法律双向支撑的，包括合同履约的信誉，也包括社会承诺的信誉。

3）社会服务。社会服务是指计划投资地区所能提供的服务设施及服务效率条件，既包括某些硬的条件，也包括某些软的条件。

2. 房地产投资环境评价方法

目前较常见的房地产投资环境评价方法大约有 10 余种。如冷热因素法、等级尺度法、多因素和关键因素评价法、多因素加权平均法、抽样评估法、投资障碍分析法、体制评估法、国家风险评级法、准数分析法、主成分分析法、聚类分析法、综合评价法等。本书选择具有代表性的冷热因素法、等级尺度法、多因素和关键因素评估法、道氏评估法和综合评价法进行介绍：

（1）冷热因素法

美国经济学家伊西·利特法克和彼得两位学者通过对美国、加拿大等国投资者在选择投资场所时所考虑因素的调查，发表了《国际商业安排的概念框架》的论文，从投资者的角度归纳出七大投资环境因素：政治稳定性、市场机会、经济发展及成就、文化一体化、法律阻碍、自然条件的优劣、地理及文化差异。据此对所投资区域逐一评估并将之由"热"至"冷"依次排列，"热者"表示投资环境优良，"冷者"表示投资环境欠佳。

1）政治稳定性。有一个深得国民拥护的、能够创造并保持适宜的工商环境的政府。一国政治稳定性高时，此为一"热"因素，反之为"冷"因素。

2）市场机会。市场对目标产品尚有未满足的需求，且有购买力。市场机会大时，此为"热"因素，反之为"冷"因素。

3）经济发展及成就。如经济稳定、发展程度高，则为"热"因素，反之为"冷"因素。

4）文化一体化。文化一体化是指一国内各阶层人民的相互关系以及风俗习惯、价值观、宗教信仰等方面的差异程度。文化统一良好时，为"热"因素，反之为"冷"因素。

5）法律阻碍。法律阻碍是指东道国法律的完善、繁简程度给企业经营带来的困难，以及对今后工商环境造成的影响。法律阻碍大时，此为"冷"因素，反之为"热"因素。

6）自然地理条件的优劣。恶劣的自然地理条件往往会对企业的有效经营产生阻碍，这对外来投资者而言，无疑是个"冷"因素，反之为"热"因素。

7）地理及文化差距。投资者所在地与东道国之间的距离、文化观念相去甚远，则是"冷"因素，反之为"热"因素。

冷热因素法是最早提出的投资环境分析方法，虽然在因素的选择及其评判上有失系统性，但它却为投资环境分析方法的形成和完善奠定了基础。

（2）等级尺度法

等级尺度法也称罗氏多因素评分分析法，它是由美国经济学家罗伯特·斯托伯在1969年发表的《如何分析国外投资环境》的论文中提出的，其特点是从东道国对外国投资者的限制和鼓励政策对投资者造成的影响的角度，将投资环境分为8大类因素：资本抽回限制规定、外商股权比例、对外商的管制和歧视程度、货币稳定性、政治稳定性、给予关税保护的意愿、当地资本可供程度、近5年通货膨胀率的高低。在这8大因素中，罗伯特又对每一类因素再分成4～7个子因素，根据各因素和子因素对投资环境的影响程度，定出从最差到最好的各种情况的分类标准，最好的情况按其因素影响力大小评为12、14、20分不等，最差的情况评为0、2、4分不等。先按各种情况打分，然后将各方面相加，计算出投资环境总分：8～100，总分越高，投资环境越好。

等级尺度法与冷热因素法相比较，指标趋向具体，因素趋于数量化，但其主要考核的是东道国对外资的优惠条件及吸引外资的能力，并没有考虑项目所在地的具体环境条件，因而其应用范围有相当的局限性。

（3）多因素和关键因素评估法

由香港大学闵建蜀教授提出的多因素和关键因素评估法实际上是两个前后关联的评估

方法，即多因素评估法和关键因素评估法。

多因素评估法把投资环境因素分为如下11类。每类又分解为下列若干子因素：

1）政治环境。包括政治稳定性、国有化可能性、外资政策；

2）经济环境。包括经济增长、物价水平；

3）财务环境。包括资本与利润外调、汇价、融资可能性；

4）市场环境。包括市场规模、分销网点、营销辅助机构、地理位置；

5）基础设施。包括通信设备、交通运输；

6）技术条件。包括科技水平、劳动力、专业人才；

7）辅助工业。包括发展水平和配套情况；

8）法律环境。包括法律完备性、执法公正性、法制稳定性；

9）行政效率。包括机构效率、素质；

10）文化环境。包括信任与合作、社会风俗；

11）竞争环境。包括竞争对手状况、市场占有额。

在实施评价时，首先由各位专家独立地对各类因素的子因素作出综合评价，并据此对该类因素的优劣等级，按优、良、中、可、差五个等级作出综合判断。再统计计算出该项目获得各等级的百分比，确定各类因素的权重系数。汇总求和，便可求得该项目的投资环境总分。

上述多因素评估法只是对某一地区的投资环境进行一般性评价，尚未涉及各类不同投资动机下对环境的具体要求。因而，闵建蜀教授又提出了针对具体投资项目，充分考虑投资动机的所谓关键因素评估法。

关键因素评估法的基本思路是从影响投资环境的一般因素中，找到影响投资动机实现的关键因素，然后依据这些因素对投资环境进行综合评价。此方法把一般项目的投资动机分为降低成本、开拓市场、获得原料、分散风险、竞争、获得生产技术和管理技术等六大类。每一类动机又包含若干影响投资环境的关键因素：

1）降低成本类。劳动生产率、土地费用、原料价格、运输成本；

2）开拓市场类。市场规模、营销机构、文化环境、地理位置、运输条件、通信条件；

3）获得原料类。资源条件、汇率变动、通货膨胀、运输条件；

4）风险分散类。政治稳定、国有化可能性、汇率变动、通货膨胀；

5）竞争类。市场规模、地理位置、营销机构、法律制度；

6）获得生产技术和管理技术类。科技发展水平、劳动生产率。

实施投资项目的环境评价时，要视投资者的投资动机（1类或几类），挑选关键因素。仍采用多因素评估法，由计算"投资环境总分"的方式来进行项目投资环境的综合评价。

对于房地产开发项目，尽管投资动机没有那么复杂，但是需考虑的因素远远不止上述几种。不妨按房地产项目的使用性质进行分类，各类房地产投资需重点考核的环境因素再按权重分为三类。如对于国内开发建设的普通住宅区房地产投资项目，其环境评价的关键因素，可按如下分类：

第一类因素（重点因素）。权重系数＝0.6市场环境中的购买力水平、吸纳量、供应量、同类楼盘的分布及其现状等；财务环境中的项目融资可能性、融资成本、税费负担、同类项目盈利水平等；自然环境中的地理位置、风景地貌、自然景观；基础设施条件的电力、通讯、给排水、交通及其他生活设施条件。

第二类因素（一般因素）。权重系数＝0.3 经济环境中的消费结构、居民收入、物价指数等；资源环境中的劳动力资源条件、原材料供应等；法律环境中的争议仲裁公正性等。

第三类因素（次要因素）。权重系数＝0.1 社会环境中的社会秩序、社会信誉和社会服务等；文化环境中的文化传统、教育水准等。

划分好项目的环境因素类型及其权重后，便可视专家们的评价结果，按前述多因素分析法的计算公式，计算该项目投资环境总分，进行其投资环境综合评价了。

（4）道氏评估法

道氏评估法是美国经济学家根据美国道氏化学公司在海外投资的经历提出来的一种评估法。该方法把投资风险分为两类：一是竞争风险。二是环境风险。因此，道氏评估法把影响投资环境的因素按其形成的原因和作用范围分为两部分：一是企业从事生产经营的业务条件；二是有可能引起这些条件变化的主要外部条件。

道氏评估法一般分为以下几个步骤：先评估影响投资企业业务条件的各因素，并评估引起业务条件变化的各主要压力因素。然后进行有利因素和假设条件的汇总，从中指出 8～10 个在该地的某个项目获得成功的关键因素。在确定关键因素及其假设条件后，提出 4 套项目预测方案：其一是根据未来 7 年中各关键因素中最可能的变化而提出的预测方案；其二是假设各关键因素的变化比预期的好而提出的"乐观"预测方案；其三是假设各关键因素的变化比预期的差的"悲观"预测方案；其四是假设各关键因素变化最坏可能导致公司"损失较大"的预测方案，最后请专家对各方案可能出现的概率进行预测，从而做出决策。

（5）综合评价法

综合评价法的基本步骤是通过层次分析法确定各环境要素的权重系数；由统计分析确定各环境要素的得分；计算项目投资环境的综合评分；由灵敏度分析判断各环境要素发生变化对投资环境评价带来的影响。

第一步：环境要素权重系数的确定。权重系数是用来描述环境要素在项目环境评价中相对重要程度的指标。权重系数一般采用层次分析法进行综合确定。其基本分析步骤为：

1）建立层次结构模型。按项目投资环境因素的内容及其相互间关系，将各环境要素划分为层次结构形式。

2）确定同层间单权重系数。同层间要素的单权重系数是用以描述位于同一层次的各环境要素相对于上一层因素重要程度的系数。它是由求解该层的判断矩阵求得的。判断矩阵则是由同一层次间各要素之重要程度两两比较而构建的。为了便于清晰地界定因素的重要程度，将评价尺度划分为 9：1 至 1：1 共 9 个级别。其中 9：1 表示极强的相对重要程度，1：1 表示等强的相对重要程度。其间由极强而强，由强而稍强，逐渐变化。

第二步：各环境要素的评分组合。权重系数仅仅描述了各环境要素在项目环境评价中的地位（重要程度）。对要素环境的单项评价，还需要通过记分的方法来实现。通常的做法是不论其为定性的还是定量的指标，均按优、良、中、差四级进行评价。由于评价者个人的经历、观念、经验的差异，不同的评价者对同一环境条件往往会作出不同的评价。

第三步：项目投资环境的综合评分。分别求得了各环境要素的组合权重系数和评价分值后，便可代入设定好的公式求项目投资环境的综合评价分。

第四步：项目投资环境评价的敏感性分析。上述投资环境的综合评价，是立足于现在的状态进行的判断。然而，现实的社会经济生活是一种动态过程，很多作为评价依据的环境条件并不是一成不变的。敏感性分析正是要考察当这些环境条件变化时，对评价结果带来的影响及其影响程度。其基本分析步骤如下所示：

1) 逐项分析环境因素的稳定状况，判断其在项目投资建设或经营期内发生变化的可能性，并研究其变化的基本趋势及变化程度；

2) 计算变化后的项目投资环境综合评分值；

3) 若是不同地点投资环境的比较和排序，则按新的综合分值重新排序，并比较前后两种排序的差异，分析原因，作出判断；

4) 若是单一项目、单一地点的投资环境评价，则比较前后两次综合评分值，研究其变化程度，分析原因，作出判断。

综合评价法不仅是投资环境的科学分析与评价方法，还是一种项目投资环境比较的重要工具，政策模拟的重要手段，也是对投资环境进行监测、预警的重要方法。

以上对房地产投资环境评价的方法各有优缺点，对具体房地产项目进行投资环境评价时，往往要根据实际情况，综合运用两种或多种方法。

【例 3-1】　重庆××房地产项目投资环境分析案例（略作删节）

一、项目所属区宏观环境分析

项目所属区的大致地理位置位于重庆北部新区和重庆两路寸滩保税港区，规划的范围包括江北区的江北中心区、江溉片区、唐家沱-寸滩片区与鱼嘴-复盛片区；渝北区的北部新区、龙溪片区、两路地区、木耳-古路片区以及龙兴-石船片区；北碚区的蔡家片区与水土-复兴片区，总面积超过 1200km²。

1. 宏观经济

项目所属区目前常住人口 170 万人，占重庆全部人口的 6%。

项目所属区人口规划容量很大，突出城乡一体化建设。项目所属区的成立从国家战略上可以看作是新一轮西部大开放的标志性事件，它将深刻改变西部的经济面貌，对缩小东西区域差距起到举足轻重的作用。

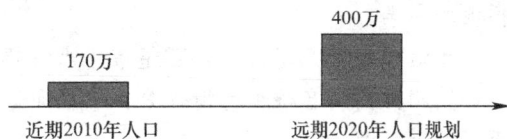

图 3-1　项目所属区人口发展状况预期图

2010 项目所属区固定资产投资增长率为 34.2%，2010 年、2011 年是项目所属区投资发展的中期，预计 2012 年与 2011 年的投资增长率接近。

重庆项目所属区各经济数据占全市比重　　　　　　表 3-1

名　称	数值/元 2010 全年	占全市比重
工业生产总值	1800 亿	21.5%
GDP	1055 亿	13.8%
社会消费品零售总额	457.8 亿	15.5%
固定资产投资	1054 亿	9.2%

2. 区域规划

项目所属区南部靠近重庆主城区，当地居民置业倾向主要是自南向北，现代服务业、都市功能板块有更大商品房投资价值。城乡一体化是国家的未来发展趋势，重庆作为西部地区唯一直辖市，应该承担起这个职责。

3. 房地产数据

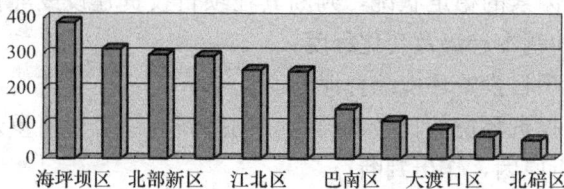

图 3-2   重庆项目所属区 2010 年商品房成交量（万平方米）

项目所属区商品房供求相差不大（对比之上所述），从供应力度分析处于需求相对旺盛阶段。由于北碚区属于郊区，其商品房交易量不大。

二、主要政策影响

政府调控政策的出台，是以市场为导向。至于房价问题，重庆的房价还算是比较低，未来房价肯定会继续往上涨。因为重庆作为中国城市的后起之秀，加上项目所属区等利好消息。未来的发展态势肯定非常好，势必会成为中国西部地区金融、文化、交通中心。

三、区位环境

××区紧靠新牌坊立交，紧临××大道、泰山大道、机场高速、内环高速；轨道交通环线（规划中）、轨道交通 6 号线（规划中）和高速捷运工具构建快速出行通路，城市交通畅速迅达。

区域配套：柏林公园、××植物园、龙湖动步公园、洋河体育场。

学校：新牌坊小学、人和小学、规划中的人民小学、渝高中学、金科巴蜀中学、观音桥实验中学。

生活：新世纪超市、重百超市、永辉超市加州店、易初莲花超市、家乐福等。

购物：离观音桥步行街 5 分钟车程即达，远东百货、茂业百货、新世界百货、新世纪百货等大型商场。

娱乐：解放碑、观音桥、新牌坊酒吧、KTV 等娱乐配套一应俱全。

独立运动区域，羽毛球场、篮球场、儿童娱乐场、健身器械场，2000m² 星光广场。

四、市场定位分析

项目定位

(1) 项目所属区 2007～2011 年市场小户型物业相对稀缺；

(2) 与周边楼盘形成产品差异化竞争；

(3) 结合区域及项目用地条件。

综上，产品建议：小户型高层（投资）。

五、基础设施

××区除位于城市中心新牌坊片区，现已挂牌的项目所属区范围内，该片区与龙头寺、冉家坝、黄泥磅三大成熟板块交汇，现有两个国家级开发区及一个国内最高规格保税区，发展潜力无限。

六、为本项目带来的影响

综上所述，本项目的开发正处于 2012 年项目所属区成立后和城市扩容的影响，从需求来看，主城区商品房的刚性需求市场仍然较大。项目所属区的成立，也将使重庆的发展推入一个高速的发展通道，世界五百强企业的相继落户，不仅会推动重庆的经济发展，而且会增加重庆房屋的销售量，平衡房地产价格，是一个好的投资机会。

3.2 房地产投资市场分析

3.2.1 房地产投资市场分析的内容

房地产市场分析的内容较为复杂与多样，概括起来主要包括市场调查与市场预测。市场调查与市场预测都是以市场为客体的市场研究活动，是获取市场信息、科学认识市场的重要手段，是投资者、决策者把握市场机会、制定各项市场营销决策的基础和依据。市场调查与市场预测二者既有区别又相互联系。调查的对象是过去和现在存在的事实（现象），而预测是针对尚未形成的事实（现象）。市场调查是预测的基础，调查的目的既可以是为了制定经营目标和行动规划，也可以是总结经营活动的经验教训，而预测则是为了更好地把握未来。

将房地产市场分析的内容再进一步细化，可以将其归纳为以下四个方面：

（1）区域经济分析

区域经济分析是研究某一地区的经济环境，它包含区域经济的基本趋势分析和区域内基础产业的发展趋势分析。

（2）市场概况分析

市场概况分析主要是对地区房地产各类市场未来总的趋势分析，需要从人口、公共政策、经济、法律、社会及家庭等多个方面分析市场未来趋势和项目的支持度。

（3）专业市场供求分析

在专业市场供求分析中，首先根据潜在需求的来源地及竞争物业的所在地，确定市场研究区域；其次是细分市场，进行产品细分及消费者细分，找出某一消费群体所对应的房地产产品子市场；再次是分析各子市场的供需关系，求出各子市场的供需缺口；最后将供需缺口最大的子市场确定为目标子市场，具体求出目标子市场供求缺口量（即未满足的需求量）。对于已经确定用途的房地产项目，则可以直接对项目所在的专业市场进行市场供求分析。供给市场分析包括市场供给总量分析、供给结构分析以及供给预测分析，需求市场分析则包括需求量分析和消费者分析。

（4）项目竞争分析

项目竞争分析主要包括：分析项目的法律、经济、区位等特征；根据目标物业的特征，选择、调查竞争物业；进行竞争评价，确定目标物业的竞争特点，预测一定价格和特征下项目的销售率及市场占有率（市场份额）。通过项目竞争分析确定产品定位、房型组合、公共设施分摊方式、规划特色、定价方式、付款方式、销售状况等。

3.2.2 房地产市场调查

1. 房地产市场调查的内容

房地产市场调查的内容非常广泛，涉及房地产市场需求和供给的各个方面。通常，房地产市场调查主要包括房地产市场环境调查、房地产市场需求调查、房地产市场供给调查和房地产市场营销活动调查四个方面的内容。

1) 房地产市场环境调查

房地产市场环境调查包括政治法律环境调查、经济环境调查、社会文化环境调查和社区环境调查等。

（1）政治法律环境调查

政治法律环境调查主要是了解对房地产市场起影响和制约作用的政治形势、国家对房地产行业管理的有关方针政策及法律法规，包括：政局的变化，如国际和国内政治形势、政府的重大人事变动等；制定的有关房地产开发经营的方针政策，如房地产业发展政策、房地产税收政策、房地产金融政策、土地管理政策、人口政策和产业发展政策等；政府制定的有关法律法规，如环境保护法、土地管理法、城市房地产管理法、广告法、反不正当竞争法等；各级政府制定的有关国民经济社会发展计划、发展规划、土地利用规划、城市规划和区域规划等。

（2）经济环境调查

经济环境调查主要是为了了解财政、金融、经济发展状况和趋势等因素，包括：国家、地区或城市的经济特征，如经济发展规模、趋势、速度和效益；项目所在地区的经济结构、人口及就业状况、就学条件、基础设施情况、区域发展战略、同类竞争物业的供给情况；金融环境，如获取资金的难度、利率、银行新增贷款趋势等；国民经济产业结构和主导产业；居民收入水平、消费结构和消费水平；物价水平及通货膨胀程度；项目所在地区的对外开放程度和国际经济合作的情况，对外贸易和外商投资的发展情况；与特定房地产开发类型和开发地点相关因素的调查；财政收支状况。

（3）社会文化环境调查

社会文化环境主要是居民的生活习惯、生活方式、消费观念、消费心理乃至对生活的态度、对人生的价值取向等。社会文化环境调查的内容主要包括：居民的职业构成、教育程度、文化水平；家庭人口规模及构成；居民的家庭生活习惯、审美观念及价值取向；消费者的民族与宗教信仰、社会风俗等。

（4）社区环境调查

社区环境调查内容包括社区繁荣程度、购物条件、文化氛围、居民素质、交通和教育的便利程度、安全保障程度、卫生情况、空气和水源质量及景观等方面，社区环境直接影响着房地产产品的价格。

2) 房地产市场需求调查

房地产市场需求既可以是特定房地产市场需求的总和，也可以是专指对某一房地产产品的需求数量。房地产市场需求调查主要包括以下方面：

（1）房地产消费者调查

房地产消费者调查主要是调查房地产消费者的数量及其构成。包括：消费者对某类房地产的总需求量及其饱和点、房地产市场需求发展趋势；调查房地产现实与潜在消费者的数量与结构，如地区、年龄、民族特征、性别、文化背景、职业、宗教信仰等；消费者的经济来源和经济收入水平；消费者的实际支付能力；消费者对房地产的产品质量、价格、服务等方面的要求和意见等。

（2）房地产消费动机调查

房地产消费动机是为满足一定的需要而产生的购买房地产产品的愿望和意念。房地产消费动机是激励房地产消费者产生房地产消费行为的内在原因。房地产消费动机调查的内容主要包括消费者的消费意向、影响消费者消费动机的因素、消费者消费动机的类型等。

（3）房地产消费行为调查

房地产消费行为是房地产消费者在房地产实际消费过程中的具体表现。对房地产消费行为的调查主要包括：消费者购买房地产商品的数量及种类；消费者对房屋设计、价格、质量及位置的要求；消费者对本企业房地产商品的信赖程度和印象；房地产商品购买行为的主要决策者和影响者的情况等。

3）房地产市场供给调查

房地产市场的供给是指在某一时期内为房地产市场提供房地产产品的状况。对其主要从以下几个方面进行调查：

（1）行情调查。行情调查主要包括：房地产市场现有产品的供给总量、供给结构、供给变化趋势、市场占有率；房地产市场的销售状况与销售潜力、房地产产品的市场生命周期；房地产产品供给的充足程度、房地产企业的种类和数量、是否存在市场空隙；有关同类房地产企业的生产经营成本、价格、利润的比较；整个房地产产品价格水平的现状和趋势，最适合于客户接受的价格水平；新产品定价及价格变动幅度等。

（2）现有房地产租售客户和业主对房地产的环境、功能、格局、售后服务的意见及对某种房地产产品的接受程度。

（3）新技术、新产品、新工艺、新材料的出现及其在房地产产品上的应用情况。

（4）建筑设计及施工企业的有关情况。

4）房地产市场营销活动调查

房地产市场营销活动是包括房地产产品调查、价格调查、促销调查、广告调查等一系列活动的组合。因此房地产市场营销活动调查应围绕这些营销组合要素展开。

（1）房地产市场竞争情况调查

房地产市场竞争情况的调查主要包括竞争企业和竞争产品两方面内容。

对竞争企业的调查主要包括：竞争企业的数量、规模、实力状况；竞争企业的生产能力、技术装备水平和社会信誉；竞争企业所采用的市场营销策略以及新产品的开发情况；对房地产企业未来市场竞争情况的分析、预测等。

对竞争产品的调查主要包括：竞争产品的设计、结构、质量、服务状况；竞争产品的市场定价及反映状况；竞争产品的市场占有率；消费者对竞争产品的态度和接受情况等。

（2）房地产价格调查

价格调查的内容包括：影响房地产价格变化的因素，特别是国家价格政策对房地产企业定价的影响；房地产市场价格的变化趋势；房地产商品价格需求弹性和供给弹性的大小；开发商各种不同的价格策略和定价方法对房地产租售量的影响；国际、国内相关房地产市场的价格；开发个案所在城市及街区房地产市场价格。

（3）房地产促销调查

促销调查的主要内容包括：房地产企业促销方式，广告媒介的比较、选择；房地产广告效果测定；对房地产广告媒体使用情况的调查；房地产商品广告计划和预算的拟定；房地产广告代理公司的选择；人员促销的配备状况；各种营业推广活动的租售绩效。

（4）房地产营销渠道调查

房地产营销渠道调查主要包括：房地产营销渠道的选择、控制与调整情况；房地产市场营销方式的采用情况、发展趋势及其原因；租售代理商的数量、素质及其租售代理的情况；房地产租售客户对租售代理商的评价。

2. 房地产市场调查的方法

房地产市场调查是以房地产为特定对象，对相关的市场信息进行系统的搜集、整理、记录和分析，对房地产市场进行研究和预测，并最终为房地产投资项目提供决策服务的一种活动。房地产市场调查方法是指市场调查人员在实地调查中搜集各种信息资料所采用的具体方法。

1）按照调查对象的不同，市场调查法可分为普查法和抽样调查法。

（1）普查法

普查又称全面调查，是指对调查对象总体所包含的全部单位都进行的调查。例如，对房地产市场在售项目的户型结构、面积进行普查，可获得全面的在售项目户型结构和面积数据，正确反映客观实际，效果明显。但是，当调查的对象繁多而调查的问题较为复杂时，要耗费大量人力、物力、财力，调查周期较长，所以在房地产开发经营中，只有针对特定的、有限的对象或者较简单的问题，如某一写字楼的租户意见调查，某公寓物业管理认可水平调查等，才考虑采用普查。当然，有些资料可以借调国家权威机关的普查结果，例如，可以借用全国人口普查所得到的有关数据资料等。

（2）抽样调查法

抽样调查法是指从调查对象的总体中，抽取有代表性的若干个体组成样本，对样本进行调查，然后根据调查结果可推断总体特征的方法。这是房地产市场调查中广泛采用的一种方法。

抽样调查法要求抽选出的样本必须是母体的浓缩，要能代表母体的特征。为此，样本在选择时需要满足：第一，要有足够的容量；第二，要有正确的抽取法，这样才能把调查误差降低到最低限度。抽样调查组织方法主要分为两大类：一类是随机抽样法；另一类是非随机抽样法。

随机抽样最主要的特征是从总体中任意抽取样本，每一个样本有相等的机会，这样的事件发生的概率是相等的，完全排除人为的主观因素的选择，可以根据调研的样本空间的结果来推断总体的情况。

非随机抽样法是按调查目的与要求，根据一定标准来选择样本，母体中每个样本被抽取的机会是不均等的，又被称为非概率抽样或不等概率抽样。非随机抽样法失去了大数定律的存在基础，也就无法确定抽样误差，无法正确地说明样本的统计值在多大程度上适合于总体。

2）按照调查方式的不同，市场调查又可分为询问法、观察法和实验法。

（1）询问法

询问法即以询问的方式作为收集资料的手段、以被询者的答复作为调查资料依据的调查方法。按其内容及传递方式之不同，又可细分为访谈调查、电话调查、信函调查和留置问卷调查。

（2）观察法

观察法即调查人员通过直接观察和记录被调查者的言行来收集资料的一种方法。其又可细分为直接观察和间接观察。

（3）实验法

实验法是从影响调查对象的诸多因素中，选出一个或几个因素作为实验因素，在其他因素都不变的假设前提下，了解实验因素变化对调查对象的影响。其又可细分为实验求证法和随机尝试法。

3. 房地产市场调查的程序

虽然各种房地产市场调查的方法因投资者和投资项目的不同而不同，但所有调查或分析所遵循的程序或步骤却是基本相同的，如图 3-3 所示。

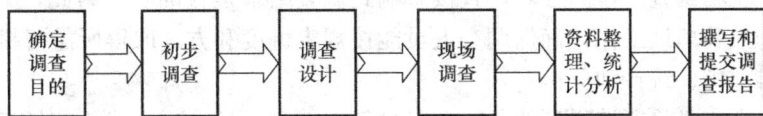

图 3-3 房地产市场调查程序图

（1）确定调查目的

市场调查首先应明确调查目的，只有当需要调查的问题被仔细、准确地定义以后，才能设计研究计划，获取切乎实际的信息。如果一开始就没有抓准目的，以后的一系列市场调查就是浪费，进而造成损失。

调查目的可以采用探测性调查、描述性调查、因果性调查和预测性调查来确定。探测性调查主要是当企业对需要研究的问题和范围不明确、无法确定应该调查哪些内容时，可以采用探测性调查来找出症结所在，然后再作进一步研究；描述性调查只是从外部联系上找出各种相关因素，并不回答因果关系问题；因果性调查是要找出事情的原因和结果；预测性调查是通过收集、分析研究过去和现在的各种市场情报资料，运用数学方法，估计在未来一定时期内，市场对某种产品的需求量及其变化趋势。

（2）初步调查

初步调查的目的是了解产生问题的一些原因，通常有如下三个过程：一是研究收集的信息材料，包括研究企业外部材料和分析企业内部资料；二是与企业有关领导人进行非正式谈话，从这些领导人的谈话中，寻找市场占有率变化的原因；三是了解市场情况，分析消费者对本公司所开发经营房地产的态度等。

（3）调查设计

根据前面信息资料收集以及上面初步调查的结果，可以提出调查的命题，确定调查方式和方法，制定并实施调查计划。

在收集原始资料时，一般需要被调查者填写或回答各种调查表或问卷。调查表和问卷

47

的设计既要具有科学性，又要具有艺术性。

设计调查表及问卷的程序一般包括调查方式确定、问题类型确定和调查表及问卷设计等三个步骤。设计调查表及问卷需要注意下列事项：①问题要力求简单清晰，使被调查人一看就能够明白问题内容；②问题本身不可模棱两可，应该运用简单通俗的文字，一个问题不能有两个以上的主题或内容；③问题的字里行间避免使用有引导性的问句。不能含有任何暗示，如"您对某某房地产的定价有无意见？"等类似的问题就是含有暗示或引导的意味；④问题中避免涉及私人问题，或提出不合理的问题；⑤注意问题的编列顺序，前几个问题最好设计得简单、有趣，以引起被调查人的兴趣与合作。

房地产市场调查中普遍采用抽样调查，即从被调查总体中选择部分样本进行调查，并根据样本特性推断总体特性。在实地调查前，调查人员应该选择决定抽查的对象、方法和样本的大小。一旦明确下来，调查人员必须严格按照抽样调查的要求进行工作，以保证调查质量。

（4）现场调查

现场调查是按调查计划，通过各种方式到调查现场获取原始资料和收集由他人整理过的二手资料。现场调查工作的好坏，直接影响到调查结果是否准确。为此，必须重视现场调查人员的选拔和培训工作，确保调查人员能按规定进度和方法取得所需资料。

（5）资料整理、统计和分析

这一步骤主要是将所搜集到的各种资料进行归纳和分类，使之成为能够反映市场经济活动本质特征和适合投资者需要的资料，这是信息资料的深加工、形成分析结论的前提。

首先，要进行编辑整理。主要是把零碎的、杂乱的、分散的资料加以筛选，去粗取精，去伪存真，以保证资料的系统性、完整性和可靠性；其次，要进行分类编号，就是把调查资料归入适当的类别并编上号码，以便于查找、归档和使用；再次，要进行统计，将已经分类的资料进行统计计算，制成各种计算表、统计表、统计图；最后，对各项资料中的数据进行比较分析，得出一些可以说明有关问题的统计数据，直至得出必要的结论。

（6）撰写和提交调查报告

通过资料整理、统计和分析，做出结论以后，市场营销调查部门必须提出若干建议方案，写出书面报告，提供给决策者。在编写调查报告时，要指出所采用的调查方法、调查目的、调查对象、处理调查资料的手段、通过调查得出的结论，并以此提出一些合理建议。

3.2.3 房地产市场预测

1. 房地产市场预测的种类

房地产市场预测是指运用科学的方法和手段，根据房地产市场调查所提供的信息资料，对房地产市场的未来及其变化趋势进行测算和判断，以确定未来一段时期内房地产市场的走向、需求量、供给量以及相应的租金售价水平。

房地产市场预测按照预测方法的性质，一般分为定性预测和定量预测。

（1）定性预测

定性预测又称判断预测，是预测者根据自己掌握的实际情况、实践经验和逻辑推理能力，对房地产市场的发展趋势做出的推测和判断。这种方法在社会经济生活中有广泛的应用，特别是在预测对象的影响因素难以分清主次，或其主要因素难以用数学表达式模拟时，预测者可以凭借自己的业务知识、经验和综合分析的能力，运用已掌握的历史资料和直观材料，对事物发展的趋势、方向和重大转折点做出估计与推测。

定性预测系统地规定了必须遵循的步骤，以便这些预测方法可以重复地使用，并可对不同的预测对象给出适当的预测范围。由于目前我国房地产市场上缺乏客观数据，因此定性预测在房地产市场策划中就显得非常重要，尤其是对市场的中长期预测。

（2）定量预测

定量预测是在了解历史资料和统计数据的基础上，运用统计方法和数学模型，对市场发展趋势进行数量分析的预测方法。定量预测与统计资料、统计方法密切相关，也称统计预测，主要包括时间序列预测和因果关系预测。如普通商品住宅需求数量、写字楼售价或租金上涨率等。定量预测主要用于短期或中期预测。

定性分析与定量分析是对分析方法的一种性质划分，两者具有各自不同的特点。定性预测擅长于预测趋势的转折及其影响，而定量预测则只有在趋势能延续下去的前提下才有效。定量预测更具客观性、低成本、适于反复预测等，因此，通过定性预测和定量预测的综合运用和合理分工，可以明显地提高预测精度、节约成本。

2. 房地产市场预测的方法

房地产市场预测的方法很多，这里介绍几种具有代表性的方法：

1）定性预测法

（1）德尔菲法

德尔菲法实质上是利用专家的知识和经验对那些带有很大模糊性、较复杂的问题，通过多次填写征询意见表的调查形式取得预测结论的预测方法。该方法适用于大规模、大范围、高难度、复杂问题的预测。如大多数的社会政治问题，大多数的宏观经济、地区经济、行业经济发展问题。在房地产经营预测中，主要用于全国或地区房地产业发展趋势的预测，大规模城市改造或城市规划方案的研究，大型项目开发方案及前景趋势预测等。

（2）销售人员意见综合预测法

销售人员意见综合预测法是指企业直接将从事商品销售经验丰富的人员组织起来，先由预测组织者向他们介绍预测目标、内容和预测期的市场经济形势等情况，要求销售人员利用平时掌握的信息结合提供的情况，对预测期的市场商品销售前景提出自己的预测结果和意见，最后提交给预测组织者进行综合分析，以得出最终的预测结论。这里所指的销售人员除了直接从事销售的人员外，还包括管理部门的工作人员和销售主管等人员。

销售人员意见综合预测法在实施过程中要求每一位预测者给出各自销售额的"最高"、"最可能"、"最低"预测值，并且就预测的"最高"、"最可能"、"最低"预测值出现的概率达成共识。由此方法得出的预测数据比较接近实际，这是因为销售人员直接接触市场和消费者，比较了解消费者和竞争公司的动向，所以说，销售人员所做出的销售预测有较高的可靠性。

（3）购买意向预测法

购买意向预测法是一种最常用的市场预测方法。这种方法以问卷形式征询潜在购买者未来的购买量，由此预测出市场未来的需求。由于只有潜在的购买者最清楚自己将来想购买什么样的商品及其数量，所以他们提供的情报是可靠的。由于市场需求是由未来的购买者实现的，如果潜在的购买者能如实反映其购买意向，那么，据此做出的市场需求预测将是相当有价值的。但购买意向预测法能否取得成功，主要靠潜在的购买者是否合作，如果潜在的购买者因保密、关系不好或不重视调查而采取应付的态度，就难以得到可靠、准确的预测结果。由于消费者的购买意向受时间和市场变化因素影响较大，所以购买意向法不适合长期预测。

2）定量预测法

（1）移动平均法

移动平均法是用一组最近的实际数据值来预测未来一期或几期内公司产品的需求量、公司产能等的一种常用方法。移动平均法适用于即期预测，当产品需求既不快速增长也不快速下降，且不存在季节性因素时，移动平均法能有效地消除预测中的随机波动，是非常有用的。

移动平均的计算公式如下：

$$F_t = \frac{A_{t-1} + A_{t-2} + A_{t-3} + \cdots A_{t-n}}{n} \tag{3-1}$$

式中　F_t——对下一期的预测值；

　　　n——移动平均的时期个数；

　　　A_{t-1}——前期实际值。

A_{t-2}，A_{t-3}和A_{t-n}分别表示前两期、前三期直至前 n 期的实际值。

【例 3-2】　某类房地产 2012 年各月的价格如下表中第二列所示。由于各月的价格受某些不确定因素的影响，时高时低，变动较大。如果不予分析，不易显现其发展趋势。如果把每几个月的价格加起来计算其移动平均数，建立一个移动平均数时间序列，就可以从平滑的发展趋势中明显地看出其发展变动的方向和程度，进而可以预测未来的价格。

在计算移动平均数时，每次应采用几个月来计算，需要根据时间序列的序数和变动周期来决定。如果序数多，变动周期长，则可以采用每 6 个月甚至每 12 个月来计算；反之，可以采用每 2 个月或每 5 个月来计算。对本例房地产 2012 年的价格，采用每 5 个月的实际值计算其移动平均数。计算方法是：把 1～5 月的价格加起来除以 5 得 4932 元/m²，把 2～6 月的价格加起来除以 5 得 4992 元/m²，把 3～7 月的价格加起来除以 5 得 5042 元/m²，依此类推，见表中第三列。再根据每 5 个月的移动平均数计算其逐月的上涨额，见表中第四列。

某类房地产 2012 年各月的价格表　　　　单位：元/m²　**表 3-2**

月　份	房地产价格实际值	每 5 个月的移动平均数的	移动平均数逐月上涨额
1	4800		
2	4900		
3	4980	4932	
4	4980	4992	
5	5000	5042	
6	5100	5076	34
7	5150	5120	54
8	5150	5166	46
9	5200	5198	32

月　份	房地产价格实际值	每 5 个·月的移动平均数的	移动平均数逐月上涨额
10	5230	5228	30
11	5260		
12	5300		

假如需要预测该类房地产 2013 年 1 月的价格，则计算方法如下：由于最后一个移动平均数 5228 与 2013 年 1 月相差 3 个月，所以预测该类房地产 2013 年 1 月的价格为：

$$5228 + 30 \times 3 = 5318(元/m^2)$$

（2）指数平滑法

指数平滑法是生产预测中常用的一种方法。指数平滑法是在移动平均法基础上发展起来的一种时间序列分析预测法，它是通过计算指数平滑值，配合一定的时间序列预测模型对现象的未来进行预测。其原理是任一期的指数平滑值都是本期实际观察值与前一期指数平滑值的加权平均。以一次指数平滑法为例，初值的确定一般采用取第一期的实际值为初值或取最初几期的平均值为初值的方法。

指数平滑法的基本公式是：

$$s_t = ay_{t-1} + (1-a)s_{t-1} \qquad (3-2)$$

式中　s_t——时间 t 的平滑值；

　　　y_{t-1}——时间 $t-1$ 的实际值；

　　　s_{t-1}——时间 $t-1$ 的平滑值；

　　　a——平滑常数，其取值范围为 $[0,1]$；

【例 3-3】 某房地产公司 2013 年 1～2 月份的实际销售量与预测值见表 3-3。如果设 a 值为 0.3，求 2013 年 7 月份销售量的预测值。

某房地产公司 2013 年 1～6 月份的实际销售量与预测值　单位：m^2　表 3-3

月份	实际销售量	预测值
1	6000	6000
2	6200	6000
3	5800	6060
4	6700	5982
5	6900	6195
6	7000	6407

7 月份的预测值为

$$\begin{aligned} s_7 &= ay_{7-1} + (1-a)s_{7-1} \\ &= 0.3 \times 7000 + 0.7 \times 6407 \\ &= 6585 m^2 \end{aligned}$$

（3）趋势法

趋势法分为直线趋势法和曲线趋势法。

直线趋势法又称直线趋势预测法、线性趋势预测法，是对观察期的时间序列资料表现为接近于一条直线的上升和下降时采用的一种预测方法。直线趋势法的关键是求得趋势直线，以利用趋势直线的延伸求得预测值。直线趋势法是假设所要预测的变量与时间之间成线性函数关系，并以此为基础预测未来。因此，用这种方法时，应先计算相关系数，以判别变量与时间之间是否基本上存在线性联系。只有存在线性联系时，才能采用这种方法进行预测。

趋势直线程式是

$$X_c = a + bt \tag{3-3}$$

式中　t——自变量，是选定的任何 t 值；

　　　X_c——因变量，对于选定的 t 值，相应变数 X 的平均估计值，即第 t 预测周期的预测值；

　a、b——未知参数。

由于时间序列的时间间距是相等的，因而可以将 X 轴平移到时间序列的中间位置，使 $\sum t = 0$，这时计算待定系数 a 和 b 的问题得到简化。

如果历史资料项数 n 为奇数，可将 X 轴移到 $\frac{n+1}{2}$ 的位置，$\frac{n+1}{2}$ 以前的 t 值为负，$\frac{n+1}{2}$ 以后的 t 值为正，则 $\sum t = 0$；如果历史资料项数 n 为偶数，可将 X 轴移到中间两期的中点，为了使数字取整，使 $X_{t-1} - X_t = 2$，也使 $\sum t = 0$。从而 a 和 b 分别简化为

$$a = \frac{\sum X}{n} = \overline{X} \tag{3-4}$$

$$b = \frac{\sum Xt}{\sum t^2} \tag{3-5}$$

【例 3-4】 根据表 3-4 资料建立线性趋势方程，并预测 2013 年开发面积。

解：建立线性趋势方程为 $X_c = a + bt$，其计算过程见表 3-4。

根据式（3-4），可计算出待定系数 a 和 b：

$$a = \frac{\sum X}{n} = \frac{19.76}{10} = 1.976$$

$$b = \frac{\sum Xt}{\sum t^2} = \frac{74.98}{330} = 0.227$$

$$\begin{aligned} X_c &= a + bt = 1.976 + 0.227t \\ &= 1.976 + 0.227 \times 11 \\ &= 4.474 \text{ 百万平方米} \end{aligned}$$

即 2013 年的开发面积为 4.474 百万平方米。

某地区 2003 年～2012 年商品房开发面积值表

单位：百万平方米　表 3-4

年　份	t_i	开发面积 X_i	t_i^2	$X_i t_i$
2003	−9	0.65	81	−5.85
2004	−7	0.76	49	−5.32
2005	−5	1.03	25	−5.15

续表

年 份	t_i	开发面积 X_i	t_i^2	$X_i t_i$
2006	-3	1.01	9	-3.03
2007	-1	0.88	1	-0.88
2008	1	1.27	1	1.27
2009	3	1.90	9	5.70
2010	5	3.65	25	18.25
2011	7	3.75	49	26.25
2012	9	4.86	81	43.74
$\sum$	0	19.76	330	74.98

曲线趋势预测法是指当变量与时间之间存在曲线而非直线关系时，通过变量（纵坐标）改用按指数值的差距"刻度"，将曲线关系直线化，形成一条对数直线趋势线，再按直线趋势法求解。

3. 房地产市场预测的程序

房地产市场预测的程序包括以下六个步骤（图3-4）。

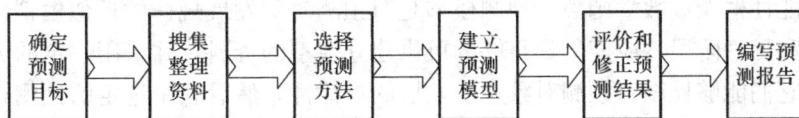

图 3-4　房地产市场预测程序图

1）确定预测目标

进行房地产市场预测，首先必须明确为什么要进行这项预测？它是解决什么问题的？预测的目标关系到预测的一系列问题，如搜集什么资料、怎样搜集资料、采用什么预测方法等。只有目标明确，才能使预测工作顺利进行。

2）搜集、整理资料

资料是预测的基础，必须做好资料的搜集工作。搜集什么资料，是由预测的目标所决定的。一般来说，市场需求预测所要利用的数据资料有历史资料和横截面资料两类。历史资料指反映有关预测对象过去和现在状态的各种资料，通过分析研究这些资料，大体认识预测对象的发展变化规律。横截面资料是指和预测对象有联系或类似的有关对象的资料。

通过分析预测对象与相关对象、因素之间的联系和类似性，可以发现预测对象受到的相关因素的影响力度和变动趋势。但是房地产市场预测人员对所搜集到的资料要进行认真的审核，对不完整和不适用的资料要进行必要的推算和调整，以保证资料的准确性、系统性、完整性和可比性。对经过审核和整理的资料还要进行初步分析，作为选择适当预测方法的依据。

3）选择预测方法

市场预测的方法很多，各种方法都有自己的适应范围和局限性。要取得较为正确的预测值，必须正确选择预测方法。其选择的标准主要考虑以下几个方面：

（1）预测的目的。不同的预测目的，要选择不同的方法。例如，为了分析和辨明两种相关联产品之间的内在联系及需要量的联系，可以运用相关分析法。

（2）预测时间的长短。短期的销售预测一般采用平均法、平滑法。中、长期的销售预测一般要采用直线或曲线趋势法。

（3）占有历史统计资料的多少及完整程度。中、长期的销售预测一般要有三年以上的统计资料，如果历史统计资料比较丰富和完整，可以运用各种统计方法进行预测；如果历史统计资料不完整，一般只适宜采用主观经验判断法、销售人员集合意见法、德尔菲法等。

（4）产品寿命周期。产品寿命周期不同阶段的市场特性不同，市场经营决策的目标因此不同，要采用不同的预测方法。如商业地产的市场需求量，在投入阶段、成长阶段、成熟阶段，其市场需求趋势很不相同。产品处于成长期，销售增长很快，则要用直线式或曲线式最小平方法；如果产品受季节波动的影响，则要用季节指数法，消除季节性波动的影响；产品进入成熟期，销售增长率一般不少于 5%，比较稳定，可以采用移动平均法、平滑法进行预测。因此，要分析房地产项目寿命周期和更新换代的转折点，从而选择不同的预测方法。

4）建立预测模型

预测模型是用来明确表现已知现象与未知现象之间、原因与结果之间的相互作用、相互影响的功能性框架或数学函数。预测模型是对预测对象发展规律的近似模拟。因此，在资料的搜集和处理阶段，应搜集到足够的可供建立模型的资料，并采用一定的方法加以处理，尽量使它们能够反映出预测对象未来发展的规律性，然后利用选定的预测技术确定或建立可用于预测的模型。

5）评价和修正预测结果

市场预测毕竟只是对未来市场供需情况及变化趋势的一种估计和设想，由于市场需求变化的动态性和多变性，预测值同未来的实际值总是有差距的。造成预测结果出现偏差的主要原因包括以下几个方面：

（1）预测方法选择不当，建立的预测模型与产品实际需求规律不符合。

（2）历史统计资料不完整，或有虚假因素。

（3）外部政治、经济、技术条件发生了重大变化，致使市场需求发生了重大变动。

（4）预测人员的经验、分析和判断能力的局限性。

预测误差一般用式（3-6）计算：

$$e = Y_i - Y' \tag{3-6}$$

式中　e——预测误差；

　　Y_i——实际值；

　　Y'——预测值。

为了比较预测方法的精确程度，需要不断地测定预测误差。可以根据求出的需要反向变动方程，算出过去若干时期的预测值；将预测值与实际值比较，计算出过去若干时期的预测误差（e），然后进行比较；最后再根据过去的预测误差对本次预测进行修正。

6）编写预测报告

经过预测之后，要及时写出预测报告。报告要把历史和现状结合起来进行比较，定性分析和定量分析相结合，并尽可能利用统计图表及数学方法予以精确表述。要做到数据真实准确,论证充分可靠,建议切实可行。然后,还要对预测的结果进行判断、评价,重点要进行预测误差分析。预测是一种预计,很难与实际情况百分之百吻合,但是预测的误差不能过大,一旦发现误差过大,就要找出原因。如果引起误差的原因是选择预测方法不当,就应该重新选择预测方法,以求得正确的结果。

预测报告是对预测工作的总结,是向预测信息的使用者汇报预测结果。除了应列出预测结果之外,一般还应列出资料搜集与处理过程、选用的预测技术、建立的预测模型及对模型的评价与检验、对未来条件的分析、对预测结果的分析与评价(包括对利用模型得到的结果进行修正的理由和修正方法)以及其他需要说明的问题等。

本章小结

房地产投资环境分析是指以外部环境为对象,从构成环境的各种因素入手,定量与定性相结合,综合系统地分析环境的构成、变化规律以及研究对象与环境之间的相互作用,从而对环境的发展水平、费用效益以及协调发展等方面作出客观的评价,为实际的决策或应用提供科学的依据。

房地产投资环境分析的要素分为自然环境要素、经济环境要素、行政环境要素和社会文化环境要素等,分析方法主要有冷热因素法、等级尺度法、多因素和关键因素法、道式评估法和综合评价法。房地产投资市场分析的内容包括区域经济分析、市场概况分析、专业市场供求分析和项目竞争分析,市场调查是市场分析的前提条件,具体包括房地产市场环境调查、房地产市场需求调查、房地产市场供给调查和房地产市场营销活动调查四个方面的内容。房地产市场预测是对市场调查结果的进一步加工运用,以确定未来一段时期内房地产市场的走向、需求量、供给量以及相应的租金售价水平,一般包括定性预测和定量预测两类预测方法。

思 考 题

1. 房地产投资环境分析的要素有哪些?
2. 房地产投资环境影响评价常用的方法有哪些?
3. 房地产市场分析的内容有哪些?
4. 房地产市场调查的内容有哪些?
5. 房地产市场调查的程序是什么?
6. 房地产市场预测的方法主要有哪些?
7. 房地产市场预测的程序是什么?

练 习 题

1. 以你所在地区正在开发建设的某楼盘为背景,任选教材中房地产投资环境评价的方法,从:①地理区位、②资源条件、③基础设施、④政治环境、⑤经济环境、⑥社会文化这六个方面评价该项目的投资环境。

2. 某经济开发区 2004～2012 年商品房销售值见表 3-5 所示，建立趋势直线方程，并预测 2014 年的销售值。

某经济开发区 2004～2012 年商品房销售值表　　单位：百万元　表 3-5

观察年份	2004	2005	2006	2007	2008	2009	2010	2011	2012
实际销售值	56	58	59	62	66	8	66	75	82

3. 运用教材中房地产市场调查的相关知识，以小组为单位对您所在城市的房地产价格进行市场调查，调查内容包括影响房地产价格变化的因素，特别是国家价格政策对房地产企业定价的影响、房地产市场价格的变化趋势、房地产商品价格需求弹性和供给弹性的大小；开发商各种不同的价格策略和定价方法对房地产租售量的影响；国际、国内相关房地产市场的价格；开发个案所在城市及街区房地产市场价格等，最后拟定一份市场调研报告。

4 房地产投资产品定位策划

【学习要点】 通过本章学习，了解房地产投资策划的内容、地位和作用，房地产产品的整体概念；熟悉房地产投资策划的原理、基本过程、房地产开发产品定位的程序、时机选择；掌握房地产核心产品、形式产品、延伸产品定位的要点及各种经济环境下定位的技巧。

4.1 房地产投资策划

4.1.1 房地产投资策划的内容

房地产投资策划是指专门从事房地产投资经济评价的人员，根据房地产投资项目所在地的宏观因素条件以及投资者对所投资项目的最终目标要求，从各种角度出发，对房地产投资项目的整个运营过程进行分析，找出适合项目运营的方法、手段、途径，进行预先设想和安排的过程。

【阅读材料】 哈佛企业管理丛书编纂委员会认为："策划是一种程序。在本质上是一种运用脑力的理性行为。基本上所有的策划都是关于未来事物的，也就是说，策划是针对未来要发生的事情作为当前的决策。换言之，策划是找出事物的因果关系，衡量未来可采取之途径，作为目前决策之依据。然后定出策略、政策，以及详细的内部作业计划，以求目标之达成，最后还包括成效的评估和反馈，而返回到起点，开始了策划的第二次循环。"

策划的特征是：程序性、未来性、目的性、创造性和方案性。它包括行业策划、区域策划及其他策划等。

房地产投资策划是针对房地产投资项目全过程的策划，其内容涉及整个项目的开发投资、经营、管理的各个阶段，是不同于房地产营销策划的综合分析。而房地产营销策划是一个谋划达成房地产投资项目营销成功的先发设想，是房地产投资策划的一个分支。

房地产投资策划主要包括房地产投资产品定位策划、房地产投资开发时机策划、开发合作方式策划、融资方式与资金结构策划、产品定价策划、产品经营方式策划等内容。

1. 房地产投资产品定位策划

房地产投资产品定位策划，是针对房地产最终产品——房屋建筑产品提出的，是如何选择开发内容或类型的策划。房地产投资产品定位策划应在符合城市规划的前提下按照最高最佳使用原则（最高最佳使用是法律上允许、技术上可能、财务上可行，经过充分合理的论证，能够带来最高收益的利用），选择最佳的用途和最合适的开发规模，包括建筑总面积、建设和装修档次、平面布置等。此外，还可考虑将生地或毛地开发成为可进行房屋建设的熟地后租售的情况。

2. 房地产投资开发时机策划

房地产投资开发时机策划就是房地产投资项目开发时机（何时开发）的分析与选择，应考虑开发完成后的市场前景，再倒推出应获取开发场地和开始建设的时机，并充分估计办理前期手续和征地拆迁的难度等因素对开发进度的影响。大型房地产投资项目可考虑分期分批开发（滚动开发）。

3. 开发合作方式策划

开发合作方式策划就是房地产投资项目开发合作方式的分析与选择，主要应考虑开发商自身在土地、资金、开发经营专长、经验和社会关系等方面的实力或优势程度，并从分散风险的角度出发，对独资、合资、合作（包括合建）、委托开发等开发合作方式进行选择。

4. 融资方式与资金结构策划

房地产投资项目融资方式与资金结构策划，主要是结合项目开发合作方式设计资金结构，确定合作各方在项目资本金中所占的份额，并通过分析可能的资金来源和经营方式，对项目所需的短期和长期资金的筹措作出合理的安排。

5. 产品定价策划

价格是消费者最为敏感的话题，是客户选择楼盘的重要参数，价格的高低和变动会直接影响消费者的购买行为，更是投资者的经济效益能否实现的关键。产品定价策划，就是依据房地产市场变化与供求情况，较为准确的确定价格（包括售价和出租价格），并根据内外因素的变化情况及时调整价格以适应市场竞争。在对产品定价策划时，专业人员和机构要充分考虑房地产投资者（开发商）的投资成本，不但满足开发商对投资利润的要求，也要满足消费者的消费心理，合理确定价格。

6. 产品经营方式策划

产品经营方式策划就是房地产产品经营方式的分析与选择，主要是考虑近期利益和长远利益的兼顾、资金压力、自身的经营能力以及市场的接受程度等，对出售（包括预售）、出租（包括预租、短租或长租）、自营等经营方式进行选择。

4.1.2 房地产投资策划的原理

房地产投资策划是以系统论和策划学为基本理论基础，结合管理学、行为学以及控制论等理论作为其原理的组成部分和重要内容。基本原理主要涉及以下几个方面：

1. 系统控制原理

所谓系统是由相互作用、相互依存的若干组成部分结合而成的具有特定功能的有机整体。任何系统都有其特定的功能，这种功能是由系统内部各要素间的有机联系和结构所确定的、与各组成要素的功能不同的新功能。它具有整体性、相关性、动态性以及适应性的特点。房地产投资项目策划作为一个系统工程，其总体功能是实现房地产投资项目经济效益和社会效益最大化。

房地产投资策划应该对市场分析、预测、营销、融资、开发过程、物业管理和投资风险分析等一系列过程进行全程策划。房地产投资策划是以提高房地产投资项目总体功能为主要目的，在充分发挥各子系统特定功能的同时，尽可能地使各子系统之间前后呼应、相互协调，提升房地产投资策划的总体功能。

2. 区位原理

本书第 1 章曾提到区位是房地产投资的要素之一，区位条件分析将在本书第 5 章中详细介绍。简单说区位就是一宗房地产的空间位置（地理位置和社会位置的综合体）。区位原理在房地产投资项目策划中起着非常重要的作用，对项目区位的选择和把握直接关系到项目的定位，直接影响着房地产投资项目的性状、功能、市场前景、价格构成以及整个项目的收益。消费者所购买的房地产不仅包括房地产自身，还包括房地产所处的自然、生态、社会、经济以及人文环境。所以，房地产投资策划时要将区位因素作为主要分析策划内容。

3. 市场原理

房地产投资策划本身是在房地产业逐步发育、成熟以及房地产市场竞争日益激烈的情况下孕育和产生的。房地产市场竞争的加剧促使房地产开发商不仅要关注房地产产品本身，更要关注消费者的需求。房地产市场分析和预测，作为房地产投资策划的基础，是了解消费者真正需求的唯一手段。市场是"上帝"，任何一件房地产产品要想赢得市场都必须解决"生产什么，生产多少，如何生产，卖给谁"的问题。如果房地产产品违背了对市场的科学分析和预测，只能在市场面前付出沉重的代价。市场原理贯穿于房地产投资项目的整个经营过程，除市场分析和预测以外，房地产投资项目营销策划、融资策划、开发过程策划、物业管理策划和投资分析等各个环节都不能背离和忽视市场这一大前提。房地产投资策划方案还必须接受市场的检验，根据市场反馈的信息及时对已有的策划方案进行修正，以最大限度地满足市场的要求。

4. 质量原理

房地产质量在房地产竞争中起着基础和核心的作用。房地产质量主要包括房地产产品本身的质量和管理服务的质量。因此在房地产投资项目开发过程策划和物业管理策划中必须始终贯彻质量原理，生产出质量可靠、消费者满意的房地产产品。这不仅是房地产投资企业吸引新顾客和抢占新市场的有力武器，而且是稳定老顾客和拓展老市场的根本保证。

调查研究表明，消费者在购房时十分关心房地产投资企业的品牌和信誉，以确定自己的投入是否物有所值。品牌和信誉是以房地产质量为基础的，对消费者来说，品牌和信誉就意味着质量的保证。因此，在对房地产投资项目开发过程进行策划时，要侧重明确房地产投资规划设计质量和施工过程质量的目标，解决对房地产投资项目规划设计质量和施工过程质量的控制，从而策划出高标准、高质量的房地产产品。在对房地产投资项目物业管理进行策划时，要侧重解决房地产投资项目的售后管理和服务质量等问题，从而提升房地产产品的管理和服务质量。

4.1.3 房地产投资策划的基本过程

房地产投资策划是房地产投资项目的全程策划，一般包括以下几个程序：

1. 设定问题和策划目标

策划是要解决下一步项目该如何进行的问题，因此首先要弄清楚策划是要解决何种具体的问题，并根据这些问题明确策划目标，例如项目参与者是谁，大致要经过哪些过程，资金如何安排使用，人员分工等。

2. 信息收集与整理

根据既定的策划目标，收集相应的信息资料，并将这些资料整理归类，认真分析筛选。这些信息主要包括：

（1）房地产市场供需方面的信息。主要帮助策划者了解当前和未来房地产市场供给与需求的情况，以便对当前和未来市场作出准确的判断。调查搜集的数据资料包括新增房地产开发企业；已批租和待批租的土地面积、用途、可建筑面积、楼面地价和单位地价信息；可供开发的土地资源及规划要求信息等。

（2）房地产投资者信息。房地产投资者一般是房地产企业，房地产企业的性质、决策能力、资金实力、管理模式等信息资料决定着投资者的投资方向和投资水平，也是策划者为其策划的关键因素。

（3）房地产项目的信息。房地产拟投资项目的信息是数据收集过程中比较重要的信息，直接决定了最终的策划方案，主要包括土地性质、面积大小、形状、容积率、交通通行能力、周围环境及配套设施等。

3. 机会识别与创造

根据所收集和整理出的信息资料，结合策划所处的环境因素，发现并创造机会，达到策划目标。机会的识别与创造关键是如何依据所掌握的信息资料，大胆构想、小心求证，经过科学、缜密的思维，形成可实践的具体方案，此过程可能要经过反复验证。

4. 实施方案的拟定

根据机会的选择，将整个策划思维形成方案。实施方案拟定时根据策划者反复推敲、反复构思的事件，将这些事件串联起来，包括具体的人员、时间、资金、实施步骤、随机事件处理等内容，并通过完整的策划方案报告表述出来。

5. 方案实施与结果反馈

策划方案最终形成之后，要付诸实践。项目所采用的策划方案，包括产品定位策划、价格定位策划、实施进度策划、合作方式策划等，策划方案通过后，策划者不一定是执行者，若在执行中没有完全按照策划者的初衷，再完美的方案也会影响效果；另外，策划方案设计时与实施时的宏观环境、约束条件等都可能发生变化，因此，方案的实施应是从构思到行动结束，不断检查调整、螺旋推进的过程。

4.1.4 房地产投资策划的地位和作用

1. 房地产投资策划的地位

（1）房地产投资策划能为房地产企业创造社会价值和经济价值。投资策划的过程就是房地产企业不断地开发、实践、总结的过程，这使得房地产企业不断成长。成功的房地产企业，其价值越来越取决于他们的从策略和经验上取得生产、分配及应用知识的能力。

（2）房地产投资策划为房地产企业充当智囊团、思想库，是企业决策者的得力助手。主要表现在：首先，房地产投资策划接触面大、实践广泛。从项目选址直到物业服务的每个环节，策划活动都参与其中；其次，房地产投资策划的案例精彩、手段多。在房地产投资策划的每个成功案例中，都有不少精彩绝妙的概念、理念、创意和手段；再次，由于众多策划人努力实践，勤奋耕耘，在创造许多精彩的项目典范和营销经典的同时，还梳理出不少闪光的策划概念、思想和总结出富有创见的策划理论。这些都给房地产企业以智力、思想、策略的帮助与支持，给房地产企业出谋划策，创造更多的经济效益。

（3）房地产投资策划在房地产开发项目建设中自始至终贯穿一起，为项目开发成功保驾护航。房地产开发项目建设要完成一个项目周期，需要经过市场调研、项目选址、投资研究、规划设计、建筑施工、营销推广、物业服务等一系列过程，这些过程中的某一环节出现问题，都会影响到项目的开发进程，甚至使项目半途而废。房地产投资策划参与项目的每个环节，通过概念设计及各种策划手段，使开发的商品房适销对路，占领市场。

2. 房地产投资策划的作用

（1）房地产投资策划能使企业决策准确，避免项目运作出现偏差。房地产投资策划是在对房地产投资项目市场调研后形成的，是在充分了解和分析市场规律及市场发展趋势后作出的，它是策划人不断地面对市场而总结出来的智慧结晶。

（2）房地产投资策划能使房地产投资项目增强竞争能力，使其稳操胜券，立于不败之地。通过系统的策划、周密细致的安排、巧妙的构思，房地产投资策划可以增强项目的竞争能力，为项目发展赢得主动。

（3）房地产投资策划能探索解决企业管理问题，增强企业的管理创新能力。房地产企业要赢得市场，产品要占领市场，重点是管理创新。策划人帮助房地产企业管理创新，就是遵循科学的策划程序，从寻求房地产投资项目的问题入手，探索解决问题的有效途径。

（4）房地产投资策划能有效地整合房地产投资项目资源，使之形成优势。房地产投资项目得以成功，需要调动很多资源协调发展，如概念资源、人力资源、物力资源、社会资源等。房地产投资策划可以使零乱的资源重新整合，通过有效合理安排，所有资源围绕核心问题展开，达到集中优势、取长补短、有效利用的最终效果。

4.2 房地产产品定位

4.2.1 房地产产品定位的基本内涵

1. 房地产产品整体概念

房地产产品是指能够提供给市场的、满足消费者或用户某种需求的建筑物、土地、各种无形服务或权益。房地产产品是一个整体概念，包含三个层次的内容：核心产品、形式产品、延伸产品，如图 4-1 所示。

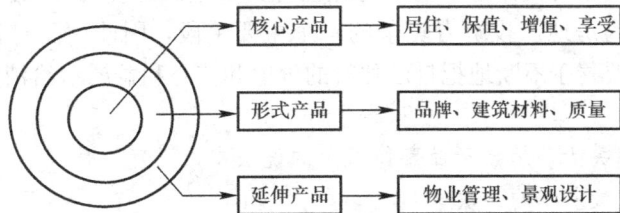

图 4-1 房地产产品概念构成图

（1）房地产核心产品。核心产品是房地产整体概念中最基本的层次，是指能够满足消费者或用户最基本的使用功能和基本利益的产品概念。具体来说，这一层次的要求是满足消费者或用户的居住、安全、舒适、保值增值、积累财富及炫耀心理等方面的需求。

（2）房地产形式产品。房地产形式产品指产品的实体和外在表现形式，是房地产核心产品的基本载体，是房地产的各种具体形式的表现。房地产形式产品是消费者识别产品的重要依据，两宗房地产产品的主要不同之处就在于形式产品的概念不同。形式产品主要包括房地产的区位、质量、品牌、名称、建筑材料、平面布置、建筑结构、建筑风格等。

（3）房地产延伸产品。延伸产品又称附加产品，是消费者在消费和购买房地产时得到的各种附加服务或利益。例如协助办理产权产籍、协助办理按揭贷款、物业管理、人文环境、景观设计等。

2. 房地产产品定位的内涵

房地产投资者若想要达到预期目标，在确定目标市场之后，就必须要使自己的产品有别于其他竞争者的产品，树立自身产品的鲜明形象，也就是使自己的产品有特色，这就是产品定位问题。

房地产产品定位是指站在开发商或土地使用人的立场，针对特定目标市场的潜在客户，决定其所持有的土地在何时以何种方式，提供何种产品及用途，以满足潜在客户的需求，并符合投资者或土地所有者的利益。

房地产产品价值量大、投资周期较长、地区性强，这使得房地产产品定位复杂性增强。深入理解房地产产品定位主要包括以下几个方面：

（1）以开发商或土地使用人的立场为出发点，满足其利益和树立形象的目的；

（2）以目标顾客的需求为出发点，满足其对产品的需要和个性化需求；

（3）以土地特性及环境条件为基础，创造产品附加价值；

（4）以同时满足规划、市场、财务、技术可行为原则，设计供需有效的产品。

3. 产品概念与产品定位之间的关系

房地产产品的有效定位，离不开对房地产产品三个层次概念的理解，两者之间的关系如下：

（1）房地产的产品概念包括区位、外观、面积、楼层、朝向等，这些概念理解的深入与否直接关系着房地产投资者是否能结合地区特色和消费者消费习惯来建造设计产品，同时对此概念的理解也有利于产品的准确定位。

（2）随着社会进步和消费者或用户观念的改变，以及社会阶层的不同，人们对房地产产品的层次定义也在不断改变、进步，例如核心产品中的"居住"，可能是居住生存时代的要求，而在居住健康时代，这一要求可能上升为"生态环境"。产品的分层消费和本身的形象识别已经成为房地产投资者竞争的一个主要手段，因此，面对日益激烈的产品竞争，房地产投资者要善于不断地把自己独特的价值和核心利益展示给消费者，确立自己产品的定位。

【例 4-1】　下列关于房地产产品整体概念的说法中，正确的是（　　　）。

A. 核心产品是最基本的层次

B. 形式产品主要表现为房地产的具体形式

C. 延伸产品是指各种附加服务

D. 居住功能属于形式产品

E. 物业管理是重要的核心产品

解答：房地产产品是一个整体概念，包含三个层次的内容：核心产品、形式产品、延伸产品。核心产品是房地产整体概念中最基本的层次，这一层次的要求是满足消费者或用户的居住、安全、舒适、保值增值、积累财富及炫耀心理等方面的需求；房地产形式产品指产品的实体和外在表现形式，是房地产核心产品的基本载体，是房地产的各种具体形式的表现；房地产延伸产品是消费者在消费和购买房地产时得到的各种附加服务或利益。因此，正确答案是 A、B、C。

4.2.2 房地产产品定位的程序

房地产产品定位一般从市场状况及顾客需求出发，根据顾客导向型定位原则，房地产产品定位程序包括以下几个方面：

1. 选择目标市场

房地产产品定位是在目标市场范围内的定位，目标市场是在市场细分基础上确定的。因此房地产产品定位必须从顾客出发，了解客户和市场的需求，即消费时的心理状态，有针对性地选择产品类型。选择目标市场主要包括以下几个内容：

(1) 明确目标使用者群体

任何房地产产品，都是为满足某一特定类型的使用者设计生产的。借助市场研究和市场细分的结果，应该明确拟开发建设的房地产项目的潜在目标使用者群体。例如，对居住项目而言目标使用者群体可能包括高收入阶层、中等收入阶层和低收入阶层；对写字楼项目而言，其目标群体为各种类型的企业，在境外企业中还可以进一步分为欧美或日本、韩国企业等；对零售商业项目，则可以将消费者群体定位在高、中或低收入阶层，也可以按照消费者的习惯或地域范围定位。当然，在对目标使用者群体定位时，还要综合考虑项目所处的区位、项目的建设规模、房地产开发商的经验和投资实力等因素的影响。

(2) 分析研究目标使用者的需求特征、消费偏好和支付能力

每一类目标使用者群体，其需求特征、消费偏好和支付能力都有很大差异。例如，在写字楼项目的境外使用者中，欧美企业喜欢豪华、宽松的办公环境，并为此支付较高的酬金；日本和韩国的企业则喜欢布局紧凑、精打细算。就居住项目而言，南方和北方居民生活习惯的差异、接受教育程度的不同、所从事职业的特点等，都会影响房地产投资项目的产品定位。

2. 准确定义自身产品

房地产投资者必须了解自己的产品有什么特点，优点和缺点各是什么，同时根据消费者的消费需求，对消费者进行引导，有针对性地提出策划方案，促使目标市场接受自己的产品并在某一范围内提升市场占有率。

3. 明确竞争地位

准确的产品定位之前，投资者必须明确自身的竞争地位，也就是自己的竞争对手有哪些优势、劣势，他们的产品有什么特征，他们的目标市场是如何定义的等。了解了对手，也对自身有个明确、清晰的定位，自己所拥有的竞争优势有哪些，哪些优势是有意义、有价值的，哪些优势则是微弱的、成本高昂的。明确竞争地位，最终选择自己的优势产品。

4. 制定定位方案

根据市场竞争情况，可以制定出最佳的房地产产品定位方案及执行计划。此时要强化目标客户对企业的印象，积极主动地与消费者沟通，使自己的产品与企业形象相吻合。产品定位方案要实现技术可行、财务可行、规划可行、市场可行，达到最佳的定位效果。

4.2.3 房地产产品定位的时机选择

房地产产品定位可能贯穿房地产开发建设的全过程，因此房地产产品定位的时机选择，与房地产投资项目经历的阶段有关：

1. 取得土地、开发土地或处分土地之前可选择进行产品定位，确定土地未来使用方向和开发方向。例如某一待开发宗地，可以开发成住宅、写字楼、商铺等，但具体开发成何种产品则需要根据市场情况进行准确的产品定位。

2. 建造、出售、出租或自营房地产之前可选择进行产品定位，确定建筑物的规划方向和使用方向。例如如果开发产品是住宅，那么是定位为豪华别墅、高级公寓还是普通住宅等，或是某几种产品的组合。

3. 变更或调整土地及建筑物用途之前可进行产品定位，确定土地或建筑物未来变更之后的用途。例如根据最高最佳使用原则将写字楼改为商场还是其他商业用途，采用的开发方式是改建、扩建、还是重建等。

房地产产品定位的时机取决于房地产投资项目面临何种阶段，不同的阶段产品定位的内容都会有所不同。

4.3 房地产产品定位分析

4.3.1 房地产产品定位要点

1. 房地产核心产品定位

房地产核心产品定位就是产品类型与档次的定位，它大致包括房地产产品的主要功能定位、产品辅助功能的定位以及房地产产品的规格档次定位三个方面。

（1）产品的主要功能定位。产品的主要功能定位，就是决定土地的最佳使用方向。即在土地上建设何种类型的建筑物，主要的使用性质是什么，采用何种建设方法，主要功能的组合形式如何选择等定位问题。

（2）产品辅助功能的定位。是在主要功能（体现为类型）的基础上，各种辅助功能的选择与确定，也就是人们常说的配套设施的定位，即在主要功能的基础上选择哪些配套功能，如医疗、学校、文娱等设施。

（3）产品的规格档次定位。是对房地产产品的高、中、低档次的选择与确定。产品的规格档次，主要应结合项目所在地的社会经济环境和消费水平、消费者的主要消费需求、该地区市场的吸纳率来确定。

2. 房地产形式产品的定位

房地产产品形式定位主要就是其建筑规划定位，具体包括项目总体布局定位、项目各种功能的布局定位以及建筑规划设计定位等方面。

（1）项目总体布局定位。简单地说，就是在既定面积、既定位置、既定形状的土地上，对即将建设的各种功能的总体布局和分配，即主要功能、辅助功能如何大致分配和布局。

（2）项目各种功能的布局定位。就是在确定了项目的总体功能（类型）以及各种辅助功能的基础上，对总体功能物业空间与辅助功能物业空间的具体安排，包括楼层、朝向、面积等的不同组合与安排上的选择与确定，即平面布局的定位。

（3）建筑规划设计定位。是项目具体的规划与设计，主要内容大致包括结构设计、采光通风设计、平面设计、装饰装修设计、景观设计等。

3. 房地产延伸产品的定位

房地产延伸产品定位就是产品的附加服务和额外利益，目前最主要的延伸产品就是物业服务。物业服务定位主要包括：

（1）物业服务的模式定位。物业服务的模式包括委托管理、自主经营管理和其他管理模式等类型。居住小区通常适合委托管理模式，而写字楼、商业房地产则通常是自主经营管理，房改房和经济适用房则采取其他物业管理模式。

（2）物业服务的档次定位。主要就是物业服务的高、中、低不同的档次定位。不同档次的物业服务收费标准不同，所提供的物业服务的内容和标准也有所差异。

（3）物业服务内容定位。选择提供的物业服务内容是物业服务定位的一个重要内容。物业服务内容通常包括常规性的公共服务、针对性的专项服务以及委托性的特约服务三种类型。常规性的公共服务是物业区域所有住用人都能享受的基本服务；针对性的专项服务则是可以选择消费的；委托性的特约服务则是住用人可以单独额外要求的服务。

（4）物业服务价格定位。物业服务的价格是由物业服务的规格和标准所决定的，在定价时也要根据国家对物业服务价格制定的引导，既不能偏离市场定价过高，也不能低于成本定价过低。

4. 房地产产品开发规模定位

房地产开发产品的规模通常是指项目的容积率、建筑覆盖率以及建筑高度等，这些在城市总体规划中都有控制性指标。房地产开发商在进行规划设计时，要在控制性指标的基础上确定适合本项目的开发规模，以适应市场需求。

房地产产品规模分为总体规模、分功能规模及其最佳搭配两个方面。进行房地产产品规模定位，既要确定合理的总体规模，也要考虑不同物业使用功能的规模及其最佳搭配问题。总体规模要根据企业投资水平、市场接受能力、消费水平等因素综合确定，规模小可能无法实现利润增长、规模大可能也会招致产品滞销，所以适当的产品规模才是可行的。

4.3.2 各种经济环境下的产品定位

房地产投资行为往往会受到经济环境变化的影响，经济环境不同，房地产投资者所做出的决策就会不同，因此产品定位会随着经济环境的变化而有所改变，以适应这种变化。

1. 通货膨胀压力大时的产品定位

房地产市场受通货膨胀的影响非常明显，因为房地产产品除了自住自用外，还具有保值、增值的特性，所以在通货膨胀时期，房地产往往成为投资者的首选。就房地产开发商而言，在预售时如果房屋已售出，其可收入的金额已固定，而其建造成本却尚未发生，虽然发包给承包商，建造成本在承发包合同中已有约定，但是在合同中往往有明确规定，即物价上涨一定成数以上时，建造成本也要跟着调整，因此在通货膨胀时期，房地产开发商的成本会大大提高。此时进行产品定位时要注意：①产品的施工期限不宜过长；②产品要以尽量避免滞销的设计为主；③针对投资人的保值心理设计产品。

2. 市场不景气时的产品定位

房地产市场带有周期性，也就是说一定时期内房地产市场会面临"不景气"的情形。因此，面临不景气时，首先就是发掘潜在的目标市场。明确目标市场，准确定位，才能摆脱不景气的影响。此时定位产品要求：①产品要有明确的竞争条件或特色，才能脱颖而出，也才能刺激客户的购买意愿；②要结合销售、规划及财务等功能，以强化产品定位的竞争空间；③不要受限于销售及短期获利的目的，也就是说在市场条件不佳的不景气情况下，有必要慎重评估销售的意义及条件；④产品应保留应变或调整的弹性。

3. 财务压力大时的产品定位

房地产开发商取得土地使用权需要大量资金，同时要准备开发前期各项支出也需要一定的资金，而房地产本身投资周期较长，贷款金额数目较大，利息支出较多，因此开发商都会面临财务压力较大时的产品定位问题。当房地产投资者财务压力较大时其产品定位要注意以下几点：①产品规划以畅销产品为主；②产品设计以简单明快为主；③产品定位要能克服景气低迷及市场吸纳的压力；④对于需长期开发的产品，要审慎评估，不宜贸然投资。

【例4-2】 **某大型房地产投资项目产品定位分析（节选）**
第一章 项目产品总体定位分析

一、影响项目定位的因素

1. 土地价值分析：项目地块规则；利于充分利用；易于规划与设计。

2. 需求分析：总需求较乐观；高品质住宅需求大；需求面积逐渐变小。

3. 供给与竞争态势：区域内供给量较大；土地储备丰富，存在开发潜力；入市时机较为关键。

二、项目市场定位描述

1. 整体功能布局

建议项目规划为：一栋写字楼，一栋商业，两栋公寓。整个社区采用围合式建筑方案，公寓采用板式高层围合社区中央空间。

2. 功能分区

用地西侧从北至南依次摆放商业配套、写字楼的一部分；用地南侧从西至东依次坐落另一部分写字楼和公寓1号楼；用地北侧设计为公寓2号楼；社区西侧与东侧保持完整外立面。

社区设计两个出入口，实现人车分流。

商业配套地下可设计为地下停车场，主要满足写字楼的需求；公寓停车场可设计在1号楼和2号楼地下；商业配套北侧小片空地可设计为商业用停车位。围合出的空间可聘请具有实力的景观设计事务所进行布置，达到环境优美、视野明亮、集绿化休闲为一体的场所。从外观上，在西侧与南侧保持完整连接。

三、目标客户群体描述

1. 写字楼目标客户群体：中小型外资企业；以CBD内大公司为服务对象的各类公司；留学归国人员创办企业；投资型买家等。

2. 公寓目标客户群体：投资型买家；首次置业的白领阶层；单身贵族；知名企业高层管理人员的工作居所；外企置业；留学归国人员等。

第二章 项目产品功能定位建议

一、整体规划建议

本项目作为地标性建筑，总体布局强调完整大气，体现完整社区的形象；尽可能地利用土地，力求经济、便捷、利于管理和使用；配套和非配套公建的布局应便于购买者使用；采取大尺度的手法处理，追求小区形象的统一感；必要时可利用景观轴线法加以控制。

鉴于小区西南两面临街，应尽可能考虑小区内环境的营造。

提倡户型细部设计，尽可能在户型的单体设计方面挖掘设计潜力。

二、外观设计建议

在建筑立面造型上形成真正的特色，是提升小区品质事半功倍的方法。建成后可成为区域内的地标性建筑，易于识别；立面造型追求朴素、精致、注重细节的风格。通过设计达到的高品质的感觉。

考虑到××市客户的接受能力远高于建筑师的期望值，建议在立面造型上进行较为现代的探索，但要注意新颖不等于怪诞，分寸和风格的把握极为重要。

在立面造型设计上不要赋予建筑过多的理念，注重细节的精致和合理是较为明智的。

三、户型设计建议

公寓的主力户型，主要空间控制在下列面积范围之内较为合理：一居室建筑面积为$60m^2$。两居室建筑面积为$100m^2$。

在产品设计中，基本遵循上述面积指标，不追求夸张的居室面积。在某些空间设计中，如果确有极强烈的特点，在市场上会有较好反响，也可以不必墨守上述指标，在户型内部保留灵活调整的余地。

四、配套设施建议

1. 写字楼必要的硬件设施建议：

总体结构：采用柱网式结构，以提高楼层使用率。

层面积：$1000\sim1500m^2$，这样可以保证较合理的使用率。

标准层办公区域净高$2.7\sim2.8m$；地下室净高至少$3.5m$，以便用作高科技公司的R&D中心实验室或安装客户的UPS等。

楼板承载力：某些楼层楼板承载力可以达到或超过$400kg/m^2$（$4kN/m^2$），以适应高科技企业及研发机构设置服务器/数据中心等的承重要求。

空调：建议使用四管制FCU或VAV空调系统，新风量不低于$50m^3/人/h$，可以提供24小时服务以满足IT公司加班频繁的要求。

电力：$\geqslant100W/m^2$，多路或至少双路供电，有后备电机/UPS保证24h不间断供电。（高科技企业尤其软件企业的R&D中心对电力供应和不间断供电要求很高）

电梯：保证高峰时等候时间不超过30s

楼面：设架高地台，高度约$10\sim15cm$。某些楼层与楼层间预留可拆卸楼板，便于租用二层或多层客户设置内部楼梯，例如××中心在高层楼层的同一位置预留$3m\times4m$可拆卸楼板。

通信：楼内铺设光缆进行语音、数据和图像多种信号传输与宽带网连接（IP或ATM），充足数量的DDN（E1，T1）、ISDN、DID（所有分机拥有直线号码）等独立的无线通信，卫星通信设施。

自然采光：楼层进深不超过 15m，以避免自然采光不足。

楼面布局：应采用柱网结构，用作孵化器的楼层应易于分割成 80~400m²。

2. 写字楼必要的智能化系统

（1）楼宇设备监控系统：供热、通风和空气调节系统；给排水及中水系统；照明设备系统；电梯监控系统；

（2）停车场管理系统；

（3）广播音响系统（紧急广播疏散）；

（4）保安监控系统：保安监视系统、巡更系统、防盗系统；

（5）消防自动化系统：消防报警系统、喷淋灭火系统、通风排烟系统；

（6）办公自动化系统：共享信息系统、办公与文件处理流程自动化管理系统、物业管理辅助系统、电子邮件系统、设备共享系统；

（7）信息自动化系统：网络通信系统、电视通信系统、无线通信系统、程控电话用户交换系统等。

3. 公寓必要的智能设施

出入口的管理；闭路电视监控系统；对讲防盗系统；水、电、气等远程抄表；住户报警系统；物业计算机管理系统；信息网络系统；车辆出入、停车管理系统。

五、装修标准建议

1. 写字楼平面布局及装修标准的建议

平面布局：标准层建议采用全开间形式，以电梯间或某个公共区域为分隔区，将整个标准层分为两大部分，在设计上预留上下水管道。根据业主的要求，开发商可在大的分区内进行规则性的排列。

装修标准：大堂、电梯间：磨光花石地面，大理石墙面；内墙为××墙面乳胶漆；地面为水泥砂浆找平配地毯；石膏板天花吊顶；塑钢双层真空内外开窗户。

2. 公寓装修标准的建议

建议装修价格加室内配套设施，单价为 800 元/m²。

室内装修标准：

户门：高级装饰三防门或高级木门。

厨房：墙面采用高级瓷砖；地面铺设防滑地砖；铝扣板吊顶，配送高级橱柜、洗盆、龙头，抽油烟机。

卫生间：配送高档洗手盆、坐便器、浴盆、淋浴、龙头、花洒。地面铺设高级防滑地砖、墙面采用高级瓷砖。

外窗：铝合金双层中空喷塑。

室内墙面：高级环保乳胶漆。

地面：铺设优质实木地板。

六、配套服务建议

商业部分和公寓部分配套服务设施根据功能的不同可分为商业设施、娱乐设施和商务设施三大部分。

（1）商业部分的配套设施：大型仓储超市；便利店；精品专卖店；娱乐配套设施（可设于商场顶层）；健身休闲；娱乐设施；商务配套设施；银行；商务中心；服务快递；机

票代理。

（2）公寓部分的服务配套设施：会所是小区的形象中心和心理中心，配套设施应设置于会所中，以便于使用。配套设施：游泳池、网球场、健身房、商务中心、员工食堂、24小时便利店等。

七、物业管理建议

物业管理的水平能影响项目及企业形象，产品的价格。物业管理的水平高低将对客户最终消费起重要的影响，知名的物业服务公司将成为项目预售的卖点，并带来部分客户资源。

第三章 项目产品价格定位建议（略）

本 章 小 结

房地产投资策划主要包括房地产投资产品定位策划、房地产投资开发时机策划、开发合作方式策划、融资方式与资金结构策划、产品定价策划、产品经营方式策划等内容。

房地产投资策划是房地产投资项目的全程策划，一般包括以下几个程序：设定问题和策划目标、信息收集与整理、机会识别与创造、实施方案的拟定、方案实施与结果反馈。

房地产投资策划有着重要的地位和作用，是房地产投资者在投资之前和投资过程中必不可少的工作内容。

房地产产品是指能够提供给市场的、满足消费者或用户某种需求的建筑物、土地、各种无形服务或权益。房地产产品是一个整体概念，包含三个层次的内容：核心产品、形式产品、延伸产品。房地产产品定位要依据房地产开发建设过程找准时机。

房地产产品定位包括核心产品定位、形式产品定位、延伸产品定位、产品规模定位。在不同经济环境下的定位技巧也有所不同，如通货膨胀压力大时的产品定位、市场不景气时的产品定位、财务压力大时的产品定位等。

思 考 题

1. 什么是房地产投资策划？其主要内容有哪些？
2. 房地产投资策划的程序是怎样的？
3. 简述房地产投资策划的地位和作用。
4. 房地产产品定位的程序有哪些？
5. 房地产产品定位的要点是什么？

练 习 题

已知某项目为住宅类项目，目标客户为：类型一是不愿意离开本区域的居民，以周围解决和改善居住条件的工薪阶层、中低收入者和投资收益获利的购买者为主。类型二是区域外的客户源，包括首次置业的年轻教师、公务员等；外地来本市居住人口；收入稳定的其他行业人员。请你根据目标客户的基本情况结合所在城市的房地产市场状况进行产品定位策划。

5 房地产投资区位条件分析

【学习要点】 通过本章学习，了解区位的概念、房地产投资区位的内涵、区位与房地产投资价值的关系；熟悉城市功能分区以及三大功能区的特征、房地产投资项目区位选择的定量分析方法；掌握区位分析的主要内容、房地产投资项目区位的影响因素分析、不同类型房地产区位分析的内容。

5.1 区位与房地产价值

5.1.1 区位的含义

1. 区位的概念

区位一词来源于德语"standort"，英文于 1886 年译为"location"，即定位置、场所之意，我国译成区位，是指特定地块所处的空间位置及其相邻地块间的相互关系。区位与位置不同，它既指位置和场所，又有定位和布局的意思，还有被设计的含义。

房地产区位是指一宗房地产与其他房地产或者事物在空间方位和距离上的关系，包括位置、交通、周围环境和景观、外部配套设施等方面。一宗房地产的位置包括坐落、方位、距离、朝向、楼层等，区位对房地产价值的决定作用几乎是房地产所独有的。

2. 房地产投资区位的内涵

房地产投资中"区位"的理解有狭义和广义之分。狭义的区位是指某一具体投资场地在城市中的地理位置，包括宏观位置和中观、微观位置。房地产的不一致性和差异性，决定了某一具体宗地的区位是排他的、独一无二的。根据对某一宗地区位的描述，可以从图上或现场找到该宗地。例如，某宗土地位于××市朝阳区、坐落在建国门外大街北侧、西邻建国饭店、东邻××国际贸易中心，人们就可以据此判断该宗地的大致区位；如果查阅地籍图，就可以找到该地块的宗地编号及其具体的四至范围、面积大小、宗地形状和当前的土地使用者；我们还可以根据该宗地的坐标，判断该宗地的区位等。

对区位的广义理解，除了其地理位置外，往往还应包括该区位所处的社会、经济、自然环境或背景。某一具体区位所处的社会、经济、自然环境，决定了该区位附近的市场需求和消费特征。此外，还应包括在该区位进行房地产投资所需支付的成本的高低和所面临的竞争关系。土地成本占房地产投资的比重有逐渐上升的趋势，在许多城市已经超过了50%，而确定了房地产投资的具体位置后，往往也就确定了房地产投资中的土地成本支出。另外，从市场竞争的角度来说，区位确定后，也就决定了在本"区位"进行投资所面临的竞争对手和竞争关系。

【阅读材料】 区位论起源于 19 世纪的 20～30 年代，其主要内容是探讨人类经济活动的空间法则及一般规律，寻找工业、农业、商业等经济活动的最佳地点，即研究各种经济活动布局在什么地方最好，传统区位论研究的是如何在一国国内进行生产布局，如果我们把研究的地域范围扩大，把全球作为可供选择的生产布局地点的话，就会发现，区位论在一定程度上可以用于分析解释跨国公司对外直接投资的地点选择策略。

区位论作为人类征服空间环境的一个侧面，是为寻求合理空间活动而创建的理论，如果用地图来表示的话，它不仅需要在地图上描绘出各种经济活动主体（农场、工厂、交通线、旅游点、商业中心等）与其他客体（自然环境条件和社会经济条件等）的位置，而且必须进行充分地解释与说明，探讨形成条件与技术合理性。由于其实用性和应用的广泛性，使区位活动成为人文地理学基本理论的重要组成部分。

5.1.2　城市功能分区

城市功能分区是按功能要求将城市中各种物质要素，如工厂、仓库、住宅等进行分区布置，组成一个互相联系、布局合理的有机整体，为城市的各项活动创造良好的环境和条件。根据功能分区的原则确定土地利用和空间布局形式是城市总体规划的一种重要方法。住宅区、工业区和商业区是城市的主要功能区，很多功能复杂的大城市还有专门的行政区、文化区等。实际上各功能区之间并没有严格的界限，一个功能区往往以某种功能为主，也可能兼有其他功能。城市功能区的形成受多种因素共同影响，主要有自然因素、历史因素、经济因素、社会因素和政策因素，其中，经济因素对城市功能区的影响最为显著。住宅区、工业区和商业区也称为三大功能区，其基本特征见表5-1。

三大功能区的基本特征表

表 5-1

城市功能区	占地面积	形　态	位　置
商业区	小	点状、团块状或条状	市中心、交通干线两侧或街角路口处
住宅区	最大	块状	最基本的功能区，低级住宅多在内城，与工业区相联系；高级住宅区多在城市外缘，常与文化区、风景区相联系
工业区	大	集聚成片	不断向市区外缘移动，趋向于沿主要交通干线分布

1. 住宅区

住宅区是城市中在空间上相对独立的各种类型和各种规模的生活居住用地的统称。住宅用地是城市中最广泛的土地利用方式，是城市中最基本的功能区。

住宅区包括居住区、居住小区、居住组团、住宅街坊和住宅群落等。

（1）居住区

居住区是一个城市中住房集中，并设有一定数量及相应规模的公共服务设施和公用设施的地区，是一个在一定地域范围内为居民提供居住、游憩和日常生活服务的社区。居住区由若干个居住小区或若干个居住组团组成。

（2）居住小区

居住小区是由城市道路或自然界线（河流等）划分的、具有一定规模并不为城市交通干道所穿越的完整地段。居住小区内设有整套满足居民日常生活需要的基层服务设施和公共绿地。它由若干居住组团组成，是构成居住区的一个单位。

（3）居住组团

居住组团是指由若干栋住宅组合而成的，并不为小区道路穿越的地块。居住组团内设有为居民服务的最基本的管理服务设施和庭院，它是构成居住小区的基本单位。

（4）住宅街坊

住宅街坊是由城市道路或居住区道路划分，用地大小不定，无固定规模的住宅建设地块。住宅街坊的规模介于居住组团和居住小区之间，服务设施一般因环境条件而异。通常沿街建有商业设施，内部建住宅和其他公共建筑。

（5）住宅群落

住宅群落的规模介于单栋住宅和居住小区之间，服务设施则因规模和环境而异，是一种适合于现有城市道路网（特别是旧城区）的住宅区形式。

住宅区的组成不仅仅是住宅和与其相关的通路、绿地，还包括与该住宅区居民日常生活相关的商业、服务、教育、活动、道路、场地和管理等内容，这些内容在空间分布上可能在该住宅区空间范围内，也可能位于该住宅区的空间范围之外。住宅区同时还是一个社会学意义上的社区。它包含了居民相互间的邻里关系、价值观念和道德准则等维系个人发展和社会稳定与繁荣的内容。因此，住宅区的构成既应该考虑其物质组成的部分，也应充分关注其非物质的内容。

随着城市的发展，住宅区出现低级与高级的分化，位置上呈现背向发展：高级住宅区一般向城市外缘发展，与高坡、文化区联系；低级住宅区则沿内城、工业区附近布设，与低地、工业区相联系。

2. 工业区

在城市发展战略层面的规划中，要确定各种不同性质的工业用地，如机械、仪表制造工业，将各类工业分别布置在不同的地段，形成各个工业区，大多以企业地域联合为基础，由一群企业或数群企业组成，有共同的市政工程设施和动力供应系统，各企业间有密切的生产技术协作和工艺联系，其范围常在几到十几平方千米。工业企业群或为协作制造配套产品，或在共同利用市政工程设施基础上组成。

由于工业区的形成条件和所处的位置不同，可分为以下三种类型：

（1）城市工业区

城市工业区多由加工工业企业群组成，大部分是在优越的地理条件基础上逐步形成的。在一般情况下，其内部结构比较协调，并有紧密的生产联系，往往体现着城市经济的某种特征。按工业企业群的生产性质，分为两类：一类是专业性工业区，如中国北京的电子工业区、上海的钢铁工业区、哈尔滨的动力机械工业区等；另外一类主要是在一些中、小型城市，由于工业企业少，一般建为综合性工业区。如中国沈阳铁西工业区，北京东郊工业区等。

（2）矿山工业区

矿山工业区是在采掘工业基础上形成的工业企业群组合。与开发区域资源相结合，可组成部门结构复杂、矿业与工业均较发达的矿山工业区。如中国淄博市的南定、甘肃的金昌、安徽的铜陵。

（3）联合体工业区

联合体工业区是以大型联合企业为主体的工业区，如上海金山石油化工区、北京燕山石油化工区等。工业区以企业联合布局为基础，以企业群为主体，厂与厂间的距离一般很近。工业区内各企业由于共同使用统一的供排水系统、交通道路、工程管网、热电站、变电所、港口码头、建筑基地、三废处理设施，以及城镇生活福利设施等，从而大大节省各企业的厂外工程投资，节约用地，提高经济效果。

工业区一般分布在城市外围，主要由于：①减轻工业对城市的污染，远离市区，保护城区环境；②工业占地面积大，城市外围地租低，成本低。此外，工业区一般沿主要交通干线分布，主要原因是：①工业对交通的依赖性大，原料运进、产品运出，工人的上下班等都需要便利的交通条件；②高新技术工业产品更新换代周期短，更需要便捷的现代化交通。

3. 商业区

商业区是指城市内部全市性或区级商业网点集中的地区。商业区一般都位于城市中心或交通方便、人口众多的地段，通常以全市性的大型批发中心和大型综合性商店为核心，由几十家甚至上百家专业性或综合性商业企业组成。商业区的特点是商店多，规模大，商品种类齐全，特别是中档商品和名优特种商品的品种多，可以满足消费者多方面的需要，向消费者提供最充分的商品选择余地。商业城市中的著名商业区，在商业职能上的特殊性，使它在本市或外来消费心理上占有特殊地位，不仅有商业意义，也有旅游观光意义。

(1) 中心商业区（CBD）

在经济比较发达的大城市或特大城市中，具有全市商业、交通和信息中心功能的区域称为城市的中心商业区（CBD）（或称中央商务区）。它是城市的零售中心，也是一个城市的重要组成部分。中心商业区不仅店铺数量多，而且店铺类型即零售业态也多，可提供丰富的商品和多种服务，顾客到中心商业区购物，可以有更多的选择机会，并可得到多样化的服务，因此，中心商业区是城市经济活动最为繁忙、人口昼夜差别最大的地区，内部分区明显，建筑高大密集，交通通达度很高（图5-1、图5-2）。

图 5-1 中心商业区

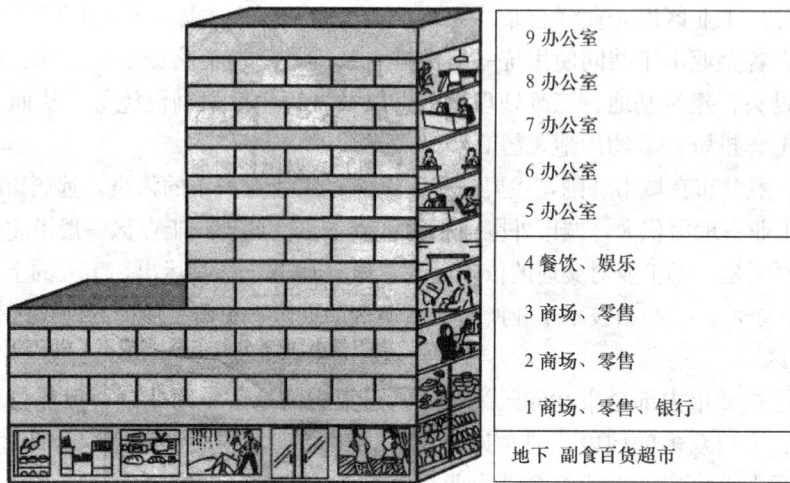

	9 办公室
	8 办公室
	7 办公室
	6 办公室
	5 办公室
	4 餐饮、娱乐
	3 商场、零售
	2 商场、零售
	1 商场、零售、银行
	地下 副食百货超市

图 5-2　CBD内部（水平方向和垂直方向）分区

（2）副中心商业区或辅助商业区

它是一个城市的二级商业区，其规模要小于中心商业区。一个城市一般有几个副中心商业区，每个区内至少有一家规模较大的百货店和数量较多的专业店。副中心商业区的店铺类型及所销售的商品大体上同中心商业区相同，只是店铺数量较少，经营商品的种类也较少。

副中心商业区多以综合型为主，但也有专业型的副中心商业区，即在该区内的各家零售店都经营某一类商品。与中心商业区相比，副中心商业区的客流相对较少，地价不高。

（3）商业小区

商业小区主要有两种形式：一种是集客地周边的商业小区，如车站、体育场、大学等附近的小型商业街；另一种是居民区附近的商业小区。

两种商业小区的店铺类型及经营的商品也不大相同。集客地周边的商业小区主要以经营与集客地的活动相关联的商品，如体育场周边的商业小区主要经营体育用品，其店铺类型则主要以小型专业店为主；而居民区附近的商业小区则主要经营居民日常生活需要的便利品，其店铺类型则以中小型超市及便利店为主。

一般来说，商业小区的店铺数量不多，每个店铺的规模也不大，但这些商业小区的环境比较安静，停车方便，地价也不高。

（4）购物中心

购物中心很强调各类商店的平衡配置。为了保持这种平衡，一个购物中心往往规定了各类零售商店的营业面积、经营品种及在购物中心内的具体位置。因此，零售商若在购物中心开设店铺，必须考虑购物中心的这些要求。购物中心的店铺类型或业态形式主要有百货店、专业店和超级市场，因此，零售商在进入购物中心时，还要考虑所选择的业态形式是否符合购物中心开发者的要求。

（5）独立店区

独立店区是位置较为随意，经营品种个性化，满足不同消费需求的商业类型。这类商业区没有固定区域划分，因此在经营上可以自主化、多元化，但配套设施相对较差，客流量也不大。

74

【例 5-1】 已知某流域上游甲、乙两城区位示意图如图5 3所示，(1) 甲城欲引进一家造纸企业，问从区位示意图上分析甲城是否适合引进该企业，若适合引进，则应布置在什么位置？ (2) 乙城的 CBD 应布置在什么位置？

解析：(1) 由于甲城位于河流的上游，在其下游不远处为乙城，而造纸厂生产过程中用水很多，且在造纸废水中，不仅含有大量造纸原料，而且含有大量化学药品及其他杂质，所以如果造纸废水不经处理任意排放，会对水体造成极大的危害；即使对造纸废水进行处理，达到排放标准后，排入水体的废水也会对下游不远处的乙城所使用的水体产生不良的影响，因此甲城不适合引进该造纸企业。

图 5-3 甲、乙两城区位示意图

(2) 由于 CBD 应布置在城市的中心区，这样可以靠近市场，交通便利。因此，乙城的 CBD 应布置在⑤处。

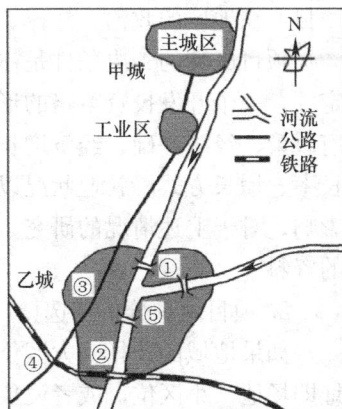

5.1.3 区位与房地产投资价值的关系

考察一处房地产是否值得投资，最重要的就是评估其投资价值，即考虑房产的价格与期望的收入关系是否合理。区位本身是具有价值的，由于土地自身的空间结构，加之不断在土地上所进行开发、利用产生的附加值，逐渐形成了土地区位的经济差异。房地产的增值性，在很大程度上是由土地的增值所决定的，而土地增值能力大小、利用程度好坏，都与区位密切相关，选择增值潜力大的区位是一处地产成功的首要条件。

区位对房地产投资价值的影响，主要体现在：

(1) 对房地产价格的影响，例如对居民消费者来说，居住区位与住宅本身都具有居住效用，研究表明，住宅区位的价值可占住房总价格的一半；

(2) 区位在一定程度上决定人们生活的方便度及通达度，而周围的自然、人文环境也对居住者身心产生重大影响；

(3) 对房地产类型、规模的影响，离市中心越近，土地价格越高。市中心范围内的地产类型多以商业地产为主，如大型购物中心、金融中心等，住宅以高层建筑为主，而郊区的土地价格较为便宜，土地利用较粗放，多为工业用地或为低层建筑和别墅等。

5.2 房地产投资项目的区位分析

5.2.1 房地产投资项目区位分析的主要内容

房地产投资项目的区位分析包括地域因素分析、项目地址分析与选择、开发潜力分析、土地资源获取分析等。

1. 地域因素分析

地域因素分析是战略性分析与选择，是对项目宏观区位条件的分析与选择，主要考虑

75

项目所在地区的政治、法律、经济、文化教育、自然条件等因素。

项目成功的先决条件是占据好的区位，这是由房地产的位置固定性和不可移动性所决定的。一个开发投资策略的形成，需要正确理解和综合考虑特定的国家、地区或城市的政府政策、经济基础、经济增长前景、人口条件（包括人口规模与结构、人口密度、规划增长率、增长方式、就业状况以及家庭收入情况等）、发展趋势及其对市场价格水平的可能影响。对于上述情况的研究，城市的总体规划及各年度社会经济发展计划能提供非常有用的资料。

2. 项目地址分析与选择

如果地域的选择（大区位，或者说广义上的区位）是项目开发的大前提，那么项目地址即场地（小区位，或者说狭义上的区位）条件可称为项目开发的小前提。它是对房地产项目坐落地点和周围环境、基础设施条件的分析和选择，主要考虑项目所在地点的临街状况、建设用地的大小、利用现状、交通、城市规划、土地取得代价、拆迁安置难度、基础设施完备程度以及地质、水文、噪声、空气污染等因素。

3. 开发潜力分析

房地产开发应追求最高最佳利用，也就是说在技术上可行、规划许可且财力允许的前提下达到最有效利用。

设计应舒适有效，即楼群布局与场地达到协调一致，楼层各单元的分割实用并具有一定弹性，以利于投资者及时调整其功能。

新开发项目应符合时代潮流，建筑设计要具有超前意识，以延长物业经济寿命。

4. 土地使用权获取方式分析

开发商从城市规划图或现场调查中选中有开发潜力的开发场地后，还要与当地政府土地管理部门、当前土地使用者进行接触，以获取场地开发的权利。

从目前国内获取土地使用权的途径和方式来看，主要有通过政府土地出让和从当前土地使用者手中转让两种途径。

政府土地出让操作比较简单，如果是城市毛地出让，则开发商还需进行土地再开发工作。

从当前的土地使用者手中获取土地有许多具体的操作方式，既可以从土地使用者手中买断，也可以探讨合作开发的可能性，提供土地的一方将土地作价入股，待项目建成后可以获得相应的分配利润或获得相应的房屋建筑面积。

5.2.2 房地产投资项目区位选择的定量分析

对房地产区位的描述，大多难以量化，往往只作定性分析，这显然是不够的。在区位选择时，应提倡凡是可量化的要素，都要进行量化分析，实行定量与定性分析的结合。本书主要介绍两种定量分析的方法：关键因素评估法和组合权重法。

1. 关键因素评估法

该方法是基于各类不同投资动机对区位的具体要求不同而设计的。基本思路是从影响投资效益的一般因素中找到关键因素，然后据此对区位进行综合评价。例如，对于国内开发建设的普通住宅区房地产开发项目，其区位评价的关键因素可设为：

第一类因素：各因子分别为自然环境中的地理位置、风景地貌、基础设施条件中的电力、通信、给排水、交通等。

第二类因素：各因子分别为市场环境中的购买力水平、同类楼盘的分布等。

第三类因素：各因子分别为社会环境中的社会信誉、社会秩序、社会服务等；文化环境中的文化传统、教育水准等。

......

第 n 类因素：其他因子。

在实施评价时，首先请专家对各因素的权重进行确定，设为 W_i（$i=1\sim n$，n 为各类因素数），然后再确定各因子在相应类中的权重，设为 P_j（$j=1\sim m$，其中 m 为各类因素中的因子数，随不同类别因素的因子数而不同），同时对各因子进行分值的确定，设为 F_{ij}，代入下面的公式：

$$区位总分值 = \sum_{i=1}^{n} W_i \sum_{j=1}^{m} (P_j F_{ij}) \tag{5-1}$$

最后，按各区位的总得分，对开发投资区位作综合评价。

2. 组合权重法

组合权重法的思想来自于层次分析法（AHP）（层次分析法曾在第二章资本资产定价模型的应用中提到）的基本原理，其步骤是确定各区位要素的组合权重系数，然后由统计分析确定各区位要素的得分，最后计算开发项目区位的综合评分。

（1）确定各区位要素的组合权重系数

首先，选择层次结构模型，确定同层间单权重系数，该系数描述的是同一层次各区位要素相对于上一层要素的重要程度，由求解该层的判断矩阵的特征值而得到。

设判断矩阵为 $[a]$，各因素权重系数 w_i，若 a_{ij} 判断正确，则有：

$$[a] = \begin{bmatrix} a_{11} & a_{12} \cdots & a_{1n} \\ \cdots & & \\ a_{n1} & a_{n2} \cdots & a_{nn} \end{bmatrix}$$

$$= \begin{bmatrix} w_1/w_1 & w_1/w_2 \cdots & w_1/w_n \\ \cdots & & \\ w_n/w_1 & w_n/w_2 & w_n/w_n \end{bmatrix}$$

我们可采用方根法，求解判断矩阵的特征向量 $[W]'$（即各要素之间同层单权重系数）和非零最大特征根 λ_{max}。

满足 $[a][w]' = \lambda_{max}[w]'$

其中：

$$w_i = \overline{w_i} \bigg/ \sum_{i=1}^{n} \overline{w_i} \quad (i = 1, 2, \cdots n) \tag{5-2}$$

$$\overline{w_i} = \sqrt[n]{\prod_{i=1}^{n} a_{ij}} \tag{5-3}$$

$$\lambda_{max} = \sum_{i=1}^{n} (AW)_i / n w_i \tag{5-4}$$

$$[AW] = [a][w]'$$

其次，进行一致性检验，用一致性检验指标 CI 度量判断矩阵是否可接受。

$$CI = \frac{\lambda_{\max} - n}{n - 1} \tag{5-5}$$

一般来说，$CI < 0.1$ 时，可接受；否则应重新估算判断矩阵。然后进行组合权重系数的确定，设某层次结构模型有 A、B、C 三层，由判断矩阵求得对应层单权重系数 a_{ij}，b_{ij}，c_{ij}，则 B 层各要素的组合权重系数：

$$AB_j = \sum_{i=1}^{n} a_i b_{ij} \quad (j = 1, 2, \cdots n) \tag{5-6}$$

C 层各要素的组合权重系数为：

$$ABC_j = \sum_{i=1}^{n} (AB)_i c_{ij} \quad (j = 1, 2, \cdots n) \tag{5-7}$$

（2）各区位要素的评分

各区位要素的评分值计算方法可参照上述关键因素评估法中各因子分值的确定方法进行，即：

$$V_j = \sum_{k=1}^{m} P_k F_{jk} \tag{5-8}$$

（3）开发项目区位的综合评分

$$G = \sum_{j=1}^{n} ABC_j \times V_j \quad (j = 1, 2, \cdots n) \tag{5-9}$$

式中　G——项目开发区位环境的综合评分；

　　ABC_j——第 j 个区位要素的权重系数；

　　　n——因素个数。

最后，根据不同区位综合评分的得分情况作出选择。

5.2.3　房地产投资项目区位的影响因素分析

1. 交通条件

城市地价的高低决定于城市土地的交通通达性。交通通达性是影响城市地价的直接因素，也是一个城市发展的必要条件。一个良好的地理区位，首先需要具备发达、便利的交通条件。

（1）道路完善度

城市道路完善度主要表现在市内交通网络的完整程度，以及对外交通网络的辐射能力和发达程度。城市道路是连接各区域的纽带，其容纳量、承载力和供给能力在一定程度上促进了城市经济的发展，从而影响着城市地价的变化。一般情况下，城市道路的容纳承载量越大，则供给能力越强，道路的辐射范围及吸引力越大，能够带动相关区域发展，提升区域价值，进而带动房地产业的快速发展。

（2）公交便捷度

公共交通是指城市范围内定线运营的公共汽车及轨道交通、渡轮、索道等交通方式。公交便捷度主要指公共汽车及轨道交通两种方式。公交是市内居民出行的主要交通方式，房地产所在区位的公交站点数量以及通达程度是消费者着重考虑的因素。公交的便捷度不仅能方便市民，更能带动相关产业的发展，特别是房地产行业。

2. 商服繁华度

商服繁华程度反映了城市财富聚集度和信息、资金与人员的聚集度，是反映城市功能的重要指标，也是影响房地产投资项目区位价值的一个主要因素。商服集聚点以同心圆方式服务城市，不同等级的商业中心服务半径不同。因此，随着距离的增加，该商服中心的影响力也逐渐降低。等级大、集聚度越高的商业中心所产生的引力更大，对周边环境的辐射作用也更强，所具有的价值自然也就会更高。

根据地租和土地置换理论可知，城市的土地区位价值不是一成不变的，高投资进入低投资搬出，便逐渐形成城市的中心商业区（CBD）。由于中心商业区凝聚了巨大的人力、财力等各种资源的投入，因此具有很高的区位价值，对周边区域的辐射作用也很大，如图 5-4 所示。

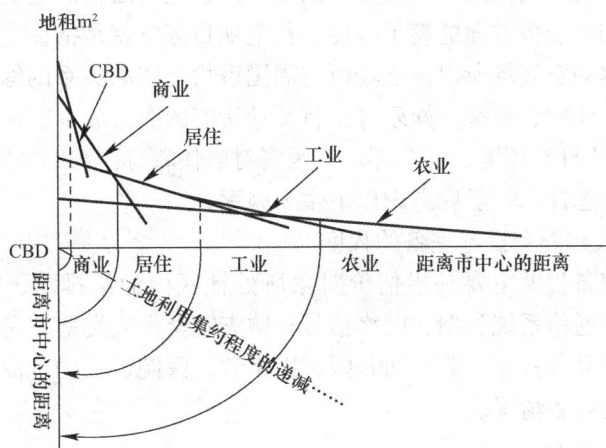

图 5-4 城市土地利用的经济模型

3. 配套设施完善度

城市配套设施包括基础设施（供水、供电、供暖、通讯等系统）和公共设施（教育、文化娱乐、体育设施、医疗机构等）两大部分，是与城市居民日常生活息息相关的设施。基础设施配套完善的过程，就是房地产的升值过程。现在城市或者说开发商对于供水、供电、供气等设施都能够满足，因此对房地产投资项目区位价值差异性影响不大，而教育、医疗、娱乐等公共设施则区别很大。调查显示，消费者对教育文化设施、医疗设施的关注度分别为 45.3% 和 26.8%。现在教育概念成为房地产开发商的一个卖点，教育设施的配套完善或者邻近有知名学校，不仅增加了房地产的人文色彩，同时也提高了房地产的附加值，使得房地产的价格提高，而医疗设施也会在一定程度上抬升房价。

4. 城市环境与风景优劣度

地理位置对房地产投资项目区位价值的影响很大，它是形成级差地租的主要原因，房产的不可移动性最终决定了因地理位置不同所形成的效益差异，使得具有优越地理位置的区位拥有更高的价值。一个区位的环境主要有自然环境和社会环境两方面。社会环境主要指某区域内的社会治安状况以及居住人群的社会地位、文化水平等。自然环境则反映房地产周围绿地、风景、空气质量等。随着房地产业的发展，开发商越来越重视绿色、人文建筑的开发，而消费者也开始将绿化率、公园景点的影响度、自然风景的优劣、人文素养、社会治安等指标作为选择房产不可忽略的因素。

当然，房地产对大量土地面积的需求永远无法与消费者的环境需求相吻合，位置越优越开发成本也越大，开发商不可能牺牲容积率来打造优美的生态环境。因此，拥有良好环境的区位将成为房地产增值的首选之地。

5.3 不同类型房地产区位分析

5.3.1 住宅项目区位分析

对于住宅项目来说，人们选择其最重要的就是由该位置出行的便捷程度以及居住在该位置所获得的经济和非经济方面的满足程度。住宅项目区位就是指住宅在城市中所处的地理空间位置和所占据的空间场所以及该场所与周围事物之间的关系的综合体，即以此为基点进行工作、上学、购物、就医、娱乐等出行活动所需的交通成本（包括货币成本和时间成本），以及该位置的自然环境、社会环境等因素对居住者身体和心理等方面的影响。

住宅用地的区位选择，一般应考虑以下主要因素。

1. 市政基础和公建配套设施完备的程度

市政基础设施完备程度主要是指估价对象所处社区内的给排水、电、供热系统的情况；燃气供应方式；通信系统类型、网络信号；防灾安全设施类型、完善情况。

公建配套设施的完备程度主要指幼儿园、中小学、医院、邮局、商业零售网点、康体及文化娱乐设施等的配备情况。

2. 公共交通便捷程度

对住宅用地位置的选择主要集中在靠近公共交通、能就近乘车的地方；在大城市中，轨道交通是最优选择，距离轨道交通站点的远近直接决定了区位交通的优越性。

3. 环境因素

影响住宅用地的环境因素包括自然环境和社会环境两方面的因素。

1）自然环境：社区内自然环境主要包括以下内容。

（1）水：项目所在社区内景观型水流和天然水域水流的类型、数量；

（2）噪声：社区内的如来自停车设施、加压泵、保安设施等噪声来源，噪声影响程度；

（3）光：社区内光污染来源，光污染类型，日照时数情况；

（4）绿化：社区内住宅绿化情况；

（5）景观：社区内如喷泉，雕塑，亭子及其他装饰园艺等景观的数量，类型；

（6）地形：项目所在宗地的地面坡度；

（7）地势：项目所在宗地与相邻地块的高低关系。

2）社会环境：社区内的社会环境主要包括以下内容。

（1）人口状况：主要是指项目所在社区内的人口密度，居民文化程度，收入水平，邻里关系；

（2）治安环境：社区是否封闭管理，是否24小时保安制度，夜间照明情况；

（3）环境卫生：社区内的环境卫生情况；

（4）物业管理：社区内如室内安全报警系统、闭路监控系统、停车场智能管理系统、一卡通等智能化管理情况，物业管理人员配备情况。

4. 人口因素

人口因素主要包括人口数量、人口素质、家庭规模和结构、家庭收入水平、人口流动性、当前居住状况等方面的影响。住宅项目投资如果选择在人口素质高、支付能力强的地区进行，就意味着投资成功可能性的提高。

5.3.2 写字楼项目区位分析

写字楼就是专业商业办公用楼的别称，严格地讲，写字楼是不能用于住人的。这是房屋的房产证上有明确注明的。写字楼原意是指用于办公的建筑物，或者说是由办公室组成的大楼，1971 年，Rhodes 和 Kan 提出："写字楼的作用是集中进行信息的收集、决策的制定、文书工作的处理和其他形式的经济活动管理。"

影响写字楼项目位置选择的特殊因素包括：

1. 与其他商业设施的接近程度

商业办公也存在着聚集效应，选择写字楼项目区位时，应尽量选择在中心商业区范围内，这样可以有助于资源的优化配置，具有提高写字楼项目对未来使用者的吸引力、便于客户开展业务等优势。

2. 周围土地利用情况和环境

写字楼选址时应考虑具有一些发展潜力的区域，考虑集聚效应，其周围土地的利用情况和环境应有利于写字楼的未来发展和竞争，并能够提供完善的配套服务，包括酒店、餐馆、邮政快递、订票及文印服务等。

3. 易接近性

易接近性是指写字楼应具有交通便利性，交通条件对写字楼中工作人员和客户的办公效率有直接影响。写字楼周围应具有多种交通方式可供选择，如公共汽车、地铁、出租车等；写字楼周边能够提供足够的停车位，便于客户及工作人员的出行。

5.3.3 零售商业项目区位分析

零售商业项目所包括的范围相当广泛，从小型店铺、百货商场到大型现代化购物中心，面积规模从十多平方米到十几万平方米，其服务的地域范围，从邻里、居住区到整个城市甚至全国。传统的零售商业区域主要坐落在市中心的城市中心商业区，但随着城市道路交通设施、交通工具的发展和郊区人口的快速增长，位于城市郊区和城郊结合部的大型零售商业设施不断涌现，使传统中心商业区的客流得以分散。

商业项目的区位选择，应该有利于实现它的最大利润。所以它的选择原则有以下几条：

1. 最短时间原则

商业的服务对象是顾客，商业行为的基本前提是商品与顾客在时间和空间上的结合，即面对面的交易。因此，传统的商业都混杂在居民区中。随着交通手段的进步，车辆往往成为购物行为的代步工具，顾客购物活动范围在扩大，因此，距离已经不是决定顾客行为的主要因素，而考虑更多的是购物行程所花费的时间。

2. 便捷性原则

零售业应尽量接近居民区，一般多位于主要街道的两侧，形成商业街。一些主要道路的十字路口、丁字路口更是零售业的最佳选择区位。

3. 接近购买力原则

商业利润是建立在居民购买力即购买和消费商品能力基础上，而购买力取决于人口数量和居民收入水平。商业企业的存在，是以一定数量服务人口为前提的，维持一定规模商业服务设施存在所必需的最低服务人口数量，称为该规模商业的门槛人口。流动人口是影响零售业的选址的一个重要因素，随着流动人口的增加，消费量和购物量相应增大，因此，在客运车站、飞机场、码头、各种娱乐场所等出入人数多、人流集聚的地段，是商业企业选择的位置，但要注意站点流动人口的消费水平和购物种类特征。

4. 满足消费者购物行为原则

零售业不同行业企业选址也存在一定差异。如仅经营一般消费品的零售业，应设于居民区，经营高级消费品的零售业，应设于市中心商业区；而经营品种单一、体积庞大笨重、占地面积大的零售业，应设于对外交通方便的地方或城市边缘地区。

5.3.4 工业项目区位分析

工业项目场地的选择须考虑的特殊因素包括：当地提供主要原材料的可能性，交通运输是否足够方便以有效地连接原材料供应基地和产品销售市场，技术人才和劳动力供给的可能性，水、电等资源供给的充足程度，控制环境污染的政策等。具体地，影响工业项目区位分析的因素主要包括：

1. 自然因素

（1）原料：临近某原料产地，原料充足——适宜于原料指向型工业；

（2）能源：临近某能源产地（如煤、石油、天然气、水能、风能…），能源充足——适宜于动力指向型工业项目；

（3）土地：土地平坦开阔，利于建厂；

（4）水源：临近河流、湖泊或降水多，水源充足。

2. 经济因素

（1）市场：人口稠密或人口密集，市场广阔（对市场指向工业更明显）；

（2）交通：临海或海港、临河湖或河流交汇处、临铁路高速公路或航空港，交通便利；

（3）劳动力：人口稠密，劳动力资源丰富——劳动密集型工业；

（4）技术：科教发达或临近高等院校或科研院所，劳动力素质高——技术密集型工业；

（5）农业基础：临近商品粮基地或农业产区，农业基础雄厚或农业发达。

3. 社会因素

（1）国家政策：国家政策的扶持、鼓励，国家政策变化（例如：解决就业的工厂设在不盈利的区位、为缩小经济差距进行的西部大开发等）；

（2）国防安全：某时期国防需要；

（3）个人行为（或偏好）：如海外华人、华侨的投资；

（4）工业惯性：考虑搬迁费用或政府的影响或出于对当地经济的考虑等。

4. 环境因素

（1）风向：严重污染大气的工厂，应该在城市主导风向的下风口地带，或者在主导风向的垂直两侧选择厂址，季风区布置在当地最小风频风向的上风地带；

（2）水源：有废水排放的工厂应布局在远离水源地或远离河流上游区，自来水厂布局在居民区的水源地上游或河流上游地区；

（3）距离居民区、农田的远近：占地面积小无污染的工业，布局在城区；用地规模较大、污染较轻的工业可布局在城市的边缘或近郊地区，严重污染难以治理的大型企业，宜布局在远离市区的远郊或郊外；

（4）生态环境：工业布局应远离生态环境脆弱的地区。

【例 5-2】 图 5-5 为某市 2013 年的风频图，据此回答下列问题。

（1）2013 年该市的最大和最小的风频风向是分别哪个方向？

（2）如果仅考虑城市大气环境保护，该市的石化工业应分布在城市的哪个方向的郊外，为什么？

解析：（1）由风频图可以看出，该市最大风频的风向为东南风，最小风频的风向为西南风；

（2）由于石化工业企业属于污染严重的企业，大气污染严重的企业应布局在城市最小风频的上风向，因此应分布在该城市的西南郊外。

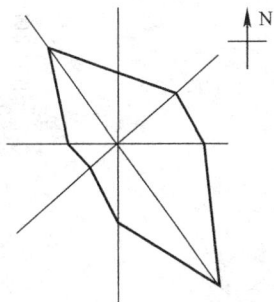

图 5-5 某市 2013 年风频图

本章小结

本章首先介绍了房地产投资区位分析与选择的相关知识，包括区位的含义、城市功能分区以及区位与房地产投资价值的关系，影响房地产投资价值的一个重要因素就是房地产的区位，区位是指特定地块所处的空间位置及其与相邻地块间的相互关系，它对房地产的价格具有全方位的影响；其次介绍了房地产投资项目的区位分析的有关知识，包括区位分析的主要内容和房地产项目区位的影响因素分析，从投资的角度看，某一房地产是否值得投资，很大程度上依赖于其产生利润和租金的能力，而房地产所能产生利润和租金的能力很大程度上取决于其所在的区位；最后阐述了不同类型房地产区位分析，主要有住宅项目区位分析、写字楼项目区位分析、零售商业项目区位分析、工业项目区位分析等。

思 考 题

1. 什么是房地产的区位？

2. 房地产投资项目区位分析的主要内容有哪些？

3. 房地产投资项目区位的影响因素有哪些？

4. 住宅用地的区位选择，一般应考虑哪些因素？

练 习 题

1. 下图为我国某城市工业、商业和居住用地比例时空变化示意图：

(1) 曲线①、②、③分别代表哪种土地利用类型（工业用地、居住用地、商业用地）？

(2) 2005年与1990年相比，距市中心12km处，哪种用地比例增加，哪种用地比例减少？

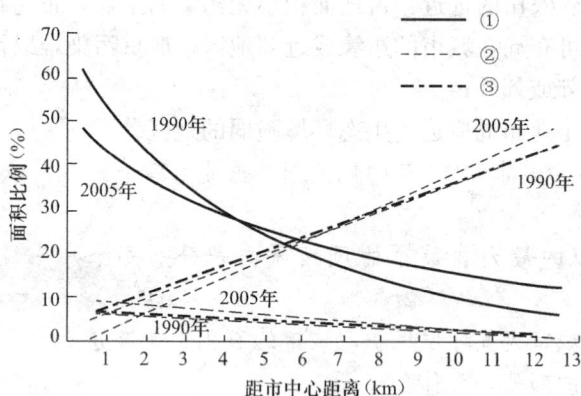

图 5-6 习题 1

2. 下图是"我国某特大城市示意图"，拟在甲、乙两处规划建设高新技术工业城和石油化工城两座卫星城市，石油化工城应建在何处，理由是什么？

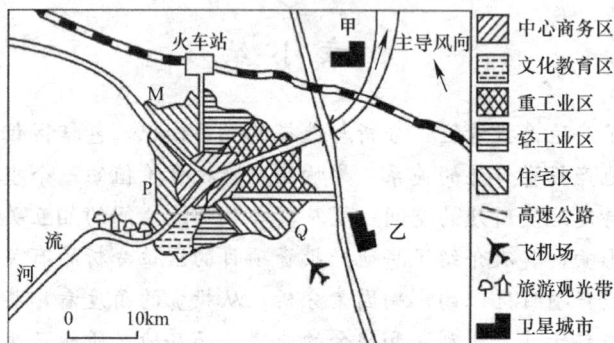

图 5-7 习题 2

6 房地产投资基础数据估算分析

【学习要点】 通过本章学习，了解房地产投资与成本的概念、特点、借款还本付息表的编制、租售方案的制定；熟悉房地产开发项目总投资的构成、房地产投资资金来源分析、融资方案选择、经营收入估算；掌握房地产开发项目总投资的具体估算、房地产投资涉及的税种及税费估算。

6.1 房地产投资与成本估算

对于房地产投资项目，如果想通过各种财务分析指标估算未来的经济效益情况，并且希望由此判断是否值得投资，那么非常有必要对房地产项目的投资额和总成本费用进行估算。只不过，在房地产的直接投资中，开发投资项目的总投资和总成本费用的估算复杂一些，而置业投资项目的总投资和总成本费用的估算简单一些。

6.1.1 房地产投资与成本的一般概念

1. 房地产投资分析中的投资与成本

房地产投资分析中所讨论的投资是狭义的，是指人们在房地产开发或投资活动中，为实现某种预定的开发、经营目标而预先垫付的资金。而投资分析中的成本也与财务会计中的成本概念不同，主要由于投资分析的成本来源于分析者对未来数据的预测和充分考虑，而会计成本是实际发生的数值。

房地产生产经营活动中的投资与成本，与一般工业生产活动有较大差异。从本书第一章介绍的房地产直接投资形式来看，其投资与成本有以下特点（表6-1）。

房地产投资项目中投资与成本的特点　　　　　　　　　　　　表6-1

投资形式	经营方式	投 资	成 本
开发投资	出售	开发过程中的资金投入	开发建设过程中的成本支出
	出租	开发过程中的资金投入	开发建设成本和出租成本
	经营	开发过程中的资金投入	开发建设成本和经营成本
置业投资	出租	购买房地产时的资金投入	购买成本和出租成本
	经营	购买房地产时的资金投入	购买成本和经营成本

在本章中，我们以房地产开发投资项目为例，对投资与成本费用的估算方法进行系统的介绍。

2. 房地产开发项目总投资构成

房地产开发项目总投资包括开发建设投资和经营资金，其构成情况见表6-2。开发建设投资是指开发期内完成房地产产品开发建设所需投入的各项成本费用。包括土地费用、前期工程费、基础设施建设费、建筑安装工程费、公共配套设施建设费、开发间接费、管理费用、财务费用、销售费用、开发期税费、其他费用以及不可预见费等，其具体构成情况见表6-3。开发建设投资在建设过程中形成以出售和出租为目的的开发产品成本和以自营为目的的固定资产及其他资产，应注意开发建设投资在开发产品成本与固定资产和其他资产之间的合理分配。经营资金是指房地产开发企业用于自营为目的的固定资产项目的日常营运资金，它伴随固定资产投资而发生，并在运营期内被长期占用和周转使用。对于房地产投资决策分析来说，在进行经济评价时一般只考虑开发建设投资而忽略经营资金。

房地产开发项目总投资估算表　　　　单位：万元　表6-2

序　号	项　目	总投资	估算说明
1	开发建设投资		以下12项之和
1.1	土地费用		
1.2	前期工程费		
1.3	基础设施建设费		
1.4	建筑安装工程费		
1.5	公共配套设施建设费		
1.6	开发间接费		
1.7	管理费用		
1.8	财务费用		
1.9	销售费用		
1.10	开发期税费		
1.11	其他费用		
1.12	不可预见费		
2	经营资金		
3	项目总投资		3.1＋3.2
3.1	开发建设投资		3.1.1＋3.1.2
3.1.1	开发产品成本		
3.1.2	固定资产投资		
3.2	经营资金		

注：项目建成开始运营时，固定资产将形成固定资产、无形资产与递延资产。

开发建设投资估算表　　　　单位：万元　表6-3

序　号	项　目	开发产品成本	固定资产投资	合　计
1	土地费用			
2	前期工程费用			
3	基础设施建设费			
4	建筑安装工程费			
5	公共配套设施建设费			
6	开发间接费			
7	管理费用			
8	财务费用			
9	销售费用			
10	开发期税费			
11	其他费用			
12	不可预见费			
	合计			

3. 总成本费用的概念及构成

总成本费用是投资者为进行投资获得收益所必需付出的代价，即房地产开发项目总投资中的开发建设投资。根据《房地产开发项目经济评价方法》，总成本费用包括开发产品成本和经营成本。

开发产品成本是指房地产开发企业在开发过程中所发生的各项费用，也可以说是房地产投资项目产品建成时，按照国家有关财务和会计制度转入房地产产品的开发建设投资。当房地产投资项目有多种产品（出售产品、出租产品、自营产品）时，可分别估算每种产品的成本费用，但应注意开发建设投资在不同开发产品之间的合理分摊。当没有固定资产投资和经营资金发生时，开发产品成本就是开发建设投资，也就是总投资或总成本费用。实践中这种情况比较常见。

经营成本是指房地产产品在出售、出租时，将开发产品成本按照国家有关财务和会计制度结转的成本，主要包括土地转让成本、出租土地经营成本、房地产销售成本、出租经营成本。

6.1.2 房地产投资与成本费用估算方法

房地产投资与成本费用估算（以下简称投资估算）的方法包括简单估算法和投资分类估算法。

1. 简单估算法

简单估算法是根据已建成的类似项目的投资，经比较修正，得出待估算项目投资的方法。简单估算方法估算精度不高，主要适用于投资机会研究和项目初步可行性研究阶段。

该方法是根据已建成的、性质类似的房地产项目的投资额和规模，并考虑其位置、占地面积、土地的取得方式及使用年限、开发面积、建筑结构、基础设施和公共设施配套的完善情况、建设工期等因素，与拟建房地产项目进行比较，得出待建房地产项目的投资。

2. 投资分类估算法

在房地产投资项目详细可行性研究阶段主要采用投资分类估算法。房地产投资估算时，应包括土地费用、前期工程费、基础设施建设费、建筑安装工程费、公共配套设施建设费、开发间接费、管理费用、财务费用、销售费用、开发期税费、不可预见费、其他费用。如果开发完成后用于出租或经营的房地产投资项目，还应包括经营资金。投资分类估算法就是根据上述对投资的分类方式，按照类别依据市场或相关政策文件估算房地产投资与成本费用。投资分类估算法比简单估算法更为精细，更加准确，所以在房地产投资决策分析中经常使用。

6.1.3 房地产投资与成本费用的具体估算

1. 土地费用估算

土地费用是指为取得房地产项目用地使用权而发生的费用。对土地费用的估算要依实际情况而定。

开发项目取得土地所有权有多种方式，所发生的费用各不相同。主要有以下几种方式：划拨或征用土地的土地征用拆迁费、出让土地的土地出让地价款、转让土地的土地转让费、租用土地的土地租用费、股东投资入股土地的投资折价。

（1）土地征用拆迁费

土地征用拆迁费分为：农村土地征用拆迁费和城镇土地拆迁费。

农村土地征用拆迁费主要包括：土地补偿费、青苗补偿费、地上附着物补偿费、安置补助费、新菜地开发建设基金、征地管理费、耕地占用税、拆迁费、其他费用。

城镇土地拆迁补偿费主要包括：地上建筑物、构筑物、附着物补偿费，搬家费，临时搬迁安置费，周转房摊销以及对于原用地单位停产、停业补偿费，拆迁管理费和拆迁服务费等。

（2）土地出让地价款

土地出让地价款是国家以土地所有者的身份，将土地使用权在一定年限内让与土地使用者，并由土地使用者向国家支付的土地使用权出让地价款。以出让形式取得城市熟地土地使用权时，土地出让地价款由土地出让金、拆迁补偿费和城市基础设施建设费构成；以出让方式获得城市毛地土地使用权时，土地出让地价款由土地使用权出让金和城市基础设施建设费构成，获得此类土地使用权的开发商，需要进行房屋拆迁和土地开发活动，并相应支付城镇土地拆迁补偿费。

土地出让地价款的数额由土地所在城市、地区、地段、土地用途及使用条件等许多方面因素决定。许多城市对土地制定了基准地价，具体宗地的土地出让地价款要在基准地价的基础上加以适当调整确定。

（3）土地转让费

土地转让费是指土地受让方向土地转让方支付的土地使用权的转让费。依法通过土地出让或转让方式取得的土地使用权可以转让给其他合法使用者。土地使用权转让时，地上建筑物及其他附着物的所有权随之转让。

（4）土地租用费

土地租用费是指土地租用方向土地出租方支付的费用。以租用方式取得土地使用权可以减少项目开发的初期投资，但在房地产项目开发中较为少见。

（5）土地投资折价

房地产投资项目土地使用权可以来自房地产项目的一个或多个投资者的直接投资。在这种情况下，不需要筹集现金用于支付土地使用权的获取费用，但一般需要将土地使用权评估作价。

以上内容见表6-4。

土地费用估算表　　　　　　　　　　单位：万元 **表6-4**

序　号	项　目	金　额	估算说明
1	土地出让金		
2	征地费		
3	拆迁安置补偿费		
4	土地转让费		
5	土地租用费		
6	土地投资折价		
	合计		

2. 前期工程费用

房地产投资项目前期工程费主要包括项目前期规划、设计、可行性研究，水文、地质勘测，以及"三通一平"等阶段的费用支出。

1）项目规划、设计、可行性研究所需费用支出一般可按项目总投资的一定百分比估算，一般情况下，规划设计费为建安工程费的3%左右，可行性研究费占项目总投资的1%～3%；也可按估计的工作量乘以正常工日费率估算。

2）项目水文、地质勘测所需费用支出根据工作量结合有关收费标准估算，一般为设计概算的0.5%左右。

3）土地开发中三通一平（通水、通电、通路、土地平整）等工程费用，主要包括地上原有建筑物、构筑物的拆除费用，场地平整费用和通水、通电、通路的费用。这些费用的估算可根据实际工作量估算，参照有关计费标准进行。

需要注意的是，前期工程费中的"三通一平"等工程费用与土地费用的合理划分问题。在熟地出让或转让中，地价款已经包括了土地一级开发费，而土地一级开发就包括了市政设施建设和场地平整，但是由于各个土地一级开发项目的竣工标准不同，市政建设内涵也就不同，部分项目的市政建设仅仅完成红线外市政管线的铺设或接口的预留等，而前期工程费中的三通一般是指临时性三通，是为后期工程施工用水、电、路所进行的建设。

以上内容见表6-5。

前期工程费估算表 单位：万元 **表6-5**

序　号	项　目	金　额	估算说明
1	规划、设计、可研费		
2	水文、地质勘查费		
3	道路费		
4	供水费		
5	供电费		
6	土地平整费		
	合计		

3. 基础设施建设费

基础设施建设是指建筑物2m以外和项目用地规划红线以内的各种管线和道路工程，其费用包括供水、供电、供气、排污、绿化、道路、路灯、环卫设施等建设费用，以及各项设施与市政设施干线、干管、干道的接口费用。通常采用单位指标估算法及实际工程量来估算。

通常情况，详细估算时，可按单位指标估算法来算，例如供电及配电工程可按电增容量（kVA）指标计算；管线工程按长度（m）指标计算等。对应的粗略估算时，则各项基础设施工程均可按建筑平方米或用地平方米造价计算。

以上内容见表6-6。

基础设施建设费估算表 单位：万元 **表6-6**

序　号	项　目	建设费用	接口费用	合　计
1	供电工程			
2	供水工程			

续表

序　号	项　目	建设费用	接口费用	合　计
3	供气工程			
4	排污工程			
5	小区道路工程			
6	路灯工程			
7	小区绿化工程			
8	环卫设施			
	合计			

4. 建筑安装工程费

1）主要构成

建筑安装工程费是指建造房屋建筑物所发生的建筑工程费用、设备采购费用和安装工程费用等。这里指的建筑工程费包括结构、建筑、特殊装修工程费；设备采购及安装工程费包括给排水、电气照明及设备安装、空调通风、弱电设备及安装、电梯及安装、其他设备及安装等。

2）估算方法

在可行性研究阶段，建筑安装工程费用估算可以采用单元估算法、单位指标估算法、工程量近似框算法、概算指标估算法、概预算定额法，也可以根据类似工程经验进行估算。具体估算方法的选择应视资料的可取性和费用支出的情况而定。当房地产投资项目包括多个单项工程时，应对各个单项工程分别估算建筑安装工程费用。

（1）单元估算法。单元估算法是指以基本建设单元的综合投资乘以单元数得到项目或单项工程总投资的估算方法。如以每间客房的综合投资乘以客房数估算一座酒店的总投资；以每套住宅的综合投资乘以住宅套数估算一栋住宅楼的总投资；以每停车位的综合投资乘以车位数估算一座立体停车场的总投资等。

（2）单位指标估算法。单位指标估算法是指以单位工程量投资乘以工程量得到单项工程投资的估算方法。一般来说，土建工程、给排水工程、照明工程可按建筑平方米造价计算；采暖工程按耗热量（千卡/小时）指标计算；变配电安装按设备容量（千伏安）指标计算；集中空调安装按冷负荷量（千卡/小时）指标计算；供热锅炉安装按每小时产生蒸汽量（立方米/小时）指标计算；各类围墙、室外管线工程按长度（米）指标计算；室外道路按道路面积（平方米）指标计算等。有关指标可参照近似案例或者当地造价信息获取。

（3）工程量近似匡算法。工程量近似匡算法采用与工程概预算类似的方法，先近似匡算工程量，配上相应的概预算定额单价和取费，近似计算建筑工程投资。

（4）概算指标估算法。概算指标估算法采用综合的单位建筑面积和建筑体积等建筑工程概算指标计算整个工程费用。常使用的估算公式是：

$$直接费 = 每平方米造价指标 \times 建筑面积 \qquad (6\text{-}1)$$

$$主要材料消耗量 = 每平方米材料消耗量指标 \times 建筑面积 \qquad (6\text{-}2)$$

（5）概预算定额法。概预算定额法是利用工程概、预算定额，根据施工方法与施工参数，进行工程单价分析计算，乘以工程量汇总得出单项工程投资的一种工程造价计价方法。定额是在社会正常条件下，生产单位合格产品所消耗的社会必要劳动量和所消耗的劳动资源。在我国，定额是由行政主管部门自编或委托设计、施工单位编制，行政主管部门颁发的具有法规性的行业标准。它是根据大量的工程实际资料进行整理、分析、测算、总结归纳出来，具有一般工程的共性，是适应管理需要形成的产物。

（6）类似法。类似法就是在一定时期和相对稳定的市场状况下，通过客观的估算方法，并通过对实际个案的经验总结，可以测算出各类有代表性项目的建安工程各项费用的大致标准，用这个标准来估算建安工程费用的方法。

以上内容见表 6-7。

建筑安装工程费用估算表　　　　　　　　单位：万元　**表 6-7**

项　目	建筑面积	建安工程费		装饰工程费		金额合计
		单价	金额	单价	金额	
单项工程 1						
单项工程 2						
...						
合计						

5. 公共配套设施建设费

公共配套设施建设费是指居住小区内为居民服务配套建设的各种非营利性的公共配套设施（又称公建设施）的建设费用，主要包括：居委会、派出所、托儿所、幼儿园、公共厕所、锅炉房、停车场等。这些设施是不能有偿转让的，一般按规划指标和实际工程量估算。

需要注意的是，在房地产项目投资估算中，应区分公建设施的营利性以及是否进行销售。如果公建设施是非营利性的并且不进行经营销售，则概算在公共配套设施建设费用项下；如果公建设施是营利性的，且进行经营销售，则应该算在建筑安装工程费用项下，将来与销售房屋等并列计算得房成本，进行财务分析。同时这项费用下的公共配套设施一般情况指的是为整个小区服务的公建设施，不包括为单栋服务的公共用房、位于单栋内部的管理用房。为单栋服务的公共用房、管理用房等通常通过公摊面积（同时还包括楼梯间、电梯井、管道井等）摊给单栋的业主，其权益归属单栋内所有业主。

以上内容见下表 6-8。

公共配套设施建设费估算表　　　　　　　　单位：万元　**表 6-8**

序　号	项　目	建设费用	估算说明
1	居委会		
2	派出所		
3	托儿所		
4	幼儿园		
5	公共厕所		
6	停车场		
	合计		

6. 开发间接费用

开发间接费用是指房地产开发企业所属独立核算单位在开发现场组织管理所发生的各项费用。主要包括：工资、福利费、折旧费、修理费、办公费、水电费、劳动保护费、周转房摊销和其他费用等。

当开发企业不设立现场机构，由开发企业定期或不定期派人到开发现场组织开发建设活动时，所发生的费用可直接计入开发企业的管理费用。

7. 管理费用

管理费用是指房地产开发企业的管理部门为组织和管理房地产项目的开发经营活动而发生的各项费用。主要包括：管理人员工资、职工福利费、办公费、差旅费、折旧费、修理费、工会经费、职工教育经费、劳动保险费、待业保险费、董事会费、咨询费、审计费、诉讼费、排污费、绿化费、房地产税、车船使用税、土地使用税、技术转让费、技术开发费、无形资产摊销、开办费摊销、业务招待费、坏账损失、存货盘亏、毁损和报废损失以及其他管理费用。

管理费用是按项目投资或前述 1~5 项直接费用的一个百分比计算，一般为 3% 左右。如果房地产开发企业同时开发若干房地产项目，管理费用应在各个项目之间合理分摊。

8. 财务费用

财务费用是指房地产开发企业为筹集资金而发生的各项费用。主要包括借款和债券的利息、金融机构手续费、融资代理费、外汇汇兑净损失以及其他财务费用。

9. 销售费用

销售费用是指房地产开发企业在销售房地产产品过程中发生的各项费用，以及专设销售机构的各项费用。主要包括销售人员工资、奖金、福利费、差旅费、销售机构的折旧费、修理费、物料消耗、广告费、宣传费、代销手续费、销售服务费及预售许可证申领费等。其中，广告宣传及市场推广费，一般约为销售收入的 2%~3%；销售代理费，一般为销售收入的 1.5%~2%；其他销售费用，一般为销售收入的 0.5%~1%。综上，销售费用约占到销售收入的 4%~6%。

10. 开发期间税费

开发期间税费指项目所负担的与房地产投资有关的各种税金和地方政府或有关部门征收的费用。主要包括：固定资产投资方向调节税、土地使用税、市政支管线分摊费、供电贴费、用电权费、绿化建设费、电话初装费、分散建设市政公用设施建设费等。在一些大中型城市，这部分税费已经成为房地产项目投资费用中占较大比重的费用。各项税费应根据当地有关法规标准估算。

以上内容见表 6-9。

开发期间税费估算表   单位：万元   **表 6-9**

序　号	项　目	金　额	估算说明
1	固定资产投资方向调节税		
2	土地使用税		
3	市政支管线分摊费		
4	供电贴费		
5	用电权费		
6	分散建设市政公用设施建设费		
7	绿化建设费		
8	电话初装费		
	合计		

11. 其他费用

其他费用主要包括：临时用地费和临时建设费、工程造价咨询费、总承包管理费、合同公证费、施工执照费、工程质量监督费、工程监理费、竣工图编制费、工程保险费等。这些费用按当地有关部门规定的费率估算，一般约占投资额的 2%～3%。

以上内容见表6-10。

其他费用估算表 单位：万元 **表 6-10**

序　号	项　目	金　额	估算说明
1	临时用地		
2	临建费		
3	施工图预算或标底编制费		
4	工程合同预算或标底审查费		
5	招标管理费		
6	总承包管理费		
7	合同公证费		
8	施工执照费		
9	工程质量监督费		
10	工程监理费		
11	竣工图编制费		
12	工程保险费		
	合计		

12. 不可预见费

房地产项目投资估算应考虑适当的不可预见费用。不可预见费包括备用金（不含工料价格上涨备用金）、不可预见的基础或其他附加工程增加的费用、不可预见的自然灾害增加的费用。它依据项目的复杂程度和前述各项费用估算的准确程度，以上述各项费用之和为基数，按 3%～7% 计算。

值得注意的是，如果进行投资估算时，土地使用权已取得或已明确土地费用的价格，则不可预见费的取费基础上应不含土地费用。

13. 运营费用

当开发项目竣工后采用出租或自营方式经营时，还应该估算项目经营期间的运营费用。运营费用是指房地产投资项目开发完成后，在项目经营期间发生的各种运营费用。主要包括：管理费用、销售费用等。

14. 修理费用

修理费用是指以出租或自营方式获得收益的房地产投资项目在经营期间发生的物料消耗和维修费等。要注意此处的修理费与开发间接费中的修理费是不同的。

6.2　房地产融资方案与资金成本分析

6.2.1　房地产投资项目的资金筹措

实践中房地产投资的资金需要量通常比较大，投资者的自有资金往往有限，能否按期足额投入资金,是保证项目得以顺利实施的基本前提条件。因此,在正确估计项目总投资及销售收入的基础上,对项目资金来源、资金筹措及资金使用计划等进行认真的分析是有必要的。

1. 房地产投资资金来源分析

资金筹措首先需要对项目投资决策的资金来源进行分析。房地产投资项目资金来源的渠道主要有:自有资金、银行贷款、社会集资、利用外资、预售款、财政拨款、承包商带资承包等。

(1) 自有资金

投资者的自有资金又称之为资本金,是投资者对其所投资项目投入的股本金。对于房地产投资决策项目来说,投入一定量的自有资金是房地产开发的基本条件之一。从投资者的角度来说,只要预计项目的投资利润率高于银行存款利率,就可以根据企业的能力适时投入自有资金作为股本金。投资者可以筹集的自有资金包括现金、其他速动资产、近期可收回的各种应收款。

对于某一具体的项目,吸引同行合伙开发、共同出资,将其联合投资的资金作为项目的资本金,也是自有资金的重要来源。目前房地产市场上经常可以看到联合开发或投资的房地产项目,这样既能筹集项目开发资金,又可以分散项目开发风险。

(2) 银行贷款

任何房地产开发商要想求得发展,都离不开银行及其他金融机构的支持。如果开发商不能合理有效地利用银行信贷资金,只靠自有资金周转是很难扩大投资项目的规模和提高自有资金的收益水平,也会因为投资能力有限而失去更多的投资机会。

房地产开发投资中一般贷款比例应小于项目总投资的65%~70%,而且是以开发项目本身的抵押贷款为主。银行为了规避风险,一般要求房地产投资项目"四证"(建设用地规划许可证、土地使用权证、建设工程规划许可证、施工许可证)齐全,资本金超过规定比例(一般不低于总投资的35%),并且对房地产投资项目抵押贷款的审查合格的情况下,贷款才会批准。

除了向银行贷款外,还可以向信托投资公司、信用社等金融机构借款,目前还大量存在民间借贷。

(3) 预售收入

预售收入也叫预售款,是房地产投资者在商品房交付使用之前,预先向购房者收取的价款。这种筹资方式较受欢迎是因为对房地产的买卖双方来说都比较有益。于房地产的买方而言,在房地产市场前景看好的情况下,他们只需先期支付少量定金或首付款就可以买到楼层和位置较好的房地产,甚至可以享受到未来一段时间内的房地产增值收益。对于房地产的卖方而言,预售不仅可提前获取资金,从而为后续投资需要做好准备,而且又可将部分市场风险分散给买方。

(4) 承包商带资承包

承包商带资承包是指由承包商垫资进行建设工程施工的融资方式。严格地说,这不属于融资方式范畴。当建筑市场处于买方市场导致竞争激烈的情况下,特别是在开发项目有可靠收入保证的情况下,许多具有一定实力的承包商,为了获得施工任务,避免人工和设备的闲置损失,很可能愿意带资承包建设工程。房地产开发投资者有时会利用这种市场状态，将一部分融资风险分摊给承包商。当然，投资者对延期支付的工程款，除了应补足应付款外，还要支付利息，但利率一般低于银行贷款利率。如果开发商决定令承包商带资承包，一定要对承包商的经济实力进行严格的审查，对其融资方案进行认真的分析。承包商垫资承包建设工程时，其垫资的比例可由开发商与承包商协商确定。目前通行的做法是请承包商垫资一直到基础工程结束，因为此时，开发商基本上达到了申请预售许可证的条件，可以用预售收入来支付已完成工程量和后续工程量的工程款。

（5）财政拨款

房地产的财政拨款是指国家各级政府无偿投入房地产投资项目的土地和资金。通常有两种形式：一是政府拨出一定资金或土地给国有房地产公司，也就是我们通常所说的微利房项目、廉租房或回迁房；另一种形式是政府拨出一定资金给国有大中型企事业单位为其职工建福利房。

（6）社会集资

房地产投资的社会集资是指以房地产开发经营企业的资信和房地产投资项目的高附加值为吸引力，运用各种筹资手段或方式筹集社会闲散资金，主要有发行房地产股票和房地产债券两种形式。房地产股票是房地产股份有限公司给股东的所有权凭证，股票持有者作为股东承担公司的有限责任，同时享有相应的权利，承担相应的义务。房地产股票有股本总额大、股票收益较高、升值较快、市场稳定等特点；房地产债券是为了筹措房地产资金而发行的借款信用凭证，能证明债券持有人向发行人取得预期收益和到期收回本金的一种凭证，具有发行总额大、票面利率高、可与购房相结合、较安全、风险小、对公司进行宣传等特点。

（7）利用外资

房地产投资者利用外国资金进行房地产投资活动的主要方式有：外国政府贷款、国际金融组织贷款、外国商业银行贷款、与外资合营、发行国际债券等。利用政府贷款的特点是利率低、期限长；国际金融组织贷款具有利率低于商业银行、期限也较长（25年），审查严格等特点；外国商业银行的利率根据国际金融市场行情来决定的，利率较高，期限较短；与外资合营的方式是中方投地、外方投资；发行国际债券是通过国内大银行和国际信托投资公司等金融机构，在国际金融市场上发行房地产债券吸收外资的方式，利率略低于银行贷款。

2. 房地产投资资金筹措计划

资金筹措计划主要是根据房地产投资项目对资金的需求以及投资、成本与费用使用计划，确定资金的来源和相应的数量。房地产投资项目的资金来源通常有资本金（自有资金）、预租售收入及借贷资金三种渠道。但是我们更需要知道当前的项目需要选择哪几个渠道，每个渠道各自筹资多少比例，每种渠道风险多大，如何使筹资成本最低等，都是在资金筹措计划里要解决的问题。

面对不同的市场环境和竞争条件，房地产投资项目融资结构和筹资计划设计合理与否，也是开发商能否成功的关键。在预售市场不明朗的时候，开发商应该做好用资本金和贷款来解决全部开发建设投资的准备。如果市场条件较好，项目对购买者有足够吸引力的情况下，项目投资者可以通过预售来解决项目投资所需的资金。需要注意的是，作投资分析时，这些情况仅仅是预期，与实际销售时的市场行情可能会有出入，所以不能过分依赖预售收入。

在制定资金筹措计划时应当注意以下几点：

（1）严格按照资金的需要量确定筹资额；

（2）认真选择筹资来源渠道；

（3）准确把握自有资金与外部筹资的比例，并符合国家的有关规定；

（4）避免利率风险对项目的不利影响。

3. 房地产投资项目资金使用计划

对资金来源分析清楚后，对资金该如何使用也需确定一个较为详尽的计划——房地产投资项目的资金使用计划。资金使用计划应根据可能的项目施工进度与资金来源渠道进行编制。编制时应注意以下几点：

（1）根据建筑安装工程进度表，按照不同年度的工作量安排相应的资金供给量；

（2）根据设备到货计划，安排设备购置费支出；

（3）项目的前期费用应尽早落实；

（4）在安排投资计划时，应先安排自有资金，后安排外部资金。

4. 投资计划与资金筹措表

房地产投资项目应根据投资估算数据、可能的建设进度、将来的实际付款时间和金额以及资金筹措情况按期编制投资计划与资金筹措表。资金筹措要满足投资计划中对资金的使用要求。

投资计划与资金筹措表编制好后，需要从两个方面进行审查：一方面要看项目实施进度计划是否能与筹资计划相吻合，投资计划能否与实施进度相衔接；第二方面要看各项不同渠道来源的资金使用是否合理，资金的不同来源运用是否比例得当，避免出现资金过度使用或筹资过多的情况。投资计划与资金筹措表具体见表6-11。

投资计划与资金筹措表　　　　单位：万元　**表6-11**

序　号	项　目	合　计	1	2	3	…	N
1	项目总投资						
1.1	开发建设投资						
1.2	经营资金						
2	资金筹措						
2.1	资本金						
2.2	借贷资金						
2.3	预售收入						
2.4	预租收入						
2.5	其他收入						

6.2.2　房地产投资项目融资方案选择

1. 房地产投资项目融资方案的内涵

房地产投资项目融资方案是根据投资项目资金需求状况与各类融资渠道的可行性所编制的项目融资行为实施方案。

融资方案编制时应满足以下要求：

(1) 供需平衡；

(2) 融资方案应贯穿于项目周期的全过程，包括设备更新投资等因素均应予以考虑；

(3) 结构、成本、风险综合评价；

(4) 重视财务杠杆作用。

2. 房地产投资项目融资方案的内容

房地产投资项目融资方案主要包括两部分内容：

(1) 融资主体和资金来源。重点研究如何确定项目的融资主体（融资行为的参与者）和项目的资金数量，项目资金的来源渠道和筹措方式组合；

(2) 融资方案分析。从资金结构、融资成本及融资的风险等各个方面对初步融资方案进行分析，结合财务分析，进行比较、选择，最终确定投资项目的融资方案。

3. 房地产投资项目融资方案的分析

对融资方案的分析，从以下几个方面进行：

(1) 资金来源可靠性分析。资金来源可靠性分析主要是分析项目所需总投资和分年所需投资能否得到足够的、持续的资金供应，即资本金和债务资金供应是否落实可靠。

(2) 融资结构分析。融资结构分析主要分析项目融资方案中的资本金与债务资金比例、股本结构比例和债务结构比例，并分析其实现条件。

(3) 融资成本分析。融资成本包括债务融资成本和资本金融资成本。债务融资成本包括资金筹集费（承诺费、手续费、担保费、代理费等）和资金占用费（利息），一般通过计算债务资金的综合利率，来判断债务融资成本的高低；资本金融资成本中的资金筹集费同样包括承诺费、手续费、担保费、代理费等费用，但其资金占用费则需要按机会成本原则计算，当机会成本难以计算时，可参照银行存款利率进行计算。

(4) 融资风险分析。融资风险分析通常需要分析的风险因素包括资金供应风险、利率风险和汇率风险。资金供应风险是指融资方案在实施过程中，可能出现资金不落实，导致开发周期拖长、成本增加、原收益目标难以实现的风险。利率风险则指融资方案采用浮动利率计息时，贷款利率的可能变动给项目带来的风险和损失。汇率风险是指国际金融市场外汇交易结算产生的风险，包括人民币对外币的比价变动风险和外币之间比价变动的风险，利用外资数额较大的项目必须估测汇率变动对项目造成的风险和损失。

6.2.3 借款还本付息的估算

借款还本付息的估算主要是测算借款还款期的利息和偿还借款的时间，从而观察项目的偿还能力和收益，为财务分析和项目决策提供依据。

1. 利息的计算

在本书第二章中对利息有较为详尽的论述，在此不再赘述。房地产投资项目在融资过程中主要的资金来源就是银行贷款，在使用借贷资金的过程中需要计算借款利息，利息的计算分为建设期利息的计算和还款时利息的计算两个部分。

1) 建设期利息计算

建设期利息的估算，应按照借款条件的不同分别计算。借款条件包括：借款总额、借款利率、借款期限等等。

由于无法事先确定出每笔借款的实际发生时间，通常借款时的利息估算按照当年的借款按半年计息，其后各年的借款按全年计息。

建设期借款利息，在计息方式上有单利计息和复利计息两种。

（1）自有资金付息，按单利计算：

建设项目的借款利息在建设期内的一个计息周期进行计算，并在该周期进行了偿还，该借款利息的金额不再进入建设期内的下一计息周期作为借款本金计算利息，下一计息周期的计算利息的借款金额只有实际发生的借款本金额，即单利计算。

$$建设期利息 = \sum\left[(年初借款本金累计 + 本年借款额 \div 2) \times 年利率\right] \tag{6-3}$$

（2）利息滚动计入银行借款时，按复利计算：

建设项目的借款利息在建设期内的一个计息周期进行计算，但没有在该周期进行偿还，该借款利息的金额将进入建设期内的下一计息周期作为借款本金计算利息，即复利计算。

$$建设期利息 = \sum\left[(年初借款本息累计 + 本年借款额 \div 2) \times 年利率\right] \tag{6-4}$$

【例 6-1】 某房地产开发项目建设期为 3 年，分年均衡进行贷款，第一年贷款 1000 万元，第二年贷款 2000 万元，第三年贷款 500 万元，年贷款利率为 6%，在建设期内不还款，试计算建设期借款利息。

解：本项目只计算借款时利息，不涉及还款时利息。建设期各年及总的利息计算如下：

第 1 年应计息 = (0 + 1000 ÷ 2) × 6% = 30 万元

第 2 年应计息 = (1000 + 30 + 2000 ÷ 2) × 6% = 121.8 万元

第 3 年应计息 = (1000 + 30 + 2000 + 121.8 + 500 ÷ 2) × 6% = 204.11 万元

建设期利息 = 第 1 年利息 + 第 2 年利息 + 第 3 年利息 = 30 + 121.8 + 204.11 = 355.91 万元

2）还款时利息计算

房地产投资项目贷款还款时的利息计算，应根据贷款资金的不同来源所要求的还款条件来确定。

（1）国内借款利息的估算

等额还本付息。等额还本付息中，还款期内借款人每期以相等的金额偿还贷款。各年偿还的本利和相等，但各年内支付的本金数不等、利息数也不等，偿还的本金部分将逐年增多，支付的利息部分将逐年减少。每年等额还本付息计算公式为：

$$A = I_c \frac{i(1+i)^n}{(1+i)^n - 1} \tag{6-5}$$

式中 A——每年的还本付息额；

I_c——借款本金或本息与初始经营资金借款本金之和；

i——年利率（实际利率）；

n——贷款方要求的借款偿还时间。

等额还本付息所使用的公式其实就是本书第二章所介绍的资金回收公式，这里的 I_c 不仅指借款本金（单利计算建设期利息的情况下），还指建设期利息与借款本金之和（复利计算建设期利息的情况下），内容更丰富。

【例6-2】 某房地产投资项目，向某银行借款2000万元，年利率为10.7%，要求按年等额还本付息。从借款当年起，15年还清本息。试计算每年还本付息额。

解：$A = I_c \dfrac{i(1+i)^n}{(1+i)^n - 1} = 2000 \times \dfrac{10.7\% \times (1+10.7\%)^{15}}{(1+10.7\%)^{15} - 1} = 273.54$ 万元

每年还本付息额为273.61万元。

等额还本、利息照付。等额还本、利息照付是指借款人在偿还期内每年归还相等的本金，同时还应付清本期内应付的利息。这种方式利息随着本金逐年偿还而减少，但各年之间的本金及利息之和不等。各年还本付息额的计算公式：

$$A_t = \frac{I_c}{n} + I_c \left(1 - \frac{t-1}{n}\right)i \tag{6-6}$$

式中 A_t——第 t 年还本付息额。

其中，每年借款利息的计算公式为：

$$每年借款利息 = 年初借款余额累计 \times 年利率 \tag{6-7}$$

因此，每年偿还本金的计算公式（含建设期未付利息）为：

$$每年偿还本金 = \frac{I_c}{n} \tag{6-8}$$

【例6-3】 对上述例6-2中所示项目的借款，若按等额还本、利息照付的方式还本付息，试计算每年还本付息额。

解：（1）依题条件，该项目的2000万元借款，应从借款当年起，15年内等本偿还。则每年的还本额为：

每年偿还本金额 = 2000 ÷ 15 ≈ 133.33 万元

（2）每年还本付息额则为：

以借款第4年还本付息额为例，将条件带入公式：

$$A_t = \frac{I_c}{n} + I_c \left(1 - \frac{t-1}{n}\right)i = \frac{2000}{15} + 2000 \times \left(1 - \frac{4-1}{15}\right) \times 10.7\% \approx 304.53$$ 万元

（2）国外借款利息的估算

国外借款利息在计算时与国内计算方法大体相同。不过，国外借款除支付银行利息外，还要另计管理费和承诺费等财务费用。为了简化计算，可采用适当提高利率的方法进行处理。

2. 还本付息的资金来源

根据国家现行财税制度的规定，归还建设投资借款的资金来源主要是项目建成后可用于借款偿还的利润、折旧费、摊销费用等；对预售或预租的项目，还款资金还可以是预售或预租收入。项目在建设期借入的全部建设投资贷款本金及其在建设期发生的借款利息，均构成项目总投资的贷款总额，在项目建设期结束后或贷款方要求的还款期开始，可由上述资金来源偿还。

（1）利润

用于归还借款的利润，一般应是可供分配的利润中弥补以前年度亏损、提取了盈余公积金、公益金以及向投资者分配利润后的未分配利润。

（2）折旧费

如果项目建设完毕后形成了一部分固定资产，在使用初期还无需更新，那么作为固定资产重置准备金性质的折旧基金，在被提取后暂时处于闲置状态。为了有效利用一切可能的资金来源以缩短还贷期限，可以利用部分新增折旧基金作为偿还贷款的来源之一，但以后应由未分配利润扣除归还贷款的余额垫回，以保证折旧基金从总体上不被挪用，在还清贷款后恢复其原有的经济属性。

（3）摊销费

无形资产和递延资产在一定期限内按现行财务制度分期摊销后的费用，其使用没有具体规定，具有"沉淀"性质，通常可以用来归还贷款。

（4）其他还款资金

其他还款资金主要包括预售（预租）收入、销售收入。房地产投资项目通常会有预售或预租的情况，所以，在开发经营期间可以用预售（租）收入作为还款的资金来源。预售收入一方面能解决资金来源问题，另一方面能解决还款来源问题，所以在实践中，很多开发商在条件允许的情况下都会选择预售。

3. 借款还本付息表的编制

房地产投资项目的借款还本付息表提供了项目的债务状况财务信息，描述了项目开发经营过程中债务本息的分布状况，为项目经营决策和财务决策、偿债能力分析提供了重要依据。但应注意，借款还本付息表只反映固定资产资金的借款（长期借款）本息，而没有反应流动资金借款（短期借款）本息。流动资金借款还本付息一般是每年利息照付、期末一次还本。换句话说，流动资金的利息列入了财务费用，而由于其本金在项目计算期末用回收的流动资金一次偿还，所以在此没有考虑流动资金借款偿还问题。

借款还本付息表主要反映每期借款、还款数额，计算每期利息数额，显示偿还贷款本息的资金来源及偿还期限，根据上述计算过程填列相关数据。具体形式见表6-12。

借款还本付息估算表　　　　单位：万元　**表6-12**

序　号	项　　目	合　　计	1	2	3	…	N
1	借款及还本付息						
1.1	期初借款本息累计						
	本金						
	利息						
1.2	本期借款						
1.3	本期应计利息						
1.4	本期还本						
1.5	本期付息						
2	借款偿还资金来源						
2.1	利润						
2.2	折旧费						
2.3	摊销费						
2.4	其他还款资金						

注：本表适用于独立法人的房地产开发项目（项目公司）。非独立法人的房地产开发项目可参照本表使用，同时应注意开发企业开发建设投资、经营资金、运营费用、所得税、债务等的合理分摊。

针对项目还本付息表，可进行如下分析：

（1）分析项目债务清偿能力；

（2）协助安排短期贷款；

（3）研究资金筹措方案的合理性。

6.3 房地产投资项目收入、税费估算

6.3.1 房地产投资项目收入的概念及估算

房地产投资项目收入是指房地产投资项目的经营收入，指向社会出售、出租房地产商品或自营时的货币收入，主要包括房地产产品的销售收入、租金收入、土地转让收入、配套设施销售收入（以上统称租售收入）和自营收入。

1. 租售收入的估算

（1）租售收入估算的公式

租售收入的一般估算公式为：

$$S = \sum_{n=1}^{m} \left[q_n \times p_n \times \left(\frac{P}{F}, i, n \right) \right] \tag{6-9}$$

式中　　　S——销售收入或出租的租金收入；

q_n——第 n 期的租售数量（面积或个数等）；

p_n——第 n 期的租售价格；

m——租售计算期；

$\left(\dfrac{P}{F}, i, n \right)$——复利现值系数（此处复利现值系数中的字母 F 表示第 n 期的租售收入，P 表示第 n 期租售收入的现值，i 表示当时的折现率或报酬率。）

（2）租售方案的确定

房地产投资项目应在项目策划方案的基础上，制定切实可行的出售、出租、自营等计划（以下简称租售方案）。租售方案应遵守政府有关房地产租售和经营的规定，并与投资者的投资策略相结合。租售方案一般应包括以下几个方面的内容：

1）项目出售、出租还是租售并举？出售面积和出租面积的比例是多少？整个项目中哪些用于出售、哪些用于出租、哪些用于自营？

2）可出售面积、可出租面积、自营面积和可分摊建筑面积及各自在建筑物中的位置；

3）出售和出租的时间进度安排和各时间段内租售面积数量的确定，并要考虑租售期内房地产市场可能发生的变化对租售数量的影响；

4）售价和租金水平的确定；

5）收款方式与收款计划的确定。确定收款方式应考虑房地产交易的付款习惯和惯例，以及分期付款的期数和各期付款的比例。

（3）租售价格的确定

房地产租售价格的确定是整个房地产投资决策分析的重要环节。房地产投资项目的财务分析是以租售价格的合理估算为前提的，一旦租售价格的估算出现偏差，那么财务分析所得出的项目经济效益也会发生敏感变化，有失真实性。因此，需要全面慎重地确定房地产租售价格。通常房地产开发企业给自己产品定的价格是介于低到没有利润的价格和高到

无人问津的价格之间，房地产开发商必须考虑竞争者的价格和其他内在和外在因素，在两个上下限价格之间找到最合适的价格。

租售价格应在房地产市场分析的基础上确定。在本书第二章资本定价模型的内容中，曾介绍资本资产定价方法大致分为成本导向定价法、市场比较定价法和需求导向定价法三类。在实际定价过程中这三类方法具体化为房地产开发产品的定价方法：

（1）成本导向定价法

成本导向定价法是以房地产开发产品的总成本费用为中心来制定价格的方法，包括成本加成定价法和目标定价法。

1）成本加成定价法。该方法是指开发商按照所开发物业的成本加上一定百分比的加成（即利润率）来制定房地产的销售价格，用公式表示为：

$$单价 ＝ 单位面积成本价 \times (1 ＋ 利润率) \tag{6-10}$$

其中开发项目全部成本包括开发成本和经营过程中的支出与税收，利润率则由房地产投资的风险和整个行业的平均利润率综合测算确定。成本加成定价法是最基本的定价方法。不过，这种方法忽视了当前的需求、购买者的预期价值以及竞争者的状况。

2）目标定价法。该方法是指根据房地产企业的总成本和计划的总销售量，再加上按投资收益率确定的目标利润额来定价的方法，用公式表示为

$$单价 ＝（总成本 ＋ 目标利润 ＋ 税金）/ 预计销售面积 \tag{6-11}$$

$$目标利润 ＝ 投资总额 \times (1 ＋ 投资收益率) \tag{6-12}$$

在上式中，投资收益率的确定是目标定价法的关键，其下限是同期银行存款利率，具体取值由企业根据具体情况而定。

目标利润定价法的优点是可以较好地帮助企业实现其投资回收计划；缺点是较难把握，尤其对总成本和销售量的预测要求较高，预测如果有偏差，则会使制定的售价不合理，直接影响企业销售目标的实现。

（2）需求（购买者）导向定价法

需求（购买者）导向定价法包括认知价值定价法和价值定价法。

1）认知价值定价法。该方法是指房地产商根据购买者对物业的认知价值来制定价格的一种方法。用这种方法定价的房地产商认为定价的关键是顾客对物业价值的认知，而与生产者或销售者的成本无多大关系。该方法利用市场营销组合中的非价格变量，在购买者心目中确立认知价值，并要求所制定的价格必须和顾客心中的认知价值相一致。如经过市场调查，分析人员发现顾客对本公司的商品房有着强烈的价值认知，即认为该公司的产品有一流的质量、一流的服务，此种状态下，分析人员在确定租售价格时，可以将该产品的价格定得高一些。

2）价值定价法。该方法是指确定的价格对于消费者来说，代表着"较低（相同）的价格，相同（更高）的质量"，也就是我们常说的"物美价廉"。价值定价法不仅是制定的产品价格比竞争对手低，而且是对公司整体经营的重新设计，塑造公司接近大众良好形象，同时也能使公司成为真正的低成本开发商，做到"薄利多销"或"中利多销"。

（3）市场比较（竞争导向）定价法

该方法是指房地产开发公司不是根据产品的成本或顾客感受来定价，而是根据在该市场上竞争者的价格来制定价格的方法。市场比较（竞争导向）定价法包括三种：领导定价

法、挑战定价法、随行就市定价法。

1）领导定价法。领导定价法是指由处于市场领导者地位的房地产开发商定价的方法。这种开发公司通常实力雄厚、声望极佳，是同类物业开发中的龙头老大，所以可以制定物业的较高价位，获取较高利润。具体方法是将本企业房地产商品的区位、质量、配套、套型、设计、建筑面积等与竞争对手相比较，分析造成差异的原因，判断竞争对手价格变化趋势，根据企业定价目标进行定价，始终抓住定价主动权。

2）挑战定价法。挑战定价法的定价比市场领导者的定价稍低或低得较多，但其所开发的物业在质量上与市场领导者相近。如果公司资金实力雄厚，具有向市场领导者挑战的实力，或其成本较低，则房地产商可以采用挑战定价法。虽然利润较低，但可以扩大市场份额、提高声望，争取成为市场领导者。

3）随行就市定价法。随行就市定价法是指开发商按照行业中同类物业的平均现行价格水平来定价。这种方法很大程度上是以竞争对手的价格为定价基础，不太注重自己产品的成本或需求。公司的定价与主要竞争者的价格一样，也可以稍高于或稍低于竞争对手的价格，主要是中价策略。通常采用市场比较法作为随行就市定价法中的具体操作手段。

《房地产开发项目经济评价方法》中规定：租售价格应根据房地产投资项目的特点确定，一般应选择在位置、规模、功能和档次等方面可比的交易实例，通过对其成交价格的分析与修正，最终得到房地产投资项目的租售价格，这个定价过程就是市场比较定价法的运用。

2. 转售收入的估算

所谓转售收入就是下一个房地产产权的所有者可能付出的价格，这个价格通常取决于下一个所有者将来的期望。估算未来的房地产转售收入是先通过目前市场的情况和其他投资环境情况预测转售时的市场情况，然后才能在预测未来市场状况的基础上估算未来某一时点房地产的转售价格或转售收入。

出租、第三产业自营项目、销售或第三产业混合经营项目，其房地产资产余值都要回收。其中，第三产业自营的房地产资产余值通过回收资产余值反映，出租产品在计算期末通过转售收入来反映。转售收入一般不能低于资产余值。

常用估算房地产转售价格和转售收入的方法有三种：货币数量估算法、百分率变化估算法及期末资本化率估算法。

（1）货币数量估算法

实践中，对转售价格作出的直接货币预测并不常见。如果一份购买合同中明确了特定的转售价格，且购买者在原房地产所有者租赁和自营房地产的持有期期末购买该房地产时，便可以使用货币数量估算的方法进行房地产转售价格的估算。

例如，假设某一处房地产在20年期末要进行转售。如果采用货币数量估算法估算其转售价格，就要先对该房地产在20～40年之间收到的现金流分析，然后计算20年中这些现金流的价值，最终估算出其转售价格。

这种分析方法可用于租赁的继承权无限制的房地产转售价格和转售收入的估算。

（2）百分率变化估算法

百分率变化估算就是假设持有期内价值变动的百分率，以此来估算转售收入的方法。可以用每年的或者总的变动来表示变动百分率，这样就可以很清楚地看到房地产价值随时间的变化而增加、减少或者不变的情况了。

【例 6-4】 某房地产的目前价值是 200 万元，（1）假设此房地产价值每年有 3% 的价值增长；（2）假设总共有 30% 的价值增长。试估算两种假设情况下该房地产 10 年后的价值。

解：（1）假设每年有 3% 的价值增长，则：

$$转售价格 = 200 \times (1 + 3\%)^{10} = 268.78 \ 万元$$

（2）假设总共有 30% 的价值增长，则：

$$转售价格 = 200 \times (1 + 30\%) = 260 \ 万元$$

值得说明的是，由于复利计算的原因，所以每年的增长率估算比用总增长率估算得到的数值大。

（3）期末资本化率估算法

期末资本化率估算法就是利用给定时间的净现金流量和选定的合适的资本化率来估算转售价格或转售收入的一种方法。其中给定时间的净现金流量一般就是通过预测得到的持有期末转售时的净现金流量；合适的资本化率就是预测的在转售房地产时的持有期末资本化率。在理论上，期末资本化率反映了房地产出售时预期的典型利率。当房地产出售给新的所有者时，由于存在与估算现金流量有关的额外不确定因素，有时需要使用稍高的比率。当然，这样做的原因还在于建筑物较旧，不会产生像持有期初那样的潜在收入。稍高的期末资本化率反映了估算转售收入时比较保守的思想，也可以说在期末资本化率中含有风险报酬。

期末资本化率估算法是估算房地产持有期末转售收入的最常用，也是最方便、有效的方法。其计算公式通常为：

$$P_t = A_t \left[\frac{(1+i)^{n-t} - 1}{i(1+i)^{n-t}} \right] \tag{6-13}$$

式中　P_t——持有期末，即第 t 年末转售时的转售收入或转售价格；

　　　A_t——第 t 年末转售时的净现金流量；

　　　i——第 t 年末转售时的资本化率。

当假设房地产的所有权或转售后未来收益权为无限年时，上述公式可以简化为：

$$P_t = \frac{A_t}{i} \tag{6-14}$$

【例 6-5】 某房地产持有人欲将其持有 10 年的房地产转售出去，该房地产的收入年限总共为 50 年。通过预测得到第 10 年末的净现金流量为 80 万元，假设第 10 年末时的报酬率为 8%，试估算该房地产转售时的转售价格。

解：已知 $n=50$ 年，$t=10$ 年，$A_t=80$ 万元，$i=8\%$。则：

$$P_t = A_t \left[\frac{(1+i)^{n-t} - 1}{i(1+i)^{n-t}} \right] = 80 \ 万元 \times \left[\frac{(1+8\%)^{50-10} - 1}{8\% \times (1+8\%)^{50-10}} \right] = 953.97 \ 万元$$

3. 自营收入的估算

自营收入是指开发企业以开发完成后的房地产为其进行商业和服务业等经营活动的载体，通过综合性的自营方式得到的收入。在计算中利用房地产进行自营的过程中所得的营业额（指酒店、度假村、写字楼、停车场等经营性房地产除客房、会议室、车位等租金收入外，其配套提供的餐饮、商务、娱乐以及交通等方面的非租金经营服务收入额），扣减营业成本等项目得出。

$$自营收入 = 营业额 - 营业成本 - 自营中的商业经营风险回报 \quad (6-15)$$

自营收入涉及方面多，收入种类差别大，具体估算起来很复杂。所以在进行自营收入估算时，应充分考虑目前已有的商业和服务业设施对房地产投资项目建成后产生的影响，以及未来商业、服务业市场可能发生的变化对房地产投资项目的影响。通常采用市场比较法进行估算，也就是选择一些有可比性的自营企业进行比较，最终计算出本自营企业未来的营业额。例如，对于度假村来说，在估算其营业额时，可以参照当地旅游统计年鉴上面的度假村营业额数字，在这个数据的基础上，根据本度假村的实际情况，估算出本度假村的自营营业额。也可以根据可比物业的营业额数字来估算。表6-13是一个自营度假村的毛利情况表，根据这个表就可以通过时间序列分析等方法估算出未来的自营收入总额。

某度假村毛利情况表　　　　单位：万元　**表6-13**

序 号	项 目	2010 年	2011 年	2012 年
1	客房	460.28	528.36	680.49
2	餐饮	198.26	248.47	300.14
3	娱乐	5.36	7.12	8.04
4	商店	5.99	7.36	8.95
5	其他	63.48	70.59	85.48
	合计	733.37	861.9	1083.1

值得注意的是，自营收入的估算和房地产估价的收益估算不同。房地产估价收益需要通过一定的方法，如回归模型等，将由房地产产生的收入从第三产业经营全部收入（全部生产要素，包括土地、房产、资本、劳动与管理等所产生的收入）中"剥离"出来，以体现房地产本身的收益能力，从而估算出房地产的价格。而自营收入的估算不需要"剥离"，只要可以估算出全部经营收入和全部经营成本就能得到相关财务指标。

自营收入与经营税金及附加估算表见表6-14。

自营收入与经营税金及附加估算表　　　　单位：万元　**表6-14**

序 号	项 目	合 计	1	2	3	…	N
1	自营收入						
1.1	商业						
1.2	服务业						
1.3	其他						
2	经营税金及附加						
2.1	营业税						
2.2	城市维护建设税						
2.3	教育费附加						
…							

6.3.2 房地产投资项目税费估算

税金是国家和地方政府依据法律对有纳税义务的单位和个人征收的财政资金。具有强制性、无偿性和固定性的特点。

目前，我国房地产开发企业纳税的主要税种如下：

1. 经营税金及附加

经营税金及附加是指在房地产销售、出租与自营过程中发生的税费，主要包括营业税、城市维护建设税、教育费附加（通常也叫两税一费）。

（1）营业税

从房地产投资者角度来说，营业税是从应纳税房地产销售或出租收入中征收的一种税。其纳税人是在我国境内提供应税劳务或者销售不动产的单位和个人。在房地产投资业务中，营业税征税税基包括房地产销售收入额、房地产出租收入额、房地产中介服务收入额。目前营业税的税率是5%，营业税税额的计算方法为：

$$营业税税额 = 应纳税销售（出租）收入 \times 营业税税率 \qquad (6-16)$$

（2）城市维护建设税

城市维护建设税（以下简称城建税）是为进一步扩大城市建设，提供城市维护和建设资金来源而对我国境内既享用城镇公用设施，又有经营收入的单位和个人征收的一种税。

城建税以缴纳增值税、消费税、营业税的单位和个人为纳税人。对外商投资企业和外国企业，暂不征收城建税。城建税以纳税人实际缴纳的增值税、消费税、营业税（简称"三税"，对于房地产投资，仅指营业税）税额为计税依据，一般实行的是地区差别利率。按照纳税人所在地的不同，纳税人所在地在城市市区的，税率为7%；在县城、建制镇的，税率为5%；在其他地区的，税率为1%。

（3）教育费附加

教育费附加是国家为发展教育事业、筹集教育经费而征收的一种附加费，其计费依据与城市建设维护税相同。凡缴纳增值税、消费税、营业税的单位和个人，均要缴纳教育费附加。一般税率为3%。外资企业通常免交。教育费附加的计算方法也与城市维护建设税相同，以营业税税额为基数乘以相应的费率计算。

（4）其他销售税费

一般包括印花税、交易手续费等。

印花税是对经济活动中书立领受各种凭证而征收的税种。房地产经济活动中书立设计、建筑施工承包合同、房产租赁合同、借款抵押合同、房地产转移合同、领受产权证书等，均要按规定缴纳印花税。

2. 土地使用税

土地使用税是房地产开发投资企业在开发经营过程中占用国有土地应缴纳的一种税。在城市、县城、建制镇、工矿区范围内使用土地的单位和个人作为土地使用税的纳税人，计税依据是纳税人实际占用的土地面积。采用分类分级的幅度定额税率，每平方米的年幅度税额按城市大小分四个档次：①大城市1.5～30元；②中等城市1.2～24元；③小城市0.9～18元；④县城、建制镇、工矿区0.6～12元。具体由各省、自治区、直辖市人民政府确定。

$$年应纳土地使用税额 = 应税土地面积（平方米） \times 定额税率 \qquad (6-17)$$

3. 房产税

房产税是投资者拥有房地产时应缴纳的一种财产税。对于出租的房产，以房产租金收入为计税依据。对于非出租的房产，以房产原值一次减除10%～30%后的余额为计税依据计算缴纳。房产税采用比例税率，按房产余值计征的，税率为1.2%；按房产租金收入计征的，税率为12%。

2010年，国务院同意发展改革委《关于2010年深化经济体制改革重点工作的意见》中的相关提议。该《意见》指出，出台资源税改革方案，逐步推进房产税改革。2011年1月27日，上海、重庆宣布次日开始试点新房产税，上海征收对象为本市居民新购房且属于第二套及以上住房和非本市居民新购房，税率暂定0.6%；重庆征收对象是独栋别墅高档公寓，以及无工作户口无投资人员所购二套房，税率为0.5%~1.2%。

4. 契税

契税是土地、房屋权属等不动产所有权发生转移变动时，对产权承受人征收的一种税。契税的税率为3%。

契税的计税依据为：

(1) 国有土地使用权出让、土地使用权出售、房屋买卖，为成交价格；

(2) 土地使用权赠予、房屋赠予，由征收机关参照土地使用权出售、房屋买卖的市场价格核定；

(3) 土地使用权交换、房屋交换，为所交换土地使用权、房屋的价格差额。成交价格明显低于市场价格并且无正当理由，或所交换土地使用权、房屋的价格的差额明显不合理并且无正当理由的，由征收机关参照市场价格核定。

2010年，财税〔2010〕94号《关于调整房地产交易环节契税、个人所得税优惠政策的通知》中对契税有了新的规定：对个人购买普通住房，且该住房属于家庭（成员范围包括购房人、配偶以及未成年子女，下同）唯一住房的，减半征收契税。对个人购买90平方米及以下普通住房，且该住房属于家庭唯一住房的，减按1%税率征收契税。

具体操作时，征收机关应查询纳税人契税纳税记录；无记录或有记录但有疑义的，根据纳税人的申请或授权，由房地产主管部门通过房屋登记信息系统查询纳税人家庭住房登记记录，并出具书面查询结果。如因当地暂不具备查询条件而不能提供家庭住房登记查询结果的，纳税人应向征收机关提交家庭住房实有套数书面诚信保证。诚信保证不实的，属于虚假纳税申报，按照《中华人民共和国税收征收管理法》的有关规定处理。个人购买的普通住房，凡不符合上述规定的，不得享受上述优惠政策。

具体操作办法由各省、自治区、直辖市财、税务、房地产主管部门共同制定。

各省、自治区、直辖市根据本地区特点，相应的制订了具体操作办法。例如，江苏省自2010年10月1日起，对个人购买90平方米及以下，且属于家庭（成员范围包括购房人、配偶以及未成年子女，下同）唯一住房的普通住宅，减按1%税率征收契税。对个人购买90平方米以上，144平方米以下，且属于家庭唯一住房的普通住宅，按1.5%税率征收契税；对个人购买不属于家庭唯一住房的，无论属于普通住宅还是非普通住宅，一律按江苏省原定3%税率征收契税。商品住房以房地产主管部门契约鉴证时间为准，存量住房以房地产主管部门契约登记受理时间为准。凡在2010年10月1日前已签订房屋买卖契约，但尚未在房地产主管部门办理契约鉴证或登记的，应在2010年10月20日前到房地产主管部门办理契约鉴证或登记手续，逾期按本通知规定执行。

5. 企业所得税

企业所得税是国家按照税法规定，对在中华人民共和国境内实行独立核算的房地产开发投资企业（除外商投资企业和外国企业）就其生产经营所得和其他所得征收的一种税。企业每一纳税年度的收入总额，减除不征税收入、免税收入、各项扣除以及允许弥补的以前年度亏损后的余额，为应纳税所得额。

$$应纳税所得额 = 利润总额 - 允许扣除项目的金额 \tag{6-18}$$

对开发企业而言，其利润总额主要是开发建设及经营期间租售收入。其经营成本即为总开发成本和经营成本。由于房地产开发项目的租售收入和成本投入是逐年实现的，其租售比例与投入的比例又不一定匹配（例如，第一年预售了50%，但成本费用只投入了40%；或第一年预售了10%，但成本已投入了25%），这给计算企业应纳税所得额带来了一定的困难。为了保证国家能及时得到有关税收，目前一些地方的做法通常是，将预计的总开发成本按年实际销售收入逐年扣除，使开发商只要有销售收入就要扣交所得税，而非按照整个项目的获利年度起征。在开发项目最终销售完毕的年度，再统一核算整个项目的所得税，并按核算结果结合项目开发过程中已交所得税情况多退少补。房地产投资的企业所得税税率一般为25%。

6. 土地增值税

土地增值税是对转让国有土地使用权、地上建筑物及其附着物并取得收入的单位和个人，就其转让房地产所取得的增值额为征税对象征收的一种税，其实质是对土地收益的课税。确认土地增值税征收的标准包括：转让的土地使用权是否国有、房地产的产权是否转让、转让后是否有收入。例如，房地产的出租、房地产的继承就不征收土地增值税。

计算土地增值税应纳税额，并不是直接对转让房地产所取得的收入征税，而是要对收入额减除国家规定的各项扣除项目金额后的余额计算征税。这个余额就是纳税人在转让房地产中获取的增值额。这里的增值额指的是纳税人转让房地产所取得的收入减去扣除项目金额后的余额。

纳税人转让房地产取得的收入，应包括转让房地产的全部价款及相关的经济效益。从收入形式上看，包括货币收入、实物收入和其他收入。我们在书中主要指的是货币收入，即纳税人转让房地产而取得的现金、银行存款、支票、银行本票、汇票等各种信用票据和国库券、金融债券、企业债券、股票等有价证券。

扣除项目包括：

（1）房地产开发成本，包括土地出让金及相应的手续费（或征用费）、拆迁补偿费、前期工程费、建筑安装工程费、基础设施建设费、公共配套设施费、开发间接费等。

（2）房地产开发费用，包括管理费用、销售费用和财务费用。但这三项费用在计算土地增值税时，并不按纳税人房地产开发项目实际发生的费用进行扣除。具体扣除时，要看财务费用中的利息支出是否能够按转让房地产投资项目计算分摊并提供金融机构的证明。

如果能够按转让房地产投资项目计算分摊并提供证明，则财务费用中的利息支出允许据实扣除，但最高不能超过按商业银行同期贷款利率计算的金额；而其他房地产开发费用则按上面第1项和第2项计算的金额之和的5%以内计算扣除。

如果不能按转让房地产投资项目计算分摊并提供证明，则整个房地产开发费用按上面第1项和第2项规定计算的金额之和的10%以内计算扣除。

（3）旧房或建筑物的评估价格。转让旧有房地产时，应按旧房或建筑物的评估价格计算扣除项目金额。

（4）转让房地产有关的税金，包括营业税、城市维护建设税、教育费附加、印花税等。

（5）财政部规定的其他扣除项目。对从事房地产开发的纳税人可按第 1 项加计 20％扣除。

土地增值税实行四级超率累进税率，从 30％～60％。

（1）增值额未超过扣除项目金额 50％（包括本比例数，下同）的部分，税率为 30％；

（2）增值额超过扣除项目金额 50％，但未超过扣除项目金额 100％的部分，税率为 40％；

（3）增值额超过扣除项目金额 100％，但未超过扣除项目金额 200％的部分，税率为 50％；

（4）增值额超过扣除项目金额 200％的部分，税率为 60％

为简化计算，应纳税额可按增值额乘以适用税率减去扣除项目金额乘以速算扣除系数的简便方法计算，具体见表 6-15。

土地增值税四级超额累进税率计算表　　　　　　　　　　　　　　表 6-15

级　数	土地增值额	税率％	速算扣除系数
1	增值额未超过扣除项目金额 50％的部分	30	0
2	增值额超过扣除项目金额 50％未超过 100％的	40	5％
3	增值额超过扣除项目金额 100％未超过 200％的	50	15％
4	增值额超过扣除项目金额 200％的部分	60	35％

土地增值税的免税规定，有下列情形之一的，免征土地增值税：

（1）纳税人建造普通标准住宅出售，增值额未超过扣除项目金额 20％的。普通住宅是指按所在地一般民用住宅标准建造的居住用房。纳税人建造普通住宅出售，其增值额未超过扣除项目金额之和 20％的，免征土地增值税；增值额超过扣除项目金额之和 20％的，用就其全部增值额按规定计税。如果纳税人既建造普通住宅又做房地产开发的，应分别核算增值额。

（2）因国家建设需要征用的房地产。因国家建设需要而被政府征用、收回的房地产，指因城市实施规划、国家建设的需要而被政府批准征用的房产或收回的土地使用权。

符合上述免税规定的单位和个人，需向房地产所在地的税务机关提出免税申请，经税务机关审核后，免征土地增值税。

综上，将土地增值税的计算过程列成表格，见表 6-16。

土地增值税计算过程　　　　　　　　　　　　　　表 6-16

序　号	项　目	计算基础
1	转让房地产总收入	详见销售收入表
2	扣除项目金额	2.1＋2.2＋2.3＋2.4＋2.5
2.1	取得土地使用权所支付的金额	地价款与相关手续费
2.2	开发成本	土地征用及拆迁费、前期工程费、建筑安装工程费、基础设施费、公共配套设施费、开发间接费等
2.3	开发费用	管理费用、销售费用、财务费用

续表

序　号	项　目	计算基础
2.4	与转让房地产有关的税金	营业税、城市维护建设税、教育费附加、印花税
2.5	财政部规定的其他扣除项目	(土地使用权金额＋开发成本)×20%
3	增值额	(1)－(2)
4	增值率	(3)÷(2)
5	适用增值税率	增值额50%以下部分：30% 增值额超过50%至100%部分：40% 增值额超过100%至200%部分：50% 增值额超过200%部分：60%
6	增值税	应纳税额＝土地增值额×适用税率

注：表中所列出的是土地增值税总额的计算过程，为简化计算，各年度的土地增值税可根据各年销售比例分摊。

【例6-6】 某纳税人转让房地产所取得的收入为500万元，其扣除项目金额（假设考虑了所有应扣除因素）为200万元，试计算其应纳土地增值税的税额是多少？

解：第一种计算方法（分步算法）：

(1) 计算增值额：

$$转让房地产取得的收入－扣除项目金额＝500－200＝300 万元$$

(2) 计算增值率：

$$增值率为增值额与扣除项目金额之比＝300÷200＝150\%$$

增值率超过100%至200%部分，分别适用30%、40%、50%三档税率。

(3) 计算各档土地增值税的税额：

1) 增值额未超过扣除项目金额50%的部分，适用30%的税率，税额为：

$$200×50\%×30\%＝30 万元$$

2) 增值额超过扣除项目金额50%但未超过100%的部分，适用40%的税率，税额为：

$$200×(100\%－50\%)×40\%＝40 万元$$

3) 增值额超过扣除项目金额100%但未超过200%的部分，适用50%的税率，税额为：

$$200×(150\%－100\%)×50\%＝50 万元$$

(4) 土地增值税总计：

$$30＋40＋50＝120 万元$$

第二种计算方法（速算公式法）

本项目的增值率为150%，介于100%～200%之间，适用于第3级速算公式，则：

$$土地增值税额＝土地增值额×50\%－扣除金额×15\%$$
$$＝300×50\%－200×15\%＝120 万元$$

【例6-7】 某房地产开发公司建设普通标准住宅出售得到收入40000万元，其扣除项目金额为35000万元，试计算其应纳土地增值税的税额。

解：(1) 计算增值额为：

$$40000－35000＝5000 万元$$

(2) 计算增值税与扣除金额之比：

$$5000 \div 35000 \approx 14.29\%$$

(3) 判断土地增值税适用税率：

增值税未超过扣除项目金额 20%，故该项目免征土地增值税。

本 章 小 结

基础数据是在市场分析过程中收集、整理和测算出来的，为下一步的财务分析工作提供的基本数据。这些数据的可靠程度直接影响财务分析的正确性，所以基础数据估算是一项十分重要的工作。

基础数据估算具体包括项目计算期内的总投资与总成本费用的估算、经营收入与税金及附加的估算、借款还本付息的估算等内容。总投资包括开发建设投资和经营资金。开发建设投资（总成本费用）包括土地费用、前期工程费、基础设施建设费、建筑安装工程费、公共配套设施建设费、开发间接费管理费用、财务费用、销售费用、开发期税费、其他费用和不可预见费等。经营收入包括销售收入、租金收入和自营收入。经营税金及附加是指在房地产销售、出租与自营过程中发生的税费，主要包括营业税、城市维护建设税、教育费附加以及土地增值税。

房地产投资项目的建设投资借款时利息的计算计在财务费用里，还款时的利息计算按还款方式不同而不同，具体有等额还本付息、等本还款利息照付和按实际能力偿还等形式。

在基础数据估算过程中，投资计划与资金筹措表、借款还本付息估算表这两个表中数据的计算和填列是重点和难点。

思 考 题

1. 房地产开发项目的总投资包括哪些内容？
2. 房地产开发项目的总成本费用包括哪些内容？
3. 房地产开发项目租售方案一般包括哪几方面的内容？
4. 如何确定房地产投资项目的租售价格？
5. 房地产投资项目经营收入包括几种？如何估算？
6. 房地产投资项目主要包括哪些税金？如何估算？
7. 房地产投资项目的资金来源渠道有哪些？

练 习 题

1. 某房地产投资项目，建设期为 4 年，分年均衡进行贷款，第一年贷款 1000 万元，以后各年贷款均为 500 万元，年贷款利率为 6%。建设期内利息只计息不支付，试计算该项目建设期贷款利息。

2. 某纳税人转让房地产所取得的收入为 400 万元，其扣除项目金额（假设考虑了所有应扣除因素）为 100 万元，试计算其应纳土地增值税的税额。

3. 某房地产持有人欲将其持有 8 年的房地产转售出去，该房地产的收入年限总共为 50 年。通过预测得到第 8 年末的净现金流量为 65 万元，假设第 8 年末时的报酬率为 5%，试估算该房地产转售时的转售价格。

4. 某房地产投资项目，借款 3500 万元，年利率为 11.5%，要求按年等额还本付息。从借款当年起，20 年还清本息。试计算每年还本付息额。

7 房地产投资财务分析

【学习要点】 通过本章学习，了解房地产投资财务分析的原理与作用；熟悉房地产投资财务分析的方法与程序、基本财务报表与指标体系；掌握反映项目盈利能力指标的评价方法、反映项目清偿能力指标的评价方法。

7.1 房地产投资财务分析概述

7.1.1 房地产投资财务分析的原理与作用

房地产投资财务分析就是根据国民经济与社会发展以及行业、地区发展规划的要求，在拟定的房地产投资项目建设方案、财务效益与费用估算的基础上，对房地产投资项目的盈利能力、清偿能力和资金平衡情况所进行的分析，据此评价和判断房地产投资项目的财务可行性和经济合理性，为项目科学决策提供依据。

（1）财务盈利能力分析。项目的盈利能力分析是指分析和测算房地产投资项目计算期的盈利能力和盈利水平。其主要分析指标包括项目投资财务内部收益率和财务净现值、项目资金财务内部收益率、投资回收期、投资利润率和项目资本金净利润率等，可根据项目的特点及财务分析的目的和要求等选用。

（2）清偿能力分析。投资项目的资金构成一般可分为借入资金和自有资金，自有资金可长期使用，而借入资金必须按期偿还。项目的投资者主要关心项目清偿能力，借入资金的所有者——债权人则关心贷出资金能否按期收回本息。项目清偿能力分析可在编制项目借款还本付息表的基础上进行。

（3）资金平衡情况分析。资金平衡主要是指投资项目的各期盈余资金不应出现负值，它是投资开发经营的必要条件。这种衡量是通过资金来源与运用表进行的。

1. 财务分析的原理

房地产投资财务分析的原理主要有资金时间价值原理和财务会计分析原理，其中核心的是资金时间价值原理，此原理已经在本书第二章进行了系统介绍，此处不再赘述。财务会计分析原理主要依据基本财务报表中所填列的内容，计算出财务分析指标，并根据各指标的取值标准对项目的财务可行性进行判断。其原理如图 7-1 所示。

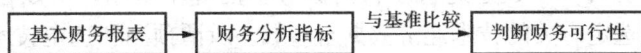

图 7-1　房地产投资财务会计分析原理示意图

2. 财务分析的作用

房地产投资财务分析在房地产投资决策分析中起着重要的作用。

（1）财务分析是评价项目财务状况的重要依据。通过财务分析，可以了解项目的现金流量状况、营运能力、盈利能力、清偿能力，有利于投资者及相关人员客观评价财务状况。

（2）财务分析是为债权人、投资者提供正确信息以实施决策的工具。投资者可以通过财务分析，了解项目获利和清偿能力，预测投资后的风险程度及收益水平，从而做出正确决策。

（3）财务分析是搞好项目管理的基础。通过分析项目的资金筹措、贷款清偿，可以预测项目的投资可靠性、贷款偿还能力，为控制投资规模、实行项目招投标等提供参考依据，帮助投资者在项目建设期内合理分配资源。

7.1.2 房地产投资财务分析的方法与程序

1. 财务分析的方法

房地产投资财务分析的基本方法有以下几种：

（1）定量分析法与定性分析法相结合。房地产投资项目的财务分析过程，是通过对项目设计、建设、运营等过程中的现金流量进行计算和分析，得到反映项目一系列投资水平的指标数值，再对这些指标数值进行分析和判断，因此房地产投资财务分析是建立在定量分析的基础之上的，需要通过各种数学模型对数量进行分析，从而得出结论。同时，由于房地产投资过程非常复杂，外部影响因素也很多，这些因素有时不能被量化，这就需要准确的、较为客观的进行定性分析，结合定量分析的方法最终得出准确的结论。

（2）动态分析法与静态分析法相结合。在进行财务分析的过程中，有时不考虑资金的时间价值，直接将指标的数值进行加减运算，这就是静态分析法。然而，资金是随着时间的推移发生增值的，在计算和分析中必须考虑资金的时间价值，在寿命期内进行资金时间价值的换算，即将不同时点上的资金折算到某一特定时点，进行资金的加减运算，这种分析法被称为动态分析。在财务分析的过程中以动态分析为主，辅之以静态分析。

（3）预测分析法与统计分析法相结合。房地产投资项目财务分析，是基于对未来一系列现金流量预测的基础上，所分析的是未来市场状况下、生产条件下项目的盈利能力、清偿能力、资金平衡情况，因此对项目一系列指标进行的计算，均需要预测。同时，对现有资料的调查、整理和分析，即统计分析，是进行预测分析的基础，在财务分析中二者必须紧密地结合起来。

2. 财务分析的程序

（1）熟悉房地产投资项目的基本情况

熟悉房地产投资项目的基本情况，包括投资目的、意义、要求、建设条件和投资环境，做好市场调研和预测以及项目技术水平研究和设计方案。

（2）收集、整理和计算有关技术经济数据资料与参数

技术经济数据资料与参数是进行项目财务分析的基本依据，所以在进行财务分析之前，必须先预测和选定有关的技术经济数据与参数。所谓预测和选定技术经济数据与参数就是收集、估计、预测和选定一系列技术经济数据与参数，主要包括：项目总投资、资金筹措方案、成本费用、租售收入、税金等。

（3）编制基本财务报表

根据财务预测数据分别编制反映项目盈利能力、清偿能力等的财务报表，财务分析所

需财务报表包括：现金流量表（包括全部投资现金流量表、资本金现金流量表、投资者各方现金流量表）、利润与利润分配表、资金来源与运用表、资产负债表等。

(4) 计算与分析财务分析指标

根据基本财务报表计算各财务分析指标（又称为经济效果评价指标），财务分析指标包括反映项目盈利能力和项目清偿能力的指标。

(5) 提出财务分析结论

将计算出的有关指标值与国家有关基准值进行比较，或与经验标准、历史标准、目标标准等加以比较，然后从财务的角度提出项目是否可行的结论。

(6) 进行不确定性分析

不确定性分析包括盈亏平衡分析和敏感性分析两种方法，主要分析项目适应市场变化的能力和抗风险的能力。

7.1.3　房地产投资财务分析的指标体系

财务分析的指标体系是最终反映项目财务可行性的数据体系。由于投资项目投资目标具有多样性，财务分析的指标体系也不是唯一的，根据不同的评价深度和可获得资料的多少以及项目本身所处条件的不同可选用不同的指标，这些指标可以从不同层次、不同侧面来反映项目的经济效果。

房地产投资项目财务分析指标体系根据不同的标准，可以作不同的分类形式，包括以下几种：

(1) 根据是否考虑资金时间价值、进行贴现运算，可将常用方法与指标分为两类：静态分析方法与指标和动态分析方法与指标。前者不考虑资金时间价值、不进行贴现运算，后者则考虑资金时间价值、进行贴现运算（图 7-2）。

(2) 按照指标的经济性质，可以分为时间性指标、价值性指标、比率性指标（图 7-3）。

(3) 按照指标所反映的评价内容，可以分为盈利能力分析指标和偿债能力分析指标（图 7-4）。

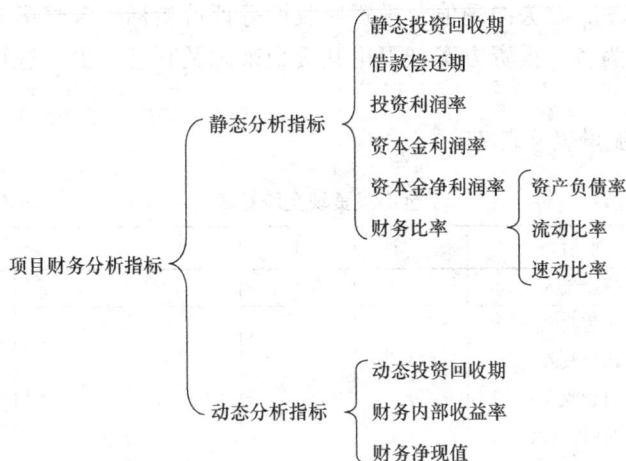

图 7-2　财务分析指标体系一

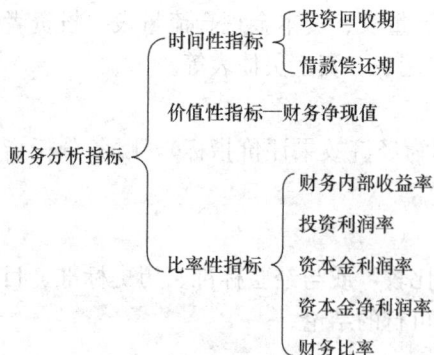

图 7-3　财务分析指标体系二　　　　　　　　图 7-4　财务分析指标体系三

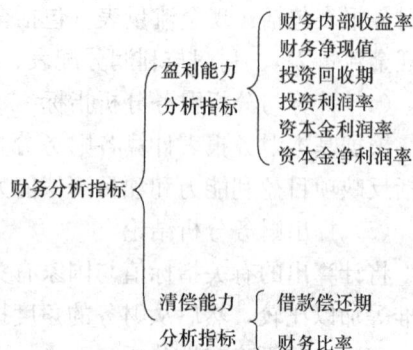

7.2　财务分析报表的编制与分析

7.2.1　现金流量表

现金流量表反映房地产投资项目开发经营期的现金流入和现金流出，按期编制，用以计算各项经济效果评价指标，进行房地产投资项目财务盈利能力分析。

1. 现金流量

如本书第二章内容所述，现金流量是现金流入量与现金流出量的统称，又叫现金流动。它将一个项目作为一个独立系统，反映项目在开发经营期内实际发生的现金流入和现金流出活动情况及其流动数量。项目的现金流出量是指在某一时间内发生的能够导致现金存储量减少的现金流动，简称现金流出；现金流入是指能够导致现金存储量增加的现金流动，简称现金流入。

2. 全部投资现金流量表

全部投资现金流量表不分投资资金来源，以全部投资作为计算基础，用以计算全部投资财务内部收益率、财务净现值及投资回收期等评价指标，考察房地产投资项目全部投资的盈利能力，为各个投资方案（不论其资金来源及利息多少）进行比较建立共同的基础。

全部投资现金流量表见表 7-1。

全部投资现金流量表　　　　　　　　　单位：万元　**表 7-1**

序　号	项　　目	合　计	1	2	3	…	n
1	现金流入						
1.1	销售收入						
1.2	出租收入						
1.3	自营收入						
1.4	净转售收入						
1.5	其他收入						
1.6	回收固定资产余值						

序　号	项　目	合　计	1	2	3	…	n
1.7	回收经营资金						
2	现金流出						
2.1	开发建设投资						
2.2	经营资金						
2.3	运营费用						
2.4	修理费用						
2.5	经营税金及附加						
2.6	土地增值税						
2.7	所得税						
3	净现金流量						
4	累计净现金流量						

注：1. 本表适用于独立法人的房地产开发项目（项目公司）。非独立法人的房地产开发项目可参照本表使用，同时应注意开发企业开发建设投资、经营资金、运营费用、所得税和债务等的合理分摊；

2. 开发建设投资中应注意不含财务费用；

3. 在运营费用中应扣除财务费用、折旧费和摊销费。

对房地产投资项目而言，其经营成本已包含在项目的投资与成本费用之内，故不再单独列出作为现金流出的项目。由于全部投资现金流量假定拟投资项目所需的全部投资（包括建设资金和经营资金）均为投资者的自有资金，因此全部投资中不包含建设期利息，同时也不考虑全部投资的本金和利息的偿还问题。

表中各栏的填写方法：

（1）销售（出租或自营）收入。销售（出租或自营）收入是指企业销售产品或出租产品或进行经营活动所产生的收入，根据产品销售（营业）收入和销售税金及附加估算表的数据填列。

（2）净转售收入。以出租和自营为主的房地产投资项目，在持有期末处分房地产时会发生"净转售收入"，而在以出售为主的房地产投资项目中则不发生此项目。

（3）回收固定资产余值。固定资产余值即固定资产残值，根据折旧摊销估算表填列在项目开发经营期（计算期）的最后一年。以出售为主的房地产投资项目不存在该项，所以不必填列。

（4）回收经营资金。全部经营资金在计算期末收回，填列在项目计算期最后一年。以出售为主的房地产投资项目，其经营资金已包含在项目的投资与成本费用中，所以该项目在现金流出项目中不必填列，对应的，在现金流入项目中也不必填列"回收经营资金"。

（5）开发建设投资。开发建设投资应按照投资计划与资金筹措表填列在项目建设期各年。

（6）经营资金。按投资计划与资金筹措表中的相关数据填列。

（7）运营费用。根据总成本费用表的数据填列。

（8）经营税金及附加。按销售收入和经营税金及附加估算表的相关数据填列。

（9）净现金流量。净现金流量是项目当年现金流入与现金流出的代数和。根据需要，可以计算税前净现金流量和税后净现金流量。

（10）所得税。按照现行所得税率计算出的各年所得税见利润与利润分配表中的相关数据，该项数据逐年填列。

3. 资本金（自有资金）现金流量表

资本金（自有资金）现金流量表从投资者整体的角度出发，以投资者的出资额作为计算基础，把借款本金偿还和利息支付视为现金流出，用以计算资本金财务内部收益率、财务净现值等评价指标，考察项目资本金的盈利能力。

资本金（自有资金）现金流量表见表7-2。

项目资本金现金流量表
单位：万元 表7-2

序号	项目	合计	1	2	3	…	n
1	现金流入						
1.1	销售收入						
1.2	出租收入						
1.3	自营收入						
1.4	净转售收入						
1.5	其他收入						
1.6	长期借款						
1.7	短期借款						
1.8	回收固定资产余值						
1.9	回收经营资金						
2	现金流出						
2.1	开发建设投资						
2.2	经营资金						
2.3	运营费用						
2.4	修理费用						
2.5	经营税金及附加						
2.6	土地增值税						
2.7	所得税						
2.8	借款本金偿还						
2.9	借款利息支付						
3	净现金流量						
4	累计净现金流量						

注：本表适用于独立法人的房地产开发项目（项目公司）。非独立法人的房地产开发项目可参照本表使用，同时应注重开发企业开发建设投资、经营资金、运营费用、所得税和债务等的合理分摊。

资本金现金流量表主要考察自有资金的盈利能力和向外部借款对项目的有利程度。在对拟建项目进行投资分析时，要分别对两种现金流量表进行审查和分析，并根据分析人员所估算的基础数据编制这两种现金流量表，并计算相应的财务分析指标。

（1）全部投资现金流量表和资本金现金流量表的区别

资本金（自有资金）现金流量表的形式与全部投资的现金流量表基本相同，区别在于：①由于在资本金现金流量表中假定了全部投资中除资本金以外的投资都是通过借贷（包括其他融资方式）来解决的，所以在资本金现金流量表中现金流出项目包括了"借款本金偿还"和"借款利息支付"两个项目，要逐年填列各类借款本金及利息支付之和。其中，流动资金借款本金偿还和利息支付根据借款本金偿还依次填列在计算期最后一年的"借款本金偿还"一栏；长期借款本金偿还和利息支付根据借款还本付息表计算结果填列；经营资金（流动资金）利息根据各年流动资金借款按年计息；②在资本金现金流量表中，房地产开发项目的银行借款是现金流入，但又同时将借款用于项目投资，则同时点、等额的流入和流出，两者相互抵消，因而只有自有资金（即资本金）；③在现金流出栏目中，资本金现金流量表可能发生"预售收入再投入"项目（如果项目有预售收入再投入），而全部投资现金流量表中却可能没有这一项；④资本金现金流量表中，土地增值税与所得税的计算基数中含财务费用。而全部投资现金流量表中，虽然全部投资中不含财务费用，但在表中所列的其他项目中仍保留有财务费用的影响。当利息增大时，应纳税所得额减少，故土地增值税和所得税减少，从而增大了全部投资税后内部收益率。

（2）房地产投资项目往往有开发后出售项目、开发后出租项目和置业投资项目的区分

开发后出售项目是指开发完成后用于出售的房地产投资项目，最大特点是能够在较短时间内回收资金。开发出售型项目的现金流量表中没有"回收经营资金"项目，运营费用和修理费用也很少发生，所以不填，也不存在固定资产余值的回收。

以出租（开发后出租项目）和自营（置业投资项目）为主的房地产投资项目会经历一个较长的经营期，其资金是逐步回收的。在填列现金流量表时，也会有一些项目与出售项目不同，在持有期末可能会发生"净转售收入"。

（3）关于项目的计算期

项目的计算期（项目周期、开发经营期）在本书第一章有详尽的论述。房地产开发出售型项目一般只有建设期，所谓的经营期也是很短的销售期间；而置业投资项目不存在建设期，一般只有经营期。由于预售和预租情况的存在，这类开发项目的建设期和经营期无法截然分开，一般统称为"开发经营期"。

开发出售型的项目的计算期是指从建设开始时起到全部售出时为止所经历的时间；开发出租型的项目的计算期是指从建设开始时起到项目转售或经济寿命结束所经历的时间；置业投资项目的计算期是指从购入项目开始到转售或经济寿命结束所经历的时间。

4. 投资者各方现金流量表

投资者各方现金流量表以投资者各方的出资额作为计算基础，用以计算投资者各方的财务内部收益率、财务净现值等反映投入资本盈利能力的财务分析指标。

投资者各方现金流量表见表7-3。

投资者各方现金流量表　　　　　　　　　　　　　　　单位：万元　**表7-3**

序　号	项　目	合　计	1	2	3	...	n
1	现金流入						
1.1	应得利润						
1.2	资产清理分配						
(1)	回收固定资产余值						
(2)	回收经营资金						
(3)	净转售收入						
(4)	其他收入						

序　号	项　目	合　计	1	2	3	…	n
2	现金流出						
2.1	开发建设投资出资额						
2.2	经营资金出资额						
2.3	借款利息支付						
3	净现金流量						
4	累计净现金流量						

投资者各方现金流量表是项目拥有众多投资者时，每个投资者的投资效益指标，借此为投资者决策提供参考意见。

7.2.2　资金来源与运用表

1. 资金来源与运用表的含义

资金来源与运用表反映房地产投资项目开发经营期各期的资金盈余或短缺情况，用于选择资金筹措方案，制定适宜的借款及偿还计划。它为项目资产负债表的编制及资金平衡分析提供重要的财务信息。

资金来源与运用表见表 7-4。

资金来源与运用表　　　　　　　单位：万元　**表 7-4**

序　号	项　目	合　计	1	2	3	…	n
1	资金来源						
1.1	销售收入						
1.2	出租收入						
1.3	自营收入						
1.4	自有资金						
1.5	长期借款						
1.6	短期借款						
1.7	回收固定资产余值						
1.8	回收经营资金						
1.9	净转售收入						
2	资金运用						
2.1	开发建设投资						
2.2	经营资金						
2.3	运营费用						
2.4	修理费用						
2.5	经营税金及附加						
2.6	土地增值税						
2.7	所得税						
2.8	应付利润						
2.9	借款本金偿还						
2.10	借款利息支付						
3	盈余资金						
4	累计盈余资金						

注：本表适用于独立法人的房地产开发项目（项目公司）。非独立法人的房地产开发项目可参照本表使用，同时应注意开发企业开发建设投资、经营资金、运营费用、所得税和债务等的合理分摊。

资金来源与运用表与现金流量表有本质的不同。资金来源与运用表是从项目的资金平衡角度出发的，现金流量表则是从投资角度出发的。在资金来源与运用表中把用于项目的全部资金来源都看作是现金流入，包括借款和资本金投资，而在资本金现金流量表中把资本投入看作是现金流出。还有应付利润，对投资者来说是一笔确定的所得，但对项目来说是一笔流出，如果利润分配太多，有可能使项目的资金周转出现问题。

2. 资金来源与运用表的填列方法

资金来源与运用表各项的填列方法如下：

（1）销售收入、出租收入、自营收入按销售（出租、自营）收入和经营税金及附加估算表中的数据分别填列。

（2）长期借款、短期借款、自有资金等根据投资计划与资金筹措表填列，在建设期，长期借款利息应计入建设期利息，否则项目资金不能平衡。短期借款主要是指为解决项目暂时的资金短缺而使用的借款，其利息计入财务费用，本金在下一年度偿还。

（3）回收固定资产余值、回收经营资金根据现金流量表数据填列，都在计算期末回收。以出售为主的房地产投资项目不存在该项，不必填列。

（4）净转售收入。以出租和自营为主的房地产投资项目，在持有期末会发生"净转售收入"，而在以出售为主的房地产投资项目中并不会发生，因此也无须填列。

（5）开发建设投资、经营资金根据投资计划与资金筹措表填列。

（6）运营费用（不含折旧费）、修理费用、经营税金及附加、土地增值税、所得税、应付利润数据取自利润与利润分配表。

（7）所得税。从开发期第一年起至计算期末逐年填列。各年所得税在利润表中估算。

（8）长期借款本金偿还根据自由自有资金现金流量表中"借款本金偿还"所包含的各年固定资产投资借款本金偿还额填列。经营资金借款本金偿还依次填列在计算期最后一年；短期借款本金偿还额为上年度短期借款额。

（9）盈余资金等于资金来源减去资金运用，逐年填列。

（10）累计盈余资金各期数额为当期及以前各期盈余资金之和，从有盈余资金的年份起逐年累积填列。

3. 资金平衡分析

资金平衡分析主要考察房地产投资项目开发经营期内的资金平衡状况，一般通过资金来源与运用表进行。资金来源与运用表中的盈余资金表示当年资金来源（现金流入）多于资金运用（现金流出）的数额。当盈余资金为负值时，表示该年的资金短缺数。作为资金的平衡，并不要求每年的盈余资金不出现负值，而要求从投资开始至各年累计的盈余资金大于零或等于零。这就要求投资项目在实施过程中任何时刻都有够用的资金，否则，项目将无法进行下去。当某一时点累积盈余资金出现负值时，要在此之前增加借款，或增加自有资金投入，或延缓、减少利润分配，或设法与债务人协商延缓还款时间。当所有这些措施都无效时，即使是投资盈利性很好的项目，也要重新考虑投资项目的可行性，缩小投资规模、改善投资方案，有时甚至要考虑放弃该项目，另外找寻投资机会。

通过以下两个方面可具体判断项目的资金平衡情况：

（1）拥有足够的资金来源是财务可持续的基本条件，特别是在运营初期。一个项目具有较大的资金来源，说明项目方案比较合理，实现自身资金平衡的可能性大，不会过分依赖融资来维持运营；反之，一个项目不能产生足够的资金来源，或资金来源为负值，说明维持项目正常运行会遇到财务上的困难，项目方案缺乏合理性，实现自身资金平衡的可能性小，有可能要靠短期融资来维持运营；或者是非经营项目本身无能力实现自身资金平衡，提示要靠政府补贴。

（2）各年累计盈余资金不出现负值是财务生存的必要条件。在整个运营期间，允许个别年份的净现金流量出现负值，但不能容许任一年份的累计盈余资金出现负值。一旦出现负值时应适时进行短期融资，该短期融资应体现在财务计划现金流量表中，同时短期融资的利息也应纳入成本费用和其后的计算。较大的活动较频繁的短期融资，有可能导致以后的累计盈余资金无法实现正值，致使项目难以持续经营。有不少的房地产投资项目，预期的盈利能力很高，但这类项目往往占用资金较多，投资回收的周期较长，一旦出现资金短缺，就不得不降价转让或低价销售，使投资的盈利水平大打折扣，甚至出现破产清算的局面。因此，资金平衡分析对房地产投资项目尤为重要。

资金来源与运用表区别不同的房地产投资项目，还分别有出售项目资金来源与运用表、出租或自营项目资金来源与运用表两种形式。分别见表7-5、表7-6。

出售项目资金来源与运用表　　　　单位：万元　**表 7-5**

序 号	项 目	合 计	1	2	3	…	n
1	资金来源						
1.1	销售收入						
1.2	自有资金						
1.3	长期借款						
1.4	短期借款						
2	资金运用						
2.1	开发建设投资						
2.2	经营税金及附加						
2.3	土地增值税						
2.4	所得税						
2.5	应付利润						
2.6	借款本金偿还						
2.7	借款利息支付						
3	盈余资金（1-2）						
4	累计盈余资金						

出租或自营项目资金来源与运用表　　　　单位：万元　**表 7-6**

序 号	项 目	合 计	1	2	3	…	n
1	资金来源						
1.1	出租（自营）收入						
1.2	自有资金						
1.3	折旧摊销费						
1.4	长期借款						
1.5	短期借款						

序　号	项目	合　计	1	2	3	…	n
1.6	回收固定资产余值						
1.7	回收经营资金						
1.8	净转售收入						
2	资金运用						
2.1	开发建设投资						
2.2	经营资金						
2.3	运营费用						
2.4	修理费用						
2.5	经营税金及附加						
2.6	土地增值税						
2.7	所得税						
2.8	应付利润						
2.9	借款本金偿还						
2.10	借款利息支付						
3	盈余资金（1-2）						
4	累计盈余资金						

出售项目资金来源与运用表，因经营方式不同，在资金来源上不包含"出租收入"、"自营收入"项目，因为不持有房地产，也就没有"回收固定资产余值"、"回收经营资金"项目；在资金运用上，也不包含"运营费用"和"修理费用"。其他各项的填列方法与表7-4中的同类项目填列方法相同。

同理，出租或自营项目资金来源与运用表在资金来源上不包括"销售收入"项目，但含"回收固定资产余值"、"回收经营资金"项目；在资金运用上，也包含"运营费用"和"修理费用"项目。

7.2.3 利润与利润分配表

1. 利润与利润分配表的内容与填列方法

利润与利润分配表是反映房地产投资项目开发经营期内各年的利润总额、所得税及各年税后利润的分配等情况的财务报表。通过该表提供的投资项目经济效益静态分析的信息资料，可以计算投资利润率、资本金利润率、资本金净利润率等指标。

利润与利润分配表见表7-7。

利润与利润分配表　　　　　　　　单位：万元　**表7-7**

序　号	项目	合　计	1	2	3	…	n
1	经营收入						
1.1	销售收入						
1.2	出租收入						
1.3	自营收入						
2	经营成本						

序　号	项　目	合　计	1	2	3	…	n
2.1	商品房经营成本						
2.2	出租房经营成本						
3	运营费用						
4	修理费用						
5	经营税金及附加						
6	土地增值税						
7	利润总额						
8	所得税						
9	税后利润						
9.1	盈余公积金						
9.2	应付利润						
9.3	未分配利润						

注：本表适用于独立法人的房地产开发项目（项目公司）。非独立法人的房地产开发项目可参照本表使用，同时应注意开发企业开发建设投资、经营资金、运营费用、所得税和债务等的合理分摊。

利润与利润分配表中的各个项目，都是根据有关表格分别填列的。

（1）经营收入。经营收入中的"销售收入"应根据"销售收入与经营税金及附加估算表"填列；"出租收入"应根据"出租收入与经营税金及附加估算表"填列；"自营收入"应根据"自营收入与经营税金及附加估算表"填列。

（2）经营成本。这里的经营成本是不包括财务费用的，财务费用需要在资金平衡计算过程中每期确定。同时，在利润与利润分配表中的经营成本属于回收投资，它是资金平衡分析中的重要资金来源。经营成本应根据"项目总投资估算表"、"总成本费用估算表"等报表填列。

（3）运营费用。这里的运营费用也不包括财务费用。运营费用应根据"总成本费用估算表"等报表填列。

（4）修理费用。修理费用通常放在运营费用中的经营间接费中，所以可不设本项。短期出租产品的修理费用可以直接计入管理费用，长期出租产品可视为第三产业经营。

（5）经营税金及附加。经营税金及附加应根据"销售收入与经营税金及附加估算表"、"出租收入与经营税金及附加估算表"、"自营收入与经营税金及附加估算表"分别填列。

（6）土地增值税。土地增值税可以根据不同产品的"土地增值税计算表"分别填列，然后加总。

（7）利润总额。利润总额等于产品经营收入减去经营成本、运营费用、修理费用、经营税金及附加以及土地增值税后的余额。在大多数情况下，利润总额并不等于应纳税所得额，必须先根据国家规定把利润总额调整为应纳税所得额，再计算企业所得税。对利润总额主要调整两个方面：一是对有些投资分利，在一定时期内要减免所得税；二是可以用所得税前利润弥补以前5个年度的亏损。一旦企业发生亏损，扣除亏损额后的利润余额才交所得税。

（8）所得税。目前，企业所得税的税率为25%。具体计算公式为：应纳所得税额＝应纳税所得额×税率－减免和抵免的税额

应纳税所得额＝收入总额－准予扣除项目金额－允许弥补的以前年度亏损。

（9）税后利润。企业的利润总额减去应交所得税后的差额为企业的净利润，又称税后利润。税后利润按法定盈余公积金、公益金、应付利润及未分配利润等进行分配。

（10）盈余公积金。如果企业的利润不足以弥补发生的亏损，企业就可以用可供分配利润进行弥补，然后对扣除弥补亏损的可供分配利润提取10%的盈余公积金，盈余公积金已经达到注册资本的50%时可不再提取。

（11）应付利润。应付利润反映企业应付给投资者或其他单位和个人的利润。

（12）未分配利润。未分配利润反映经以上分配后，企业年终未分配的利润。

2. 利润总额的计算

利润是企业一定时期内生产经营活动产生的收支相抵后的差额，反映企业的经营效果。利润总额一般表现为一个生产经营年份（计算期年度）所获得的各项收入减去成本费用和税金后的余额。

利润总额的计算公式如下：

$$利润总额＝经营收入－经营成本－管理费用－销售费用$$
$$－财务费用－经营税金及附加－土地增值税 \tag{7-1}$$
$$经营收入＝销售收入＋租金收入＋自营收入 \tag{7-2}$$
$$销售收入＝土地转让收入＋商品房销售收入＋配套设施销售收入 \tag{7-3}$$
$$租金收入＝出租房租金收入＋出租土地租金收入 \tag{7-4}$$
$$经营税金及附加＝营业税＋城市维护建设税＋教育费附加 \tag{7-5}$$
$$经营成本＝土地转让成本＋商品房销售成本＋配套设施销售成本$$
$$＋出租房经营成本 \tag{7-6}$$

房地产投资项目按照经营方式的不同，可以分别编制利润与利润分配表。出售项目利润与利润分配表和出租（自营）项目利润与利润分配表见表7-8和表7-9。

出售项目利润与利润分配表　　　　单位：万元　**表 7-8**

序　号	项　目	合　计	1	2	3	…	n
1	销售收入						
2	总成本费用						
3	经营税金及附加						
4	土地增值税						
5	利润总额						
6	所得税						
7	税后利润						
7.1	盈余公积金						
7.2	应付利润						
7.3	未分配利润						

出租（自营）项目利润与利润分配表　　　单位：万元　**表 7-9**

序　号	项　目	合　计	1	2	3	…	n
1	出租（自营）收入						
2	经营成本						
3	运营费用（经营费用）						
4	经营税金及附加						
5	利润总额						
6	所得税						
7	税后利润						
7.1	盈余公积金						
7.2	应付利润						
7.3	未分配利润						

　　出售项目利润与利润分配表，直接计算销售收入，核减总成本费用、经营税金及附加、土地增值税后得到利润总额。出租（自营）项目利润与利润分配表的填列方法与上述表格相同。

7.2.4　资产负债表

　　1. 资产负债表的内容与填列方法

　　资产负债表是指综合反映项目开发经营期各年年末资产、负债和所有者权益的增减变化以及对应关系的一种报表。通过计算资产负债率、流动比率、速动比率等指标来分析项目的清偿能力。

　　资产负债表见表 7-10。

资产负债表　　　单位：万元　**表 7-10**

序　号	项　目	合　计	1	2	3	…	n
1	资产						
1.1	流动资金						
1.1.1	应收账款						
1.1.2	存货						
1.1.3	现金						
1.1.4	累计盈余资金						
1.2	在建工程						
1.3	固定资产净值						
1.4	无形及递延资产净值						
2	负债及所有者权益						
2.1	流动负债总额						
2.1.1	应付账款						
2.1.2	短期借款						
2.2	借款						
2.2.1	经营资金借款						
2.2.2	固定资产投资借款						

序 号	项 目	合 计	1	2	3	…	n
2.2.3	开发产品投资借款						
	负债小计						
2.3	所有者权益						
2.3.1	资本金						
2.3.2	资本公积金						
2.3.3	盈余公积金						
2.3.4	累计未分配利润						

计算指标：1. 资产负债率（%）
2. 流动比率（%）
3. 速动比率（%）

资产负债表中具体项目的含义及填列方法如下：

（1）应收账款。应收账款是指在下一个经营年度内收回的赊购商品或劳务的款项。根据流动资金估算表填列。

（2）存货。存货是指为生产经营活动而储蓄准备的实物资产。包括商品、半成品、在产品及各种材料等，如待销商品房、待用的电梯、空调等。可根据流动资金估算表填列。

（3）现金。现金是以货币形态存在的，可立即用作支付手段的资金，包括货币、银行或其他金融机构存款，可根据流动资金估算表填列。

（4）累积盈余资金。累积盈余资金即过去经营年度的盈余资金，由上年财务结转，根据资金来源与运用表填列。

（5）在建工程。在建工程指正在进行施工建设的工程项目所投入的资金，它根据投资计划与资金筹措表中每期的开发建设投资填列，包括建设期利息。

（6）固定资产净值。根据折旧摊销表中有关数据填列。

（7）无形及递延资产净值。无形及递延资产是指企业长期使用而没有实物形态的资产和不应全部计入当年损益而应由以后年度分期摊销的各种费用的净值，可根据折旧摊销表填列。

（8）负债。负债包括流动负债总额和借款。其中，应付账款指项目开发建设中购进商品或接受外界提供劳务、服务而未付的欠款。经营资金借款是指从银行或其他金融机构借入的短期贷款。固定资产投资借款指投资用于固定资产方面的期限在一年以上的银行借款、抵押贷款和向其他单位的借款。开发产品投资借款指用于开发产品方面的长期借款，各种借款都需根据资金来源与运用表来填列。

（9）资本金。资本金是项目实际注入的投资者资本。可根据投资计划与资金筹措表所列各年投入的自有资金中资本金求出的累积资本金数额填列。当存在自有资本公积金或盈余公积金转增资本金的情况时，应进行相应调整。

（10）资本公积金。资本公积金指包括股本发行溢价、法定财产重估后增值、接受捐赠的非货币资产的价值及外商注入资本的汇率折算差额等新增的资本金。其填列方法同资本金。

（11）盈余公积金。盈余公积金是按照国家规定从利润提取形成的公积金。可根据利润表中盈余公积金进行填列。

（12）未分配利润。未分配利润指实现利润在扣除所得税、提取盈余公积金和分配利润后的余额所得未分配利润的历年积累。其可根据利润表中数据填列。

资产负债表分析可以提供四个方面的财务信息：项目所拥有的经济资源；项目所负担的债务；项目的债务清偿能力以及项目所有者所享有的权益。

2. 清偿能力分析

项目有无支付能力和偿还债务能力是项目能否健康生存和发展的关键。当项目不能偿还到期债务、丧失支付能力时，债权人可申请破产或没收其抵押物，以偿还其债务。因而，清偿能力分析同时也是项目投资风险、项目经营安全性分析以及项目筹资方案分析的重要内容。当项目清偿能力较差时，将加剧其资金筹措的困难，直接带来项目经营的财务风险。因而，项目的清偿能力分析，历来是项目投资者、经营者、债权人及其他部门和人员非常关注的问题。

项目清偿能力分析主要依据就是项目的资产负债表，运用该表可以计算两类指标：

（1）长期清偿能力指标，如资产负债率等。

长期清偿能力，是指项目在长期借款使用期内的还本付息能力或长期借款到期后的归还借贷本金的能力。

（2）短期清偿能力指标，如流动比率、速动比率等。

短期清偿能力，是指项目用流动资产和营业利润归还各种期限在一年以下或一个营业周期内到期的流动负债的能力。

7.2.5 各财务分析报表之间的关系

各财务分析报表之间存在着一定关联，它们都反映项目经营过程中的资金、利润、负债等基本情况。其中，"利润与利润分配表"与"现金流量表"都是为进行项目盈利能力分析提供基础数据的报表，不同的是，通过"利润与利润分配表"计算的是盈利能力的静态指标；通过"现金流量表"计算的是盈利能力的动态指标。

"资金来源与运用表"和"资产负债表"都是为进行项目清偿能力分析提供基础数据的报表。根据"借款还本付息表"或"资金来源与运用表"可以计算借款偿还期指标，根据"资产负债表"可以计算资产负债率、流动比率和速动比率等指标。

基本财务分析报表中所涉及的各类指标的计算，将在本章下一节内容中介绍。

7.3 反映项目盈利能力的指标与评价方法

7.3.1 静态分析指标的计算与分析

1. 投资利润率

投资利润率，又称为总投资收益率，是指项目达到设计生产能力后的一个正常生产年份的年利润总额与项目总投资的比率，是考察项目盈利能力的静态指标。年利润总额通常为项目达到正常生产能力的年利润总额，也可以是生产期平均年利润总额，计算公式为：

$$投资利润率 = \frac{年利润总额（年平均利润总额）}{项目总投资} \times 100\% \qquad (7-7)$$

投资利润率可根据利润与利润分配表中的有关数据计算求得。计算出的投资利润率要与规定的行业标准投资利润率或行业的平均投资利润率进行比较，若大于或等于标准投资利润率或行业平均投资利润率，则认为项目在财务上可以被接受。

2. 资本金利润率

资本金利润率是项目达到正常生产能力后的一个正常生产年份的利润总额（或年平均利润总额）与项目资本金（即自有资金或权益投资）之比，它反映了项目资本金的盈利能力。其计算公式为：

$$资本金利润率 = \frac{年利润总额（年平均利润总额）}{资本金} \times 100\% \qquad (7-8)$$

式中，年利润总额（年平均利润总额）为所得税前利润；资本金为投入项目的全部自有资金（或权益投资，不包括借贷资金）。计算出来的资本金利润率要与行业的平均资本金利润率或投资者的目标资本金利润率进行比较，若前者大于或等于后者，则认为项目在财务上是可以考虑的。

3. 资本金净利润率

资本金净利润率是指项目达到设计生产能力后的一个正常生产年份的年净利润或项目运营期内的年平均利润与资本金的比率。其计算公式如下：

$$资本金净利润率 = \frac{年平均所得税后利润总额}{资本金} \times 100\% \qquad (7-9)$$

式（7-9）中的资本金是指项目的全部注册资本金。计算出的资本金净利润率要与行业的平均资本金净利润率或投资者的目标资本金净利润率进行比较，若前者大于或等于后者，则认为项目是可以考虑的。

【例7-1】　某房地产投资项目总投资支出为123000万元，开发第二年开始销售已建成的部分房屋，每年平均可实现利润20020万元，项目全部自有资金总额为36900万元，所得税率为25%。试计算项目的投资利润率、资本金利润率、资本金净利润率。

解：投资利润率＝年平均利润总额÷项目总投资×100%＝20020÷123000×100%＝16.28%

资本金利润率＝年平均利润总额÷资本金×100%＝20020÷36900×100%＝54.25%

资本金净利润率＝税后利润÷资本金×100%＝20020×(1-25%)÷36900×100%＝40.69%

4. 静态投资回收期

静态投资回收期是指在不考虑资金时间价值因素条件下，以房地产投资项目的净收益来抵偿全部初始投资所需要的时间，即用项目净现金流量抵偿全部初始投资所需的全部时间，一般用年来表示，其符号为P_t。在计算全部投资回收期时，假定了全部资金都为自有资金，而且投资回收期一般从房地产投资项目开发期的起始年算起。计算公式如下：

$$(P_t)投资回收期 = 累计净现金流量开始出现正值的年份 - 1$$
$$+ \frac{上年累计净现金流量的绝对值}{当年净现金流量} \qquad (7-10)$$

计算出的投资回收期要与行业规定的标准投资回收期或行业平均投资回收期进行比较，如果小于或等于标准投资回收期或行业平均投资回收期，则认为项目是可以考虑接受的。

【例 7-2】 某房地产投资项目开发建设后各年的现金流量见表 7-11，开发期为 2 年，假定开发投资均在年初发生，试计算项目的静态投资回收期。

项目各年现金流量表　　　　　　　单位：万元　表 7-11

年份 项目	1	2	3	4	5	6	7
现金流入	0	0	54	60	60	60	60
现金流出	100	150	0	0	0	0	0
净现金流量	−100	−150	54	60	60	60	60
累计净现金流量	−100	−250	−196	−136	−76	−16	44

解：投资回收期（P_t）＝累计净现金流量开始出现正值的年份－1

$$+\frac{\text{上年累计净现金流量的绝对值}}{\text{当年净现金流流量}}$$

$$=7-1+16/60$$

$$=6.27 \text{ 年}$$

7.3.2 动态分析指标的计算与分析

1. 财务净现值

财务净现值是指按照投资者最低可接受的收益率或设定的基准收益率 i_C，将房地产投资项目开发经营期内各期净现金流量折现到开发期初的现值之和，简称净现值，记作 FNPV。其表达式为：

$$\text{FNPV} = \sum_{t=1}^{n}(CI-CO)_t(1+i_c)^{-t} \tag{7-11}$$

式中　　CI——现金流入量；

　　　　CO——现金流出量；

　$(CI-CO)_t$——第 t 年的净现金流量；

　　　　n——计算期（开发经营期）；

　　　　i_c——基准收益率或设定的折现率；

　$(1+i_c)^{-t}$——第 t 年的折现系数。

财务净现值的计算结果可能有 3 种情况，即 FNPV＞0、FNPV＜0 或 FNPV＝0。当 FNPV＞0 时，说明项目净效益大于用基准收益率计算的平均收益额，从财务角度考虑，项目是可以被接受的；当 FNPV＝0 时，说明拟建项目的净效益正好等于用基准收益率计算的平均收益额，这时判断项目是否可行，要看分析所选用的折现率，在财务分析中，若选用的折现率大于银行长期贷款利率，项目是可以被接受的，若选用的折现率等于或小于银行长期贷款利率，一般可判断项目不可行；当 FNPV＜0 时，说明拟建项目的净效益小于用基准收益率计算的平均收益额，一般认为项目不可行。

【阅读材料】 基准收益率也称基准折现率,是企业或行业投资者以动态的观点所确定的、可接受的投资方案最低标准的收益水平。其在本质上体现了投资决策者对项目资金时间价值的判断和对项目风险程度的估计,是投资资金应当获得的最低盈利率水平。财务基准收益率的测定需要遵循以下规定。

(1) 在政府投资项目以及按政府要求进行财务分析的房地产投资项目中采用的行业财务基准收益率,应根据政府的政策导向进行确定。

(2) 在企业投资等其他各类房地产项目的财务分析中参考选用的行业财务基准收益率,应在分析一定时期内国家和行业发展战略、发展规划、产业政策、资源供给、市场需求、资金时间价值、项目目标等情况的基础上,结合行业特点、行业资本构成情况等因素综合测定。

(3) 在中国境外投资的房地产项目财务基准收益率的测定,应首先考虑国家风险因素。

(4) 投资者自行测定项目的最低可接受财务收益率,除了应考虑上述 (2) 中所涉及的因素外,还应根据自身的发展战略和经营策略、具体项目特点与风险、资金成本、机会成本等因素综合测定。

【例 7-3】 有一房地产开发投资项目建设期为两年,如果第一年投资 140 万元,第二年投资 210 万元,且投资均在年初支付。项目第三年达到设计生产能力的 90%,第四年达到 100%。正常年份年销售收入 300 万元,销售税金为销售收入的 12%,年经营成本为 80 万元。项目经营期为 6 年,项目基准收益率为 12%。试计算财务净现值。

解:正常年份现金流入量=销售收入-销售税金-经营成本

$$=300-300\times12\%-80=184 \text{ 万元}$$

根据已知条件编制财务净现值计算表,见表 7-12。

财务净现值计算表 单位:万元 **表 7-12**

年份 项目	1	2	3	4	5	6	7	8
现金流入	0	0	166	184	184	184	184	184
现金流出	140	210	0	0	0	0	0	0
净现金流量	-140	-210	166	184	184	184	184	184
折现系数	1	0.8929	0.7972	0.7118	0.6355	0.5674	0.5066	0.4523
净现值	-140	-187.509	132.335	130.971	116.932	104.402	93.214	83.223
累计现值	-140	-327.509	-195.174	-64.203	52.729	157.131	250.345	333.568

$$FNPV = \sum_{t=1}^{n}(CI-CO)_t(1+i_c)^{-t} = (-140)+(-187.509)+132.335$$

$$+130.971+116.932+104.402+93.214+83.223$$

$$=333.568(\text{万元})$$

2. 财务内部收益率

房地产投资项目的财务内部收益率是指房地产投资项目在整个开发经营期内各期净现金流量现值累计等于零时的折现率,简称内部收益率,记作 FIRR。其表达式为:

$$\sum_{t=1}^{n} (CI - CO)_t (1 + FIRR)^{-t} = 0 \tag{7-12}$$

财务内部收益率的经济含义是在项目终结时，保证所有投资被完全收回的折现率。它代表了项目占用资金预期可获得的收益率，可以用来衡量投资的回报水平。

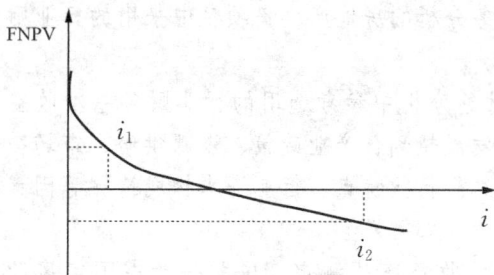

图 7-5　财务净现值与折现率的关系图

财务净现值与折现率的关系，一般如图 7-5 所示。对于具有常规现金流量（即在计算期内，项目的净现金流量序列的符号只改变一次的现金流量）的投资项目，其财务净现值的大小与折现率的高低有直接关系。选用的折现率越大，净现值就越小，折现率越小，净现值就越大。随着折现率的逐渐增大，净现值将由大变小，由正变负。当折现率等于财务内部收益率时，财务净现值为零。

财务内部收益率的计算是求解高次方程，为简化计算，在具体计算时可根据现金流量表中的净现金流量用试差法进行。基本步骤如下：

（1）用估计的某一折现率对拟建项目整个计算期内各年财务净现金流量进行折现，并求出净现值。如果得到的财务净现值等于零，则选定的折现率即为财务内部收益率；如果得到的净现值为一正数，则再选一个更高的折现率再次试算，直至正数财务净现值接近零为止。

（2）在第（1）步的基础上，再继续提高折现率，直至计算出接近零的负数财务净现值为止。

（3）根据上两步计算所得的正、负财务净现值及其对应的折现率，运用试差法的公式计算财务内部收益率，计算公式为：

$$FIRR = i_1 + (i_2 - i_1) \times \frac{FNPV_1}{FNPV_1 - FNPV_2} \tag{7-13}$$

在财务分析中，将求出的全部投资或资本金（投资者的实际出资额）财务内部收益率与投资者可接受的最低收益率（MARR）或设定的基准收益率 i_c 比较，当 FIRR≥MARR 或 FIRR≥i_c 时，即认为其盈利能力已满足最低要求，在财务上是可以考虑接受的。

当财务报表按月、季或半年编制时，计算求出的财务内部收益率应换算为以年为期单位的财务内部收益率，然后再与企业最低可接受的收益率进行比较。如以季为期的单位，换算公式为：

$$FIRR_{年} = [(1 + FIRR_{季})^4 - 1] \times 100\% \tag{7-14}$$

【例 7-4】　现需计算某一待投资的房地产项目的财务内部收益率。根据定义，项目的财务内部收益率是当项目净现值等于零时的收益率，采用试差法的条件是当折现率为 16% 时，某项目的净现值是 338 元；当折现率为 18% 时，净现值是 −22 元，则其财务内部收益率计算方法如下。

解：$FIRR = i_1 + (i_2 - i_1) \times \dfrac{FNPV_1}{FNPV_1 - FNPV_2}$

　　　　$= 16\% + (18\% - 16\%) \times [338/(338 + 22)]$

　　　　$= 17.88\%$

3. 动态投资回收期

动态投资回收期是指在考虑资金时间价值的条件下，以项目净现金流量的现值抵偿原始投资现值所需要的全部时间，记作 P'_t。动态投资回收期也从开发期初开始计算，以年为单位。其计算公式如下：

$$投资回收期（P'_t）= 累计净现值开始出现正值的年份 - 1 + \frac{上年累计净现值的绝对值}{当年净现值}$$

(7-15)

计算出的动态投资回收期也要与行业标准动态投资回收期或行业平均动态投资回收期进行比较，如果小于或等于标准动态投资回收期或行业平均动态投资回收期，认为项目是可以被接受的。

【例 7-5】 在例 7-2 中，我们没有考虑资金时间价值对投资回收期的影响，因此计算出的投资回收期是静态投资回收期。如果我们考虑资金时间价值，在基准收益率为 8% 的情况下，求出的投资回收期就是动态投资回收期。

解：动态投资回收期计算见表 7-13。

$$投资回收期（P'_t）= 累计净现值开始出现正值的年份 - 1 + \frac{上年累计净现值的绝对值}{当年净现值}$$

$$= 8 - 1 + 22.215/35.01$$

$$= 7.63 年$$

动态投资回收期计算表　　　　　　　单位：万元　**表 7-13**

项目　　　年份	1	2	3	4	5	6	7	8
现金流入	0	0	54	60	60	60	60	60
现金流出	100	150	0	0	0	0	0	0
净现金流量	−100	−150	54	60	60	60	60	60
折现系数	1	0.9259	0.8573	0.7938	0.7350	0.6806	0.6302	0.5835
净现金流量现值	−100	−138.885	46.294	47.628	44.1	40.836	37.812	35.01
累计现值	−100	−238.885	−192.591	−144.963	−100.863	−60.027	−22.215	12.795

7.4 反映项目清偿能力的指标与评价方法

7.4.1 借款偿还期

1. 国内借款偿还期

国内借款偿还期是指在国家规定及房地产投资项目具体财务条件下，在房地产投资项目的开发经营期内，使用可用作还款的利润、折旧、摊销及其他还款资金，偿还房地产投资项目借款本息所需要的时间。偿还借款的资金来源包括：折旧费、摊销费、未分配利润和其他收入等。借款偿还期可根据借款还本付息计算表和资金来源与运用表的有关数据计算，以年为单位，记为 P_d。其计算公式如下：

$$借款偿还期(P_d) = 借款偿清的年份数 - 1 + \frac{偿清当年应付的本息数}{当年用于偿清的资金总额} \quad (7-16)$$

计算出借款偿还期以后，要与贷款机构的要求期限进行对比，等于或小于贷款机构提出的要求期限，即认为项目是有偿债能力的；否则，从偿债能力角度考虑，认为项目没有偿债能力。

【例 7-6】 已知某项目借款还本付息相关数据见表 7-14。试计算该项目的借款偿还期。

某项目借款还本付息表　　　　　单位：万元　表 7-14

序 号	项　目	建设期		生产期			
		1	2	3	4	5	6
1	年初借款累计	0	412	1054.72	754.72	354.72	0
2	本年新增借款	400	600	—	—	—	—
3	本年应付利息（$i=6\%$）	12	42.72	63.28	45.28	21.28	—
4	本年偿还本金	—	—	300	400	354.72	—
5	还本资金来源	—	—	300	400	440	
5.1	利润总额	—	—	200	310	350	
5.2	用于还款的折旧和摊销费	—	—	150	150	150	
5.3	还款期企业留存收益	—	—	50	60	60	
6	年末借款累计	412	1054.72	754.72	354.72	0	

解：各年的利息计算如下：

第 1 年利息为：

$$I_1 = 1/2 \times 400 \times 6\% = 12 \text{ 万元}$$

第 2 年利息为：

$$I_2 = (400 + 12 + 1/2 \times 600) \times 6\% = 42.72 \text{ 万元}$$

第 3 年利息为：

$$I_3 = 1054.72 \times 6\% = 63.28 \text{ 万元}$$

第 4 年利息为：

$$I_4 = 754.72 \times 6\% = 45.28 \text{ 万元}$$

第 5 年利息为：

$$I_5 = 354.72 \times 6\% = 21.28 \text{ 万元}$$

根据式 (7-10)，得

$$P_d = (5-1) + 354.72/440 = 4.8 \text{ 年}$$

2. 国外借款偿还期

涉及利用外资的房地产投资项目，其国外借款的还本利息，一般是按已经明确或预计可能的借款偿还条件（包括宽限期、偿还期及偿还方式等）计算。当借款偿还期满足贷款机构的要求期限时，即认为房地产投资项目具有清偿能力。

7.4.2 财务比率

1. 资产负债率

资产负债率是项目负债总额与资产总额之比。资产负债率揭示了项目投资者对债权人债务清偿的保障程度，它是反映项目各年所面临的财务风险程度及偿债能力的指标。计算公式如下：

$$资产负债率 = \frac{负债总额}{资产总额} \times 100\% \qquad (7\text{-}17)$$

一般来说，项目盈利程度高，其可承受的负债率也高一些；规模较大、期限较长、投资额较大的项目，其资产负债率也较高，房地产项目的资产负债率一般在 70%～80% 之间。

2. 流动比率

流动比率是反映项目各年偿付流动负债能力的指标，它是项目流动资产与流动负债之比。计算公式如下：

$$流动比率 = \frac{流动资产总额}{流动负债总额} \times 100\% \qquad (7\text{-}18)$$

计算出的流动比率越高，单位流动负债将有更多的流动资产作保障，短期偿债能力就越强。但是在不导致流动资产利用效率低下的情况下，房地产业的流动比率在 120% 左右比较合适。

3. 速动比率

速动比率是反映项目快速偿付流动负债能力的指标，它是项目速动资产与流动负债之比。流动资产减去存货被称为速动资产。计算公式如下：

$$速动比率 = \frac{流动资产总额 - 存货}{流动负债总额} \times 100\% \qquad (7\text{-}19)$$

由于流动资产中包含了存货这类变现能力较差的资产，影响了用流动比率评价短期清偿能力的可靠性，因而用速动比率来判断项目短期清偿能力更精确。速动比率越高，短期清偿能力越强，同时速动比率过高也会影响资产利用效率，进而影响企业经济效益，因此速动比率保证在接近 100% 较好。房地产业速动比率一般水平是 65%。

【例 7-7】 某房地产投资项目开始运营后，在某一生产年份的资产总额为 5000 万元，短期借款为 450 万元，长期借款为 2000 万元，应收账款 120 万元，存货款为 500 万元，现金为 1000 万元，应付账款为 150 万元。试求该项目的财务比率指标。

解：$资产负债率 = \times 100\% = \dfrac{2000 + 450 + 150}{5000} \times 100\% = 52\%$

$流动比率 = \dfrac{流动资产总额}{流动负债总额} \times 100\% = \dfrac{120 + 500 + 1000}{450 + 150} \times 100\% = 270\%$

$速动比率 = \dfrac{流动资产总额 - 存货}{流动负债总额} \times 100\% = \dfrac{1620 - 500}{600} \times 100\% = 187\%$

将指标的取值与经验取值之间进行对比，不难发现，该房地产投资项目短期偿债能力较强，但经营过于保守，债务资金较少。

在对财务分析指标进行计算的基础上，得出初步的财务分析结论，即房地产投资项目在财务上可行或不可行。然而，仅通过财务上的分析结论就判断房地产投资项目的整体可行性是不全面的，或者说是片面的、有局限性的。因此，还要对房地产投资项目进行不确定性分析，不确定性分析的相关内容将在本书第八章进行详尽的介绍。

本 章 小 结

房地产投资财务分析就是根据国民经济与社会发展以及行业、地区发展规划的要求，在拟定的房地产投资项目建设方案、财务效益与费用估算的基础上，对房地产投资项目的盈利能力、清偿能力和资金平衡情况所进行的分析，据此评价和判断房地产投资项目的财务可行性和经济合理性，为项目科学决策提供依据。

房地产投资财务分析主要包括盈利能力分析、清偿能力分析及资金平衡情况分析等几个方面。分析时主要通过基本财务报表：现金流量表、资金来源与运用表、利润与利润分配表、资产负债表等进行。

根据各基本财务分析报表，计算财务分析指标来判断项目的财务可行性。用到的静态指标有：静态投资回收期、投资利润率、资本金利润率、资本金净利润率、资产负债率、流动比率、速动比率、借款偿还期等；用到的动态指标有：动态投资回收期、财务净现值、财务内部收益率等。

思 考 题

1. 房地产投资财务分析的方法有哪些？
2. 房地产投资财务分析的程序是怎样的？
3. 简述房地产投资财务分析的指标体系。
4. 房地产投资财务分析有哪些基本财务报表？
5. 如何利用资金来源与运用表进行资金平衡的分析？
6. 利用财务内部收益率如何判断项目的财务可行性？

练 习 题

1. 某商品房建成后用于出租，年平均租金收益是 600 万元，年贷款利率为 10%，第一年年初投资额是 1200 万元，第二年年初投资 1300 万元，第三年年初投资 200 万元，项目第四年建成投入使用。试计算该项目动态投资回收期。

2. 某建设项目计算期 20 年，各年现金流量（$CI-CO$）及行业基准收益率 $i_c=10\%$ 的折现系数 $[1/(1+i_c)^t]$ 见表 7-15。

各年现金流量表 表 7-15

年 份	1	2	3	4	5	6	7	8	9~20
净现金流量（万元）	−180	−250	−150	84	112	150	150	150	12×150
$i_c=10\%$ 的折现系数	0.909	0.826	0.751	0.683	0.621	0.564	0.513	0.467	3.18[①]

注：① 3.18 是第 9 年至第 20 年各年折现系数之和。

若该项目在不同收益率（i_n 为 12%、15% 及 20%）情况下，相应的折现系数 $[1/(1+i_n)^t]$ 的数值见表 7-16，试计算项目的财务内部收益率（FIRR）并判断此项目是否可行。

各年现金流量表　　　　　　　　　　　　　　表 7-16

序号	年 份	1	2	3	4	5	6	7	8	9~20
1	净现金流量（万元）	−180	−250	−150	84	112	150	150	150	12×150
2	$i=12\%$的折现系数	0.893	0.797	0.712	0.636	0.567	0.507	0.452	0.404	2.497
3	$i=15\%$的折现系数	0.869	0.756	0.657	0.572	0.497	0.432	0.376	0.327	1.769
4	$i=18\%$的折现系数	0.847	0.719	0.609	0.518	0.440	0.374	0.318	0.271	1.326
5	$i=20\%$的折现系数	0.833	0.694	0.578	0.482	0.402	0.335	0.279	0.233	1.030

　　3. 某公司目前有两个项目可供选择，其现金流量表见表 7-17。若该公司要求项目投入资金必须在 3 年内回收，应选择哪个项目？如果采用投资回收期法进行投资决策之后，该公司又要求采用净现值法进行投资决策，设定折现率为 14%，应选择哪个项目？

某公司投资项目净现金流量表　　　　单位：万元　表 7-17

年 份	1	2	3	4
项目 A 净现金流量	−6000	3200	2800	1200
项目 B 净现金流量	−4000	2000	960	2400

8 房地产投资不确定性分析

【学习要点】 通过本章学习，了解房地产投资不确定性及其原因、房地产投资项目的主要不确定性因素；熟悉房地产盈亏平衡分析、敏感性分析的含义和步骤；掌握房地产投资盈亏平衡分析和敏感性分析的具体应用。

8.1 房地产投资不确定性概述

8.1.1 房地产投资不确定性分析及其原因

房地产投资不确定性分析简称为不确定性分析，通常是对房地产投资方案进行了财务分析的基础上进行的，旨在用一定的方法考察不确定性因素对方案实施效果的影响程度，分析项目运行过程中可能存在的不确定和不稳定性，以完善投资方案的评价结论，提高投资决策的可靠性和科学性。具体定义为以计算和分析各种不确定因素（如价格、投资费用、成本、经营期、生产规模等）的变化对建设项目经济效益的影响程度为目标的一种分析方法。

1. 不确定性的含义

在各种评价指标的计算过程中，每个变量的取值都是以估计和预测为基础的，如投资、成本、产量、售价等经济要素的取值，都来自预测或估算。尽管可以使用各种方法对各经济要素进行有效的预测或估算，但其预测值或估算值都不可能与将来的实际情况完全相符。也就是说，这些经济要素是变化的、不确定的。

2. 不确定性产生的原因

房地产投资项目产生不确定性的原因有很多，大致可以概括为以下几点：

（1）国家政策和法规、政治和经济形势的变化。在市场条件下，国家的宏观经济调控政策、各种改革措施以及经济发展本身对投资项目有着重要影响，特别是对投资项目的最终效益影响往往是巨大的，使得投资的不确定性增加。

（2）产品市场供求结构的变化。房地产市场瞬息万变，加之房地产投资周期长、价值量大，在整个生产经营期内不可避免地会发生需求结构、供给结构的变化，因此需求、供给数量及市场状况都使得房地产投资产生不确定性。

（3）项目数据的预测、估计、统计的误差。由于在项目决策之前所有的数据都必须是估算、预测出来的，受预测、估计、统计工具和模型的影响，有时不能完全准确地反映问题的全貌；而未来市场变化往往与这些估算、预测的数据不相吻合，存在预测、估计、统计的误差，造成项目实际运营过程的不确定性。

（4）通货膨胀和物价的变化。社会经济发展的过程中存在通货膨胀因素，在通货膨胀的作用下会使得各类产品的物价发生改变，房地产投资周期长，不可避免地要受通货膨胀的影响，各种投入物和产出物的价值都会发生改变。

8.1.2 房地产开发项目的主要不确定性因素

房地产开发项目在整个开发经营期内受诸多不确定性因素影响，这些因素主要有：

1. 土地价格及相关费用

房地产开发商在开发经营过程中首要面临的就是土地费用，而土地费用不仅包括土地的价格还包括其他相关费用，由国有土地使用权出让金、城市建设配套费和土地开发费用组成。

房地产市场的变化会导致土地费用的迅速变化，而且随着城市发展和城市可利用土地资源的减少，土地费用在城市房地产开发项目总开发成本中所占的比例在日益增大，因此分析土地费用变化对房地产开发项目经济评价结果的影响，就显得十分重要。

2. 建筑安装工程费用

建筑安装工程费用虽然是比较容易估算的因素，然而由于房地产产品的开发周期较长，建筑材料或劳动力价格水平的变化导致建安工程费用出现上涨或下跌的情况，使建安工程费用与签订承包合同时的标价不一致，如果房地产开发商与承包商签订的是固定总价合同，则风险由承包商承担，建安工程费用的变化不会影响到开发商的利润，否则房地产开发商的利润就会受到影响。

3. 租售价格

在市场经济的条件下，由于价值规律的作用，房地产开发项目的投入物和产出物的价格常常会由于种种原因产生波动，一般认为，房地产开发项目的收益为其租售价格与租售面积的函数，而且汇率的变动也将对项目的投资额和收益额产生影响。租金水平和销售价格水平直接影响房地产投资项目的收益，从而影响项目的经济效果。

4. 开发经营期

房地产开发项目的开发经营期，由投资前期、投资实施期以及经营期等阶段组成。房地产开发投资前期又称为投资准备期，是指从投资项目设想到项目投资实施前的一段时间，具体包括投资机会研究、投资项目建议、项目可行性研究、项目评估与决策等阶段。该阶段需要对是否投资、投资规模、投资方案以及资金筹措方案等进行选择，这些工作一旦因为某些原因延后就会使整个开发经营期发生变化。

房地产开发投资项目投资实施期，是把规划变成现实、完成项目建设计划的关键时期，某些建筑材料或设备短缺、恶劣气候、政治经济形势发生突变、劳资纠纷引起工人罢工，或者基础开挖中发现重要文物或未预料到的特殊地质条件等都可能会导致工程停工，使实施期延长。

经营期是项目偿还贷款，回收投资并获取经济效益的期间，经营期的长短与宏观社会经济状况、市场供求状况、市场竞争状况、预期未来房地产价格变化趋势、房地产项目的类型等有直接关系，出售的房地产开发项目一旦销售期延长就会对资金回收带来巨大影响。

5. 租售面积

租售面积直接关系到项目的租金收入、销售收入和建安工程费用。开发商在早期不一定能拿到政府有关部门的规划批文，因此项目的容积率和建筑面积是不确定的，另外，即使有关部门批准了开发项目的容积率或建筑面积，项目可供出租或出售的面积仍然不能完全肯定，因此租售面积就成为了影响开发项目的不确定性因素之一。

6. 资本化率

资本化率也是影响经济评价结果最主要的因素之一，其稍有变动，将大幅度影响项目总开发价值或物业资本价值的预测值。众所周知，项目总开发价值或物业资本价值可用项目建成后年净经营收入除以资本化率来得到，假设项目年净租金收入预期值不变，则一旦预期资本化率发生即使是 1%的变化，所求得的物业总开发价值结果也会相差很远。这种无法避免的误差，会使开发商承担许多附加投资风险。

7. 贷款利率

贷款利率的变化对房地产开发商的投资结果影响也很大。由于房地产开发商在开发建设一个项目时，资本金往往只占到投资总额的 20%～30%，其余部分都要通过金融机构借款或预售楼花的方式筹措。所以，资金使用成本即利息支出对开发商最终获利大小的影响极大。

8.1.3 房地产置业投资项目的主要不确定性因素

对于房地产置业投资项目，所面临的投资环节与开发项目略有不同，影响其投资经济效果的主要不确定性因素包括：购买价格、租金价格、出租率或吸纳率、运营成本和贷款利率等。由于租金价格和贷款利率对置业投资项目影响的原理与房地产开发项目相同，因此这里重点分析其他不确定性因素。

1. 购买价格

购买价格是房地产置业投资项目的初始资本投资数额，其高低变化在很大程度上影响着房地产置业投资经营的绩效。

2. 出租率或吸纳率

出租率是指可出租面积占全部建筑面积的比例，吸纳率是指一定时期市场已经租售的面积与全部可租售面积的比例。出租率和吸纳率的高低，直接影响最终的有效毛收入，从而影响项目的经济效益。

3. 运营成本

运营成本是维持房地产的正常运营所发生的费用。包括维修费用、设备更新费用等。这部分费用的变化直接影响投资者利润。

研究房地产投资不确定性，进行房地产投资不确定性分析，无论是对于开发投资项目还是置业投资项目，都有着重要意义。它可以减少房地产投资决策的失误，准确的预测投资项目的销售收入、总投资额、开发经营期等存在误差的范围，降低投资风险；同时，房地产投资不确定性分析可以提高项目防范风险的能力，通过分析预测不确定性因素的变化，可以量化其对项目运营经济效果的影响，在较长的投资周期里针对项目投资者准确把握各种复杂因素的作用，提升风险防范能力。

8.1.4 房地投资不确定性分析的意义

投资项目的不确定性分析是以计算和分析各种不确定性因素（如价格、投资费用、项目寿命周期等）的变化对投资项目经济效益的影响程度为目标的一种经济分析方法。

对项目的不确定性分析就是对未来将要发生的情况加以掌握，分析这些不确定性因素在什么范围内变化，其变化对项目经济效益的影响程度如何。

通过综合分析，就可以对所提出的投资建议是否可以接受作出判断，或提出具体的论证和建议，对原投资方案进行修改，以便可以帮助投资者做出正确的投资决策。

通过不确定性分析可以预测项目投资对某些不可预见的政治、经济、自然等因素变化的抗冲击能力，从而预测项目的抗风险能力。

8.2 盈亏平衡分析

8.2.1 盈亏平衡分析的含义

盈亏平衡分析也称为保本分析或临界值分析，是通过项目的盈亏平衡点来分析项目的成本与收益的平衡关系的一种方法。房地产投资项目的盈亏平衡分析是通过分析房地产投资项目在一定时期的开发数量（销售数量）、成本、税金、利润等因素的变化关系，找出盈亏平衡点，判断投资方案对不确定因素变化的承受能力，为决策提供依据。项目的盈亏平衡点越低，说明项目适应市场变化的能力越强，抗风险的能力越大，亏损的风险越小。

通常可进行盈亏平衡分析的因素有：

（1）最低售价和最低销售量、最低租金和最低出租率。售价和销售量是房地产项目重要的不确定性因素，能否在预定的价格下销售出预想的数量，通常是房地产项目成败的关键。最低售价是指房地产项目产品售价下降到预定可接受的最低盈利水平时的价格，售价低于这一价格时，项目盈利水平将不能满足预定的要求。最低销售量是指在预定的房屋售价下，要达到预定的最低盈利水平，所必须达到的销售量。最低售价与预测售价之间的差距越大，最低销售量与房地产产品商品量之间的差距越大，说明房地产项目抗市场风险的能力越强。

当房地产产品以出租为主时，可相应进行最低租金和最低出租率的分析。

（2）最高土地取得价格。土地费用是影响房地产项目盈利性的重要因素，也是重要的不确定性因素。最高土地价格是指在房地产项目销售额和其费用不变的条件下，保持预期收益水平所能承受的最高土地费用。当土地费用超过这一价格时，项目将无法获得足够的收益。

最高土地取得价格与实际估测的土地价格之间差距越大，最高土地取得价格越高，房地产项目承受土地使用权价格风险的能力就越强。

（3）最高工程费用。最高工程费用是指在预定销售额下，满足预期的项目收益要求所能承受的最高工程费用。当土地开发工程量不大时，最高工程费用是指最高建筑安装工程费用。最高工程费用与预测的可能工程费用之间差距越大，说明房地产项目承受工程费用增加风险的能力越强。

根据成本、销售量和收益之间是否呈线性关系，盈亏平衡分析可以分为线形盈亏平衡分析和非线性盈亏平衡分析。

8.2.2 线性盈亏平衡分析

线性盈亏平衡分析是指收入、成本、利润等均和产量呈线性关系的盈亏平衡分析，一般需要满足以下条件：

（1）产量变化，单位变动成本不变，总成本是开发量或销售量的函数；

（2）开发量等于销售量；

（3）变动成本随产销量呈正比例变化；

（4）在所分析的租售范围内固定成本保持不变；

（5）产销量变化，销售单价不变，销售收入是销售价格和销售数量的线性函数；

（6）计算所使用的各种数据是正常生产年度的数据。

1. 盈亏平衡分析的代数法

设某开发项目的总成本为 C，其中固定成本为 C_F，变动成本为 C_V，单位变动成本为 V，开发数量为 Q，销售收入为 S，销售税率为 r，销售单价为 P，利润为 E，则有：

$$C = C_F + C_V = C_F + VQ \tag{8-1}$$
$$S = PQ - rPQ = PQ(1-r) \tag{8-2}$$
$$E = S - C = PQ(1-r) - (C_F + VQ) \tag{8-3}$$

上述线性盈亏平衡分析模型 $E=S-C=PQ(1-r)-(C_F+VQ)$ 中，含有 6 个相互联系的变量，只要给定其中 5 个，便可以求出另外一个变量的值。

（1）求预期利润时：$E=S-C=PQ(1-r)-(C_F+VQ)$

【例 8-1】 某房地产开发企业拟开发一商品住宅小区，预计建成后，售价为 7500 元/m²，总开发建筑面积 3000m²，销售税金税率为 5%，预计变动成本为 2000 元/m²，假设开发期间的固定成本为 800 万元，试计算该开发项目的预期利润。

解：该开发项目的预期利润为：

$$E = S - C = PQ(1-r) - (C_F + VQ)$$
$$= 7500 \times 3000 \times (1-5\%) - 2000 \times 3000 - 8000000 = 737.5 \text{ 万元}$$

（2）求销售量时，根据上述公式变形得：

$$Q = \frac{E + C_F}{P(1-r) - V} \tag{8-4}$$

当 $E=0$，即开发项目达到盈亏平衡时，项目的销售量（生产单一房地产产品时）Q^* 为：

$$Q^* = \frac{C_F}{P(1-r) - V} \tag{8-5}$$

当房地产开发项目的产（销）量达到 Q^* 时，项目开发的总收入与总支出相等。也就是说，Q^* 是房地产开发项目在预定的产品售价条件下，为了实现盈亏平衡，所必须达到的最低销售量。

Q^* 与预计产品销售量之间的差距越大（小），说明该房地产开发项目承受市场风险的能力越强（弱）。

分析盈亏平衡销售量还需计算销售量允许降低的最大幅度（η_Q）。其计算公式为：

$$\eta_Q = \frac{Q - Q^*}{Q} \times 100\% \tag{8-6}$$

通过市场调查与预测，可以判断最大幅度 η_Q 出现的可能性。可能性越大，说明项目的风险越大，反之越小。

【例 8-2】 假设例 8-1 中的房地产开发项目拟实现目标利润为 1000 万，问应开发并销售多少建筑面积？

解：该开发项目实现利润 1000 万元时应开发并销售的建筑面积为：

$$Q = \frac{E + C_F}{P(1-r) - V} = \frac{10000000 + 8000000}{7500(1 - 5\%) - 2000} = 3512.2 \text{m}^2$$

（3）求销售单价时，根据上述公式变形得：

$$P = \frac{E + VQ + C_F}{Q(1-r)} \tag{8-7}$$

盈亏平衡（$E = 0$）时，销售单价 P^* 为：

$$P^* = \frac{VQ + C_F}{Q(1-r)} \tag{8-8}$$

P^* 表示开发项目产品售价下降到预定可接受的最低盈利水平（一般为不亏不盈）时的最低售价。

P^* 与预计售价之间的差距越大（小），说明该房地产开发项目承受风险的能力越强（弱）。

分析盈亏平衡销售单价还需计算销售单价允许降低的最大幅度（η_P）。其计算公式为：

$$\eta_P = \frac{P - P^*}{P} \times 100\% \tag{8-9}$$

通过市场调查与预测，可以判断最大幅度 η_P 出现的可能性。可能性越大，说明项目的风险越大，反之越小。

【例 8-3】 假设例 8-1 中的开发面积等因素不变，但欲实现开发利润为 600 万，问每平方米售价应定为多少？

解：该开发项目在实现利润 600 万元时，每平方米售价应为：

$$P = \frac{E + VQ + C_F}{Q(1-r)} = \frac{6000000 + 2000 \times 3000 + 8000000}{3000 \times (1 - 5\%)} = 7017.54 \text{ 元/m}^2$$

（4）求销售收入时：

$$S = \frac{E + C_F}{P(1-r) - V} \times P(1-r) \tag{8-10}$$

盈亏平衡（$E = 0$）时，最低销售收入 S^* 为：

$$S^* = \frac{C_F}{P(1-r) - V} \times P(1-r) \tag{8-11}$$

S^* 为开发项目不发生亏损的最低销售收入。S^* 与预计销售收入之间的差距越大（小），说明该房地产开发项目承受风险的能力越强（弱）。

分析盈亏平衡销售量还需计算销售收入允许降低的最大幅度（η_S）。其计算公式为：

$$\eta_S = \frac{S - S^*}{S} \times 100\% \tag{8-12}$$

通过市场调查与预测，可以判断最大幅度 η_S 出现的可能性。可能性越大，说明项目的风险越大，反之越小。

（5）求单位变动成本时：

$$V = \frac{PQ(1-r) - C_F - E}{Q} \tag{8-13}$$

【例 8-4】 假设例 8-1 中的企业在开发面积、单位售价、固定成本都不变的情况下欲实现 800 万元的利润，每平方米变动成本应为多少？

解：在上述情况下每平方米变动成本应降为：

$$S = \frac{E + C_F}{P(1-r) - V} \times P(1-r) \frac{7500 \times 3000(1 - 5\%) - 8000000 - 8000000}{3000}$$
$$= 1791.67 \, 元 / m^2$$

（6）求固定成本时：

$$C_F = PQ(1-r) - VQ - E \tag{8-14}$$

【例 8-5】 假设例 8-1 中企业在其他因素不变的情况下，欲实现 800 万元的利润，固定成本应控制在什么水平？

解：在上述情况下的固定成本应控制在：

$C_F = PQ\ (1-r)\ -VQ-E = 7500 \times 3000 \times\ (1-5\%)\ -2000 \times 3000 - 8000000 = 737.5$ 万元

以上主要针对销售为主的房地产投资项目在盈亏平衡状态时的销售量、销售单价与销售收入。当房地产产品以出租为主时，可相应进行盈亏平衡租金、盈亏平衡出租面积以及盈亏平衡出租率等的计算分析。

2. 线性盈亏平衡分析的图解法

线性盈亏平衡分析既可以用前述的代数法分析，也可以利用图解法分析。图解法分析如图 8-1 所示。

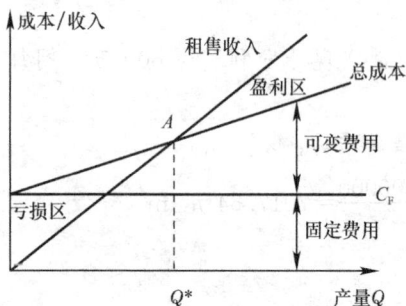

图 8-1 线性盈亏平衡分析示意图

图 8-1 中，以纵轴表示成本 C 或收入 S，横轴表示开发（租售）数量 Q，图中的三条直线分别表示固定成本线、总成本线和租售收入线。C 线和 S 线的交点 A 即为盈亏平衡点，A 点所对应的开发（租售）数量 Q^*，即为盈亏平衡时的开发数量（或租售量），或称保本量，其数额大小可在坐标轴上查得。AQ^* 线将图示区域分割为两个部分，左侧总成本线高于收入线，为亏损区，右侧总成本线低于收入线，为盈利区。或者说，当 $Q > Q^*$ 时，项目盈利；当 $0 \leqslant Q < Q^*$，项目亏损；当 $Q = Q^*$ 时，项目不盈不亏。

由此可见，盈亏平衡点越低，达到该点的开发量（或租售量）、销售收入及成本也就越少，只要开发少量的房地产产品就能达到项目的收支平衡。所以，盈亏平衡点的值越小，项目的盈利机会就越大，亏损的风险就越小。

绘制盈亏平衡分析图，可根据计算法的有关计算公式和具体数据，按下述步骤进行。

（1）选定直角坐标系，以成本或收入为纵轴，开发量或租售量为横轴。

（2）在纵轴上找出固定成本数值，以此为起点，绘制一条与横轴平行的固定成本线。

（3）以固定成本线的起始点为起点，以单位变动成本为斜率，绘制总成本线。

（4）以坐标原点为起点，以单价为斜率，绘制销售收入线。

这样就得到一个具体的盈亏平衡分析图，相关数据可以直接从该图中得到。

盈亏平衡分析图表达的意义如下：

（1）固定成本线与横轴之间的垂直距离为固定成本值，它不因开发量（或租售量）的增减而变动。

（2）成本线与固定成本线之间的垂直距离为变动成本，它随开发量（或租售量）的增减而成正比例变动。

（3）成本线与横轴之间的垂直距离为总成本，它是固定成本与变动成本之和。

8.2.3 非线性盈亏平衡分析

在实际工作中，总销售收入和生产总成本往往不是产量的线性函数，而呈曲线变化。此时，就不能用上述直线形式计算盈亏平衡点，而必须借助数学中的极值原理求解。

下面通过图 8-2 对非线性盈亏平衡分析法进行简要说明。

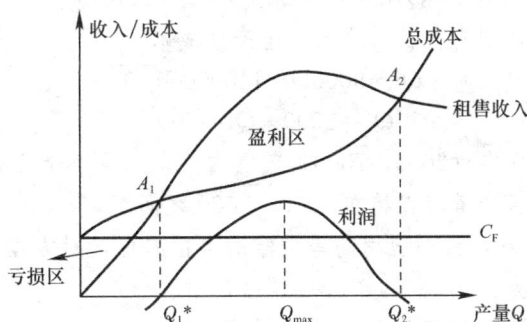

图 8-2 非线性盈亏平衡分析示意图

以纵轴表示收入 S 或成本 C，横轴表示开发（销售）数量 Q，图中平行于横轴的直线表示固定成本线，两条曲线表示总成本线和租售收入线。C 线与 S 线的两个交点 A_1 和 A_2 均为盈亏平衡点，A_1 和 A_2 分别对应开发数量 Q_1^* 和 Q_2^*，即为盈亏平衡时的开发（租售）数量。从图 8-2 中可以看出：当 $Q_1^* < Q < Q_2^*$ 时，项目盈利；当 $0 \leqslant Q < Q_1^*$ 或 $Q > Q_2^*$ 时项目亏损；当 $Q = Q_1^*$ 或 $Q = Q_2^*$ 时，项目不盈不亏。

利润最大时的产量（租售量）为 Q_{max}。

让收入曲线和成本曲线的函数式相等，可以从中解出 Q_1^* 和 Q_2^*。求出 Q_1^* 和 Q_2^* 后就可以知道盈利区的具体范围，在该范围内，可以求出企业最大利润时的开发量或租售量。

$$E(Q) = S(Q) - C(Q) \tag{8-15}$$

令
$$\frac{d[E(Q)]}{dQ} = \frac{d[S(Q)]}{dQ} - \frac{d[C(Q)]}{dQ} = 0 \tag{8-16}$$

则
$$\frac{d[S(Q)]}{dQ} = \frac{d[C(Q)]}{dQ} \tag{8-17}$$

由于有时盈利区和亏损区从图中难以看出，求出的开发量或租售量是否对应着最大利润值还无法判别，因此还需要通过二次求导，利用极值原理加以判定。即：

$$\frac{d^2[E(Q)]}{dQ^2} = \frac{d^2[S(Q)]}{dQ^2} - \frac{d^2[C(Q)]}{dQ^2} \tag{8-18}$$

如果上式小于零，则求得的产量就是利润最大时的开发量或租售量，反之为亏损最大时的开发量或租售量。

【例 8-6】 某房地产公司生产房地产建筑配套产品，年固定成本为 28 万元，单位变动成本为 180 元/件，产品销售价格为 360 元/件，目前该公司的年产量为 5000 件。根据市场调查和预测可知：近几年市场需求量较大，同时同种类型的房地产产品竞争又十分激烈，故公司董事会决定采取降价促销措施，按销售量的 1% 递减售价，并按销售量的 1% 递增单位变动成本。试求：

① 该公司生产规模（产量）在什么范围时可获利？

② 最大盈利时的最佳产量是多少？

解：

① 设年产量为 Q，则根据题意和有关公式建立方程：

销售收入 $=(P-1\%Q)Q=360Q-0.01Q^2$

生产总成本 $=C_F+(V+1\%Q)Q=280000+180Q+0.01Q^2$

如能达到盈亏平衡，则有：销售收入 $=$ 生产总成本

即： $Q^2-9000Q+14000000=0$

经计算得： $Q_1=2000$ $Q_2=7000$

显然，该项目盈利区在（2000，7000）范围内。当产量小于 2000 或大于 7000 时，该项目亏损，因此，该项目产量应保持在 2000～7000 之间。

② 要求出最大盈利点，我们应用高等数学的极值原理，对方程求解极大值。

该项目的盈利函数为：

$$L(Q)=销售收入-生产成本$$
$$=360Q-0.01Q^2-280000-180Q-0.01Q^2$$
$$=-0.02Q^2+180Q-280000$$

$L(Q)$ 极大值所对应的 Q 即为最大盈利点，为此，对 $L(Q)$ 求它的一阶导数并令其等于 0，可求得：

$$Q=4500$$

将其代入上式可求得最大盈利为：

$$L=-0.02\times4500^2+180\times4500-280000=12.5 \text{ 万元}$$

该项目目前生产量 5000 件在盈利区内，公司可获得盈利为 12 万元，但并非最佳生产量。盈利的最佳生产量为 4500 件，当年产量达到 4500 件时，公司可获得最大盈利 12.5 万元，说明公司生产量现在供大于求。

8.2.4 房地产投资盈亏平衡分析的局限性

通过盈亏平衡分析得出盈亏平衡点，使决策的外部条件简单地表现出来，根据盈亏平衡点的高低，可以大致了解项目抗风险的能力。由于这种分析方法简便，所以被广泛地应用于项目的评价分析中，但它也有一定的局限性。

首先必须假定产量等于销售量，但在实际工作中并不都是如此，因而难以全面反映项目未来的实际情况；其次，这种分析方法要求产品单一，并把所有不同的收入和不同的成本都集中在两条线上表现出来，难以精确地描述实际工作中可能出现的各种具体情况，从

而影响到这一分析的精确性，而只能粗略地对变量因素进行分析。再次，仅以盈亏平衡点的高低来判断投资方案的优劣，并不一定能够得到最优方案，因为有时需要在更高的盈利安全性与获取更大盈利的可能性这两者之间做出抉择，这一点盈亏平衡分析难以做到，只能依靠风险分析来实现。

要想获得项目较为精确的评价结果，必须配合其他评价方法进行深入分析。

8.3 敏感性分析

8.3.1 敏感性分析的含义与步骤

1. 敏感性分析的含义

敏感性分析是房地产投资决策分析中应用十分广泛的一项技术，用以考察项目所涉及的各种不确定性因素对项目基本方案经济效果评价指标的影响，找出对投资项目经济效果评价指标有重要影响的敏感性因素，分析、测算其对项目经济效果评价指标的影响程度和敏感性程度，进而判断项目承受风险的能力。如某个不确定性因素有较小的变动，而导致项目经济效果评价指标有较大的波动，则称项目方案对该不确定性因素敏感性强，相应的，这个因素被称为"敏感性因素"。

针对方案的经济效果评价指标进行判断，所选择的经济效果评价指标有净现值、内部收益率、投资回收期、投资利润率等。

2. 敏感性分析的步骤

（1）确定敏感性分析的经济效果评价指标。敏感性分析的经济效果评价指标是指敏感性分析的对象，必须针对不同项目的特点和要求，选择最能反映项目盈利能力和清偿能力的财务分析指标作为敏感性分析的对象，例如项目的净现值和内部收益率等动态指标，投资回收期等静态指标。最常用的敏感性分析是分析全部投资内部收益率指标对变量因素的敏感程度。

（2）选取不确定变量因素，设定不确定性因素的变化幅度和范围。所选取的不确定性因素是有可能对经济效果评价指标的结果有较大影响、有可能成为敏感性因素的那些影响因素。所以在选择时，就要在预计的变化范围内，找出那些对经济效果评价指标值有较强影响的变量因素。

（3）计算不确定性因素对经济效果评价指标值的影响程度。计算方法是在固定其他变量因素的条件下，依次分别按照事先预定的变化幅度来变动其中某个不确定性因素并计算出该变量因素的变动对经济效果评价指标的影响程度（变化率），找出这个变量因素变动幅度和经济效果评价指标变动幅度之间的关系并绘制图表。

（4）确定敏感性因素。根据不确定性因素的变动幅度与经济效果评价指标变动率的一一对应关系，通过比较所找出对经济效果评价指标影响最强的因素即为项目方案的敏感性因素。

（5）综合分析项目方案的各类因素。针对所确定的敏感性因素，应分析研究不确定性产生的根源，并且在项目具体实施当中，尽量避免这些不确定性的发生，有效控制项目方案的实施。

　　敏感性分析的基本方法有单因素敏感性分析和多因素敏感性分析，两者的基本分析过程及步骤是相同的，下面就介绍这两种方法。

8.3.2　单因素敏感性分析

　　1. 单因素敏感性分析的含义

　　所谓单因素敏感性分析法，是指就单个不确定性因素的变动对方案经济效果的影响所作的分析。在分析方法上类似于数学上多元函数的偏微分，即在计算某个因素的变动对经济效果指标的影响时，假定其他因素均不发生变化。

　　2. 单因素敏感性分析图

　　在敏感性分析的步骤中，计算出的不确定性因素对经济评价指标的影响程度以敏感性分析表的形式展示出来，并根据敏感性分析表绘制敏感性分析图，这就是单因素敏感性分析图。

　　单因素敏感性分析图的具体做法是：首先，将各个不确定因素的变化幅度或变化率作为横坐标，以某个评价指标，如内部收益率、净现值等作为纵坐标，然后作图；其次，根据敏感性分析的计算结果绘出各种不确定性因素变化导致收益率的变化曲线（取点范围小时，近似为直线），其中与横坐标相交角度较大的变化曲线所对应的因素就是敏感性因素；最后，在坐标轴上做出项目分析指标的临界曲线（如 FNPV＝0，FIRR＝i_c 等），求出变量因素的变化曲线与基准收益率曲线（即临界曲线）的交点，则交点处所对应的横坐标称为变量因素变化的临界值，即该变量因素允许变动的最大幅度，或称极限变化。不确定性因素的变化超过了这个极限，开发项目就由可行变为不可行。将这个幅度与估计可能发生的变化幅度相比，如果前者大于后者，则表明项目经济效益对该因素不敏感，项目承担的风险不大。

　　单因素敏感性分析示意图如图 8-3 所示。

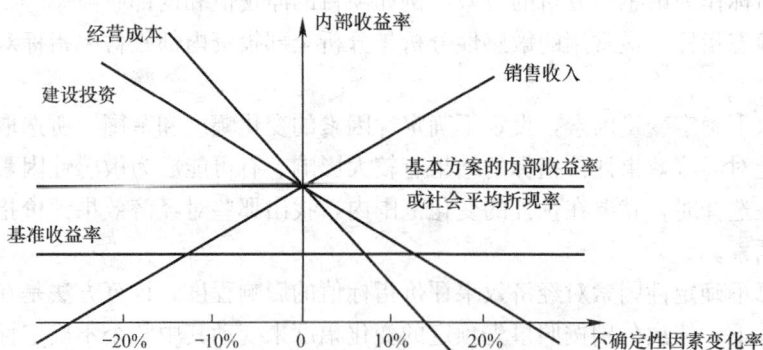

图 8-3　单因素敏感性分析示意图

　　利用单因素敏感性分析图，可以直观地判断出敏感性因素，从而对项目的主要变量因素进行确认，并提出有效应对措施。

　　3. 单因素敏感性分析的应用

　　单因素敏感性分析因其对经济效果评价指标的选择不同，大致分为两类。一类是单因素静态指标的敏感性分析，即研究的对象是利润总额等静态指标；第二类是单因素动态指标的敏感性分析，所研究的对象是净现值、内部收益率等动态指标。这两类单因素敏感性分析的程序和原理是相同的，下面就以一典型例题来说明单因素敏感性分析的应用。

【例 8-7】 某房地产公司拟开发一宗写字楼进行出租经营。开发总投资为 1000 万元，建设期 2 年。投资资金在第 1 年初投入 800 万元，第 2 年初投入 200 万元。建成后年租金收入为 400 万元，年经营费用为 80 万元。该写字楼经济寿命为 8 年，寿命期末回收固定资产余值 50 万元。基准收益率 12%，试对该投资项目进行敏感性分析。

解：该房地产投资项目现金流量表见表 8-1：

项目各年现金流量表   单位：万元   表 8-1

年份 项目	1	2	3	4～9	10
现金流入	0	0	400	400*	450
现金流出	800	200	80	80*	80
净现金流量	−800	−200	320	320*	370
累计净现金流量	−800	−1000	−680	1240	1610

注：* 表示每年的数据

(1) 选择净现值为敏感性分析的主要经济效果评价指标。根据净现值计算公式，可计算出项目的净现值为：

$$FNPV = -800 + (-200) \times (1+12\%)^{-1} + 320(P/A,12\%,8)(1+12\%)^{-2}$$
$$+ 50 \times (1+12\%)^{-10}$$
$$= 304.78 \text{ 万元}$$

(2) 选择要分析的变量因素：投资额、年租金收入、年经营费用。

(3) 设定这三个因素的变动范围。假定三个因素在初始值基础上分别变动 ±10%、±20%，分别计算这种变动对净现值指标的影响数值。

当投资额增加 10% 时，即总投资为 1100 万元，第 1 年投资额数字增加后为 880 万元，第 2 年投资额增加后的数据为 220 万元，在其他因素不变的情况下，净现值计算如下：

$$FNPV = -880 + (-220) \times (1+12\%)^{-1} + 320(P/A,12\%,8)(1+12\%)^{-2}$$
$$+ 50 \times (1+12\%)^{-10}$$
$$= 206.93 \text{ 万元}$$

而当投资额增加 20% 时，即总投资为 1200 万元，第 1 年投资额数字增加后为 960 万元，第 2 年投资额增加后的数据为 240 万元，在其他因素不变的情况下，净现值计算如下：

$$FNPV = -960 + (-240) \times (1+12\%)^{-1} + 320(P/A,12\%,8)(1+12\%)^{-2}$$
$$+ 50 \times (1+12\%)^{-10}$$
$$= 109.07 \text{ 万元}$$

当投资额减少 10% 时，即总投资为 900 万元，第 1 年投资额数字减少后为 720 万元，第 2 年投资额减少后的数据为 180 万元，在其他因素不变的情况下，净现值计算如下：

$$FNPV = -720 + (-180) \times (1+12\%)^{-1} + 320(P/A,12\%,8)(1+12\%)^{-2}$$
$$+ 50 \times (1+12\%)^{-10}$$
$$= 402.64 \text{ 万元}$$

而当投资额减少 20% 时，即总投资为 800 万元，第 1 年投资额数字减少后为 640 万元，第 2 年投资额减少后的数据为 160 万元，在其他因素不变的情况下，净现值计算如下：

$$FNPV = -640 + (-160) \times (1+12\%)^{-1} + 320(P/A,12\%,8)(1+12\%)^{-2}$$
$$+ 50 \times (1+12\%)^{-10}$$
$$= 500.50 \text{ 万元}$$

其他各因素的变动计算原理与上述投资额变动的计算原理相同，这里不再赘述，计算结果见表 8-2。

单因素敏感性分析表 　　　　　　　　　单位：万元　**表 8-2**

因素 ＼ 幅度	−20%	−10%	0	+10%	+20%
投资额	500.50	402.64	304.78	206.93	109.07
年租金收入	−12.02	146.39	304.78	463.20	621.61
年经营费用	368.16	336.47	304.78	273.11	241.43

（4）确定各变量因素对净现值的影响程度，找出敏感性因素。从表 8-2 中可以看出各变量因素对净现值的影响结果，在其他因素不变的情况下可以计算出：

① 投资额每变动＋10%，净现值下降：

$$(206.93 - 304.78)/304.78 = -32.11\%$$

② 年租金收入每变动−10%，净现值下降：

$$(146.39 - 304.78)/304.78 = -51.97\%$$

③ 年经营费用每变动＋10%，净现值下降：

$$(273.11 - 304.78)/304.78 = -10.39\%$$

由此可以看出，在各个变量因素变化率（向不利方向变动的变化率）相同的情况下，按净现值对各个变量因素的敏感程度来排序，依次是：年租金收入、投资额、年经营费用。即年租金收入的变动对净现值的影响程度最大，年租金收入每减少 1%，净现值下降 5.2%；其次是投资额，投资额每增加 1%，净现值下降 3.2%；最后是年经营费用，年经营费用每增加 1%，净现值下降 1.04%。

（5）做敏感性分析图。如图 8-4 所示。

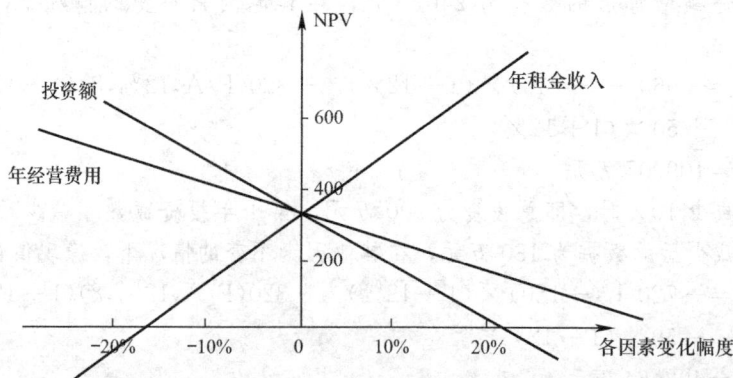

图 8-4　单因素敏感性分析图

通过图 8-4，可以直观地看到各因素变量的变化幅度范围，以及年租金收入、投资额、年经营费用的变动极限值（与横轴的交点坐标）。

8.3.3 多因素敏感性分析

1. 多因素敏感性分析的含义

多因素敏感性分析是分析两个或两个以上的变动因素同时发生变化时，对项目经济效果的影响。它的假定条件是：同时变动的因素相互独立，即各种因素发生变化的概率相等。

一次改变一个变量因素的敏感性分析可以得到一条敏感性曲线。两个变量因素同时变化时的敏感性分析，则可以得到一个敏感面。

2. 两因素敏感性分析

两因素敏感性分析的基本步骤如下：首先，选定敏感性分析的主要经济指标作为分析对象；其次，从众多的不确定因素中，选择两个最敏感的因素作为分析的变量；再次，列出方程式，并按分析的期望值要求，将方程式转化为不等式；最后，做出敏感性分析的平面图。

敏感性分析平面图的做法与单因素敏感性分析图类似。主要做法是：以横轴和纵轴分别代表两种因素的变化率，并将不等式等于零的一系列结果描绘在平面图上，该平面就是两因素敏感性分析平面图。敏感性分析平面图中有一条临界线，该临界线把敏感性分析平面图划分为两半。其中一半表示投资开发项目的效益指标在两因素同时发生变化的情况下仍能达到规定的要求，而另一半则表示项目的效益指标是不可行的（即敏感性分析平面图的该部分净现值小于零或内部收益率小于基准收益率）。

两因素敏感性分析示意图如图 8-5 所示。

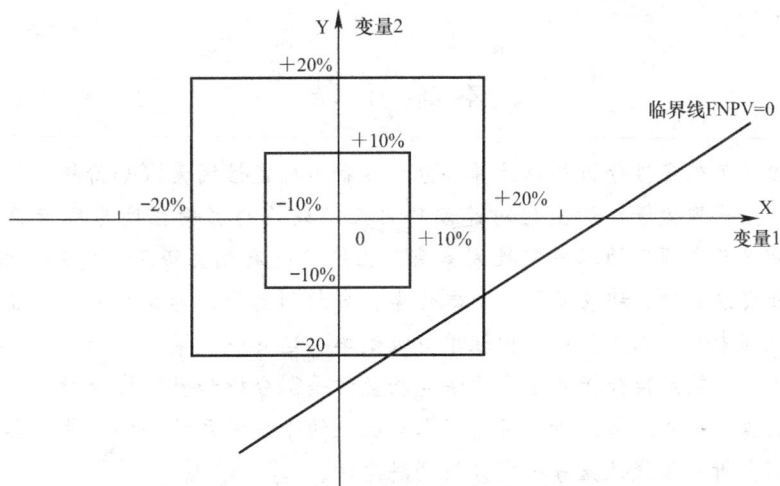

图 8-5　两因素敏感性分析示意图

在一般情况下，多因素同时发生变化所造成的投资效益分析结果失真比单因素大，因此，对一些重要的、投资额大的开发项目，除了要进行单因素敏感性分析外，还应进行多因素敏感性分析。"三项预测值"分析方法是多因素敏感性分析方法中的一种，其基本思路是，对房地产开发项目中涉及的各个因素，分别给出 3 个预测值，即最乐观预测值、最可能预测值、最悲观预测值，根据各变量因素 3 个预测值的相互作用来分析、判断投资者利润受影响的情况。

　　一般说来，多是按照所有因素全部出现乐观情况或全部出现悲观情况或者全部出现最可能情况，计算得出 3 组最有用的结果值，以明确投资者利润大约的变化范围。虽然从房地产开发的实际情况分析，各个变量因素全部为最乐观或最悲观的情况是极少见的，除非政府给予某种特别优惠的政策或者出现全面经济萧条，但给出一个投资者利润变动的总体范围，有助于在房地产开发中向好的方向努力，降低损失的可能性，尽可能保证投资项目决策的正确性。

8.3.4　房地产投资敏感性分析的局限性

　　敏感性分析方法是投资决策中进行方案优选、评审项目取舍不可或缺的决策手段。敏感性分析使投资者更为详细的了解方案的各方面风险情况，有助于确定在决策过程及方案实施过程中需要重点研究和控制的因素。

　　但在使用敏感性分析对房地产投资项目做分析时，必须注意到它的局限性。首先，敏感性分析把各个相互联系的因素割裂开来进行考察，在分析多个因素同时变化对项目产生的影响，或各个因素之间的互相制约和影响上显得缺乏说服力。其次，敏感性分析所涉及的因素变化范围实际上是按照分析人员的主观意志所确定的，因而在分析中具有一定的主观性和猜测性。因此，在进行敏感性分析时，必须注意各种影响因素之间存在的相互依赖关系，广泛深入开展市场调查、项目环境调查，全面掌握充分可靠的有关资料情报，运用科学的分析和判断，更好地克服预测中的片面性，更好地发挥项目敏感性分析的作用。

本　章　小　结

　　房地产投资不确定性分析是以计算和分析各种不确定性因素（如价格、投资费用、成本、经营期、生产规模等）的变化对建设项目经济效益的影响程度为目标的一种分析方法。影响房地产开发项目的不确定性因素有：土地价格及相关费用、建筑安装工程费用、租售价格、开发经营期、租售面积、资本化率、贷款利率等；影响房地产置业投资项目的主要不确定性因素有：购买价格、出租率或吸纳率、运营成本等。

　　房地产投资不确定性分析的主要方法包括盈亏平衡分析和敏感性分析。盈亏平衡分析是通过项目的盈亏平衡点来分析项目的成本与收益的平衡关系的一种方法，具体运用时有线性盈亏平衡分析及非线性盈亏平衡分析两种方法。

　　敏感性分析用以考察项目所涉及的各种不确定性因素对项目基本方案经济效果评价指标的影响，找出对投资项目经济效果评价指标有重要影响的敏感性因素，分析、测算其对项目经济效果评价指标的影响程度和敏感性程度，进而判断项目承受风险的能力。敏感性分析包括单因素敏感性分析及多因素敏感性分析两种主要方法，在使用时多通过敏感性分析图来进行直观判断。

思 考 题

1. 房地产开发项目的主要不确定性因素有哪些？
2. 房地产置业投资项目的主要不确定性因素有哪些？
3. 线性盈亏平衡分析的前提条件有哪些？
4. 敏感性分析的步骤是怎样的？
5. 单因素敏感性分析图的绘制步骤是怎样的？
6. 敏感性分析的局限性是什么？

练 习 题

1. 一栋 28 单元的公寓住宅，预计每单元年净租金收入为 8 万元，每单元年度经营费用中的变动成本为 4 万元，除借贷利息以外的固定费用为 16 万元。试分析：①该公寓投资者无负债情况下的盈亏平衡情况；②如果投资者以 12% 的贷款利率贷款 500 万元，分析此时的盈亏平衡情况。

2. 某房地产开发企业拟建一房地产开发项目，该项目的固定成本为 5000 万元，单位变动成本为 1500 元/m²，项目建成后平均售价为 4000 元/m²，销售税金及附加为 500 元/m²，试求项目盈亏平衡时的开发数量。

3. 设某房地产开发企业拟开发一经济适用房小区，预计开发建设面积 10000m²，开发固定成本为 120 万元，每平方米变动成本 600 元，预计售价 1000 元/m²，销售税率为 5%。若不考虑社会经济因素，该小区项目的预期利润为 230 万元。假定基准利润为 160 万元，试以售价、变动成本、固定成本、销售量为不确定性因素，对开发利润这一评价指标进行敏感性分析。

9 房地产投资风险分析

【学习要点】 通过本章学习，了解风险的含义与构成要素、房地产投资风险的含义、特征；熟悉概率的概念、概率分析的指标、决策树分析法、投资风险识别、风险管理的方法；掌握房地产投资风险的主要类型，具备概率分析、风险管理的操作能力。

9.1 房地产投资风险概述

9.1.1 房地产投资风险的含义

1. 风险的含义与构成要素

一般认为，最早给风险这一概念下定义的是美国人 A 稽威利特（A 稽 Willet），1901 年他所著的博士论文《风险与保险的经济理论》一文中提出："风险是关于不愿意发生的不确定性的客观体现"。其后，许多学者从不同的角度，不同的研究领域给风险下过许多定义。如美国的罗伯特·E·史蒂文斯《市场投资分析》（刘秀云译，机械工业出版社 2000.1，146 页）"投资风险的一个被广为接受的定义是未来收益水平小于预期收益水平的可能性"。但总的来说，目前并没有一个被人们普遍认可的定义。一般认为是：风险是某种不利事件或损失发生的概率及其后果的函数，用数学函数可以表述为：

$$R = F(P, I) \tag{9-1}$$

式中 R——对风险的度量；

P——各种不确定性事件发生的概率；

I——该事件发生的后果，即所有不确定结果的数量值；

F——R、P、I 之间的某种函数关系。

进一步说，风险具体包括三个方面的内涵：①引起风险的风险因素；②风险因素发生的媒介；③风险因素一旦发生给活动和预期目标造成的损失程度。

（1）风险因素

它是风险事故发生的潜在原因，是造成损失的内在或间接原因。

根据性质不同，风险因素可分为物质风险因素，道德风险因素和心理风险因素三种类型。其中物质风险因素是指有形的，并能直接影响事物物理功能的因素，如地震、恶劣的气候造成房屋的倒塌、因疾病传染导致人群的成批死亡等引起或增加人身或财产损失的机会和损失的幅度；道德风险因素是指与人的品德有关的无形的因素，即是指由于个人不诚实、不正直或不轨企图，促使风险事故发生，以致引起社会财富损毁和人身伤亡的原因和条件。如有人对社会或他人心怀不满，故而蓄意进行破坏活动，比如，纵火、抢劫、欺诈，造成社会财产或他人财产及生命蒙受损失；心理风险因素是指与人的心理状态有关的无形的因素，它指由于人的不注意、不关心、侥幸或存在依赖保险的心理，以致增加风险事故发生的概率和损失幅度的因素，如企业或个人投保了财产保险后放松对保险财产的保护措施，投保人身保险后忽视自己的身体健康等。

（2）风险事故

风险事故是造成损失的直接的或外在的原因，是损失的媒介物，即风险只有通过风险事故的发生才能导致损失。

就某一事件来说，如果它是造成损失的直接原因，那么它就是风险事故，而在其他条件下，如果它是造成损失的间接原因，它便成为风险因素。

例如下冰雹路滑发生车祸，造成人员伤亡，这时冰雹是风险因素，而冰雹直接击伤行人，它是风险事故。

（3）风险损失

在风险管理中，损失是指非故意的、非预期的、非计划的经济价值的减少。

通常我们将损失分为两种形态，即直接损失和间接损失。直接损失是指风险事故导致的财产本身损失和人身伤害，这类损失又称为实质损失；间接损失则是指由直接损失引起的其他损失，包括额外费用损失、收入损失和责任损失。在风险管理中，通常将损失分为四类：实质损失、额外费用损失、收入损失和责任损失。

2. 房地产投资风险

房地产投资风险就是指由于投资房地产而造成损失的可能性。这种损失包括投入资本的损失和预期的收益未达到的损失。在房地产投资活动中，风险的具体表现形式有：

（1）高价买进的房地产，由于种种原因只能以较低的价格卖出；

（2）尽管卖出价高于买入价，但是卖出价低于预期价格；

（3）垫支于房地产商品的货币资金由于某种原因遭受损失，投资的资金没有按期收回，或不能收回；

（4）由于财务等方面的原因，在违背自己意愿的情况下抛售房地产。

就房地产开发商而言，投资各个阶段的投资风险表现是不同的，它伴随着各个阶段主要工作的发生而产生。例如在论证设计阶段，主要的风险是市场研究与项目评估分析和预测的准确性；在资金筹措阶段，资本结构的变化会对未来收益产生很大的影响；在项目建设阶段，承包商的项目控制与管理能力、通货膨胀及不可预料事件的发生都对投资者投资目标的实现构成威胁。

房地产投资对于投资者来讲具有一种诱惑力，风险利益会使人作出某种风险选择，并导致风险行为的发生。房地产投资风险不但存在着风险损失、对风险成本的威胁，还存在着风险利益对投资者的诱惑。然而风险利益不是现实的利益，而是一种可能的、未来的利益，只有在实现风险目标之后才能获得这种利益。另外，存在着风险利益的同时又存在着风险损害，使之对投资者具有约束作用。一般来讲，投资者大多是回避风险的，风险因素出现的概率、损害能力和风险成本投入与变动情况会加强这种对投资者的约束。这两种力量的同时存在，必然要求投资者在决策过程中寻求一个平衡点。

9.1.2　房地产投资风险的主要类型

根据风险因素的不同，可以将风险划分为系统风险和非系统风险。系统风险是指由那些能够影响整个市场的风险因素引起的，这些因素包括经济周期、国家宏观经济政策的变动等，这种风险不能通过分散投资来相互抵消或者削弱，因此又称为不可分散风险。非系统风险是一种与特定公司、行业或投资项目个体相关的风险，它与经济、政治和其他影响市场变量的因素无关，通过分散投资，个别风险可以被降低，而且如果分散是充分有效的，这种风险还可以被消除，因此又被称为可分散风险。

1. 系统风险

房地产投资首先面临的是系统风险，投资者对这些风险不易判断和控制，如通货膨胀风险、市场风险、周期风险、资金变现风险、利率风险、政策风险、政治风险和或然损失风险等。

（1）通货膨胀风险

通货膨胀风险是指由于物价水平上升致使投资者未来收益减少而形成的风险，其高低与通货膨胀率的大小密切相关。由于房地产商品价格具有与物价水平同步波动的趋势，因而房地产投资易于保值、增值，并能充分降低因通货膨胀带来的投资风险。但是当通货膨胀率较高时，通货膨胀将导致未来收益的价值下降。若房地产投资收益是以分期付款方式取得，投资者将面临严重的通货膨胀风险，如房地产投资者将房地产以固定利率的分期付款方式出售或以固定租金长期出租房地产，投资者将承担物价上涨所带来的损失。由于房地产投资资金量大、周期长，当物价上涨较快时，投资者面临的通货膨胀风险将会加大。

（2）市场风险

市场风险是指由于供求形势变化，引起市场竞争范围、竞争程度、竞争方式以及房地产市场性质、市场结构、市场发育等变化而导致的风险。市场风险直接影响对房地产的需求，并影响房地产投资收益的实现。由于不同城市的房地产信息系统的效率不同、各类型房地产的投资费用支出不同、需求波动幅度不同，因此，各自的市场风险也是不相同的。

对我国房地产市场而言，即使同一城市同一类型房地产，由于不同的建设性质意味着不同的投资费用，因此，正确、合理地认识市场风险问题就显得更加复杂。直接地防范市场风险的措施是密切关注当地经济发展状况和房地产市场的发展状况，对不同投资项目进行比较选择以决策投资项目。

（3）周期风险

周期风险是指房地产市场的周期波动给投资者带来的风险。正如经济周期一样，房地市场也存在周期波动或景气循环现象。房地产市场周期波动可分为复苏与发展、繁荣、危机与衰退、萧条四个阶段。研究表明，美国房地产市场的周期大约为18～20年，香港为7～8年，日本约为7年。当房地产市场从繁荣阶段进入危机与衰退阶段，进而进入萧条阶段时，房地产市场将出现持续时间较长的房地产价格下降、交易量锐减、新开发建设规模压缩等情况，给房地产投资者造成损失。房地产价格的大幅度下跌和市场成交量的萎缩，致使一些实力不强、抗风险能力较弱的投资者因金融债务问题而破产。

（4）资金变现风险

房地产资金变现风险主要是指在交易过程中可能因变现的时间和方式变化，而导致房地产商品不能变成货币或延迟变成货币，从而给房地产经营者带来损失的风险。首先，由于房地产是固定在土地上的，其交易的完成只能是所有权或是使用权的转移，而其实体是不能移动的。其次，由于房地产价值量大、占用资金多，决定了房地产交易的完成需要一个相当长的过程。这些都影响了房地产的流动性和变现性，即房地产投资者在急需现金的时候却无法将手中的房地产尽快脱手，即使脱手也难达到合理的价格，从而大大影响其投资收益，所以给房地产投资者带来了变现收益上的风险。

（5）利率风险

利率风险是指利率的变化给房地产投资者带来损失的可能性。利率的变化对房地产投资者主要有两方面的影响：一是对房地产实际价值的影响，如果采用高利率折现会影响房地产的净现值收益。二是对房地产债务资金成本的影响，如果贷款利率上升，会直接增加投资者的开发成本，加重其债务负担。调整利率是国家对经济活动进行宏观调控的主要手段之一。通过调整利率，政府可以调节资金的供求关系、引导资金投向，从而达到宏观调控的目的。

（6）政策风险

政府有关房地产投资的产业政策、土地政策、地价政策、税收政策、金融政策、住房政策、价格政策、环境保护政策等的出台，均对房地产投资者收益目标的实现产生巨大影响，从而给投资者带来风险。例如2010年4月中央发布《国务院关于坚决遏制部分城市房价过快上涨的通知》，对房地产价格进行调控，抑制了房价上涨，某种程度上缩小了房地产开发商的利润空间；2011年1月26日，国务院常务会议再度推出八条房地产市场调控措施，要求强化差别化住房信贷政策，对贷款购买第二套住房的家庭，首付款比例不低于60%，贷款利率不低于基准利率的1.1倍，在某种程度上再度抑制市场消费。投资者避免政策风险的最有效办法是，选择政府鼓励的、有收益保证的或有税收优惠政策的项目进行投资。

（7）政治风险

房地产的不可移动性，使房地产投资者要承担相当程度的政治风险。政治风险主要由政变、战争、经济制裁、外来侵略、罢工、骚乱等因素造成。政治风险一旦发生，不仅会直接给建筑物造成损害，而且会引起一系列其他风险的发生，是房地产投资中危害最大的一种风险。

（8）或然损失风险

或然损失风险是指火灾、风灾或其他偶然发生的自然灾害引起的置业投资损失的风险。

尽管投资者可以将这些风险转移给保险公司，然而在有关保单中规定的保险公司的责任并不是包罗万象的，有时还需就洪水、地震、核辐射等灾害单独投保，盗窃险有时也需要安排单独的保单。另外，尽管置业投资者可以要求租客来担负其所承租物业保险的责任，但是一旦发生火灾或其他自然灾害，房子不能再出租使用，房地产投资者的租金收入自然也就没有了。所以，有些投资者在物业投保的同时还对租金收益进行保险，高额的保险费用有时也是房地产投资者的一大笔支出，想要尽可能降低此类风险关键还是要加强物业管理。

2. 非系统风险

房地产投资者通过正确识别和分析非系统风险，可以采取有效措施分散风险，降低造成损失的可能性。

(1) 收益现金流风险

收益现金流风险是指房地产投资实际收益现金流未达到预期目标要求的风险。不论是开发投资，还是置业投资，都面临着收益现金流风险。对于开发投资者来说，未来房地产市场的销售价格、开发建设成本和市场吸纳能力等的变化，都会对开发商的收益产生巨大的影响；而对置业投资者来说，未来租金水平和房屋空置率的变化、物业毁损造成的损失、资本化率的变化、物业转售收入等，也会对投资者的收益产生巨大影响。

(2) 未来经营费用风险

未来运营费用风险是指物业实际运营费用支出超过预期运营费用而带来的风险。即使对于刚建成的新建筑物的出租，且物业的维修费用和保险费均由承租人承担的情况下，也会由于建筑技术的发展和人们对建筑功能要求的提高而影响到物业的使用，使后来的物业购买者不得不支付昂贵的更新改造费用。

(3) 资本价值风险

预期资本价值和现实资本价值之间的差异即资本价值的风险，在很大程度上影响着置业投资的绩效。资本价值在很大程度上取决于预期收益现金流和可能的未来经营费用水平然而，即使收益和费用都不发生变化，资本价值也会随着收益率的变化而变化。这种情况在证券投资市场上最为明显。房地产投资收益率也经常变化，虽然这种变化并不像证券市场那样频繁，但是在几个月或更长一段时间内的变化往往也很明显，而且从表面上看，这种变化和证券市场、资本市场并没有直接联系。房地产投资收益率的变化很复杂，人们至今也没有对这个问题给出权威的理论解释。

(4) 比较风险

比较风险又称机会成本风险，是指投资者将资金投入房地产后，失去了其他投资机会，同时也失去了相应可能收益的风险。

(5) 时间风险

时间风险是指房地产投资中与时间和时机选择因素相关的风险。房地产投资强调在适当的时间，选择合适的地点和物业类型进行投资，这样才能使其在获得最大投资收益的同时使风险降至最低限度。时间风险不仅表现为选择合适的时机进入市场，还表现为物业持有时间的长短、物业持有过程中对物业重新进行装修或更新改造时机的选择、物业转售时机的选择以及转售过程所需要时间的长短等。

(6) 持有期风险

持有期风险是指与房地产投资持有时间相关的风险。一般来说，投资项目的寿命周期越长，可能遇到的影响项目收益的不确定性因素就越多。例如，如果某项置业投资项目的持有期为1年，则对于该物业在1年内的收益以及1年后的转售价格很容易预测；但如果这个持有期是4年，那对4年持有期内的收益和4年后转售价格的预测就要困难得多，预测的准确程度也会差很多。因此，置业投资的实际收益和预期收益之间的差异是随着持有期的延长而加大的。

(7) 技术风险

技术风险是指由于科学技术的进步，技术结构及其相关变量的变动给房地产开发商和经营者可能带来的损失。技术风险主要表现为开发商对房屋户型设计，功能要求，智能科技含量的掌握上。技术风险主要包括：建筑材料改变和变更风险、建筑施工技术和工艺革新风险、建筑设计变动或计算失误风险、设备故障或损坏风险、建筑生产力因素短缺风险、施工事故风险和信息风险等。

房地产投资过程是一个长期的、涉及面广且复杂的过程。这一过程中存在着大量不确定的风险因素，同时还涉及房地产投资者与政府部门、最终用户等之间的诸多关系，涉及大量的政策、法规和法律问题，要做出一系列非确定性决策，这些决策属于风险性决策范畴，决策是否正确，直接影响到投资的效果甚至投资的成败。因此，上述所有风险因素都应引起投资者的重视，而且投资者将这些风险因素对投资收益的影响估计得越准确，所做出的投资决策就越合理。

9.1.3 房地产投资风险的特征

房地产投资风险的特征是房地产风险的本质及其规律的表现。正确认识房地产投资风险的特征，对于建立和完善风险控制和管理机制，减少风险损失，降低风险发生的可能，提高投资活动的效率是具有重要意义的。

1. 客观性

房地产风险的客观性是指房地产风险的存在是客观的，它不以某个人的意志为转移。例如，对市场风险中的购买者来说，单个购买者的行为是受其思想支配的，但其来源也是受个人的经验和社会环境影响的，就其物质性来讲，购买力的整体性是客观存在的，受社会力量支配并有其规律性。

2. 不确定性

房地产投资的风险产生带有不确定性。对于一个特定的项目的一个特定的风险来说，它的发生是诸多因素共同作用的结果，是一种随机现象。

3. 规律性和可预测性

风险的产生是来自于客观条件的不断变化，即风险因素是各种不确定因素的伴随物。但是由于房地产项目的环境变化和实施总是有一定的规律性，所以风险的发生和影响也必然有一定的规律性，风险是可以预测的。

4. 可变性

风险活动除了有规律性，还存在变化的可能性，一旦引起风险的因素发生变化时，风险也必然随之发生变化。在房地产项目实施的整个过程中各种风险在质和量上都可能会发生变化，随着项目的不断持续，有些风险得到控制变小，有些风险会发生并得到有效处理，但与此同时在每一阶段都可能产生新的风险。

5. 潜在性

尽管房地产投资风险是客观存在的，有一定规律性，但风险的不确定性决定了风险的发生需要既定因素的作用，也就是说，风险的可能要变为现实还需要有必要的条件，这就是风险的潜在性。

6. 阶段性

风险的发展不是一成不变的，而是分阶段的，这就是房地产项目风险的阶段性。一般认为它包括 3 个阶段：潜在风险阶段、风险发生阶段、造成后果阶段。

7. 结果双重性

风险所引发的结果可能是损失也可能是收益，这就是房地产项目风险的结果双重性。

传统上把项目风险看成是一种损失，因此项目风险的双重性也就意味着风险与收益机会共存。风险结果的双重性说明，对待风险不应该仅仅是消极地预防，更不应该惧怕；而是要将风险当作是一种经营机会，敢于去承担风险，并在与风险的抗争中战胜风险。

9.2 概 率 分 析

房地产投资风险分析是风险评价的主要手段，其方法就是根据不确定性因素在一定范围内的随机变动，分析确定这种变动的概率分布和它们的期望值以及标准差，说明房地产投资项目在特定收益状态下的风险程度，进而为投资者决策提供可靠依据。风险分析通常情况下被称作概率分析。

9.2.1 概率分析的含义

1. 概率

概率是表示某一随机事件发生可能性大小的数量化指标。假设对某一随机事件进行了 n 次试验与观察，其中事件 A 出现了 m 次，事件 A 出现的频率为 $\dfrac{m}{n}$，通过多次重复试验，常常有 $\dfrac{m}{n}$ 越来越接近于某一稳定值 P，P 即为随机事件的概率。

风险分析的一个重要方面，就是要断定不确定性因素，或者说风险事件发生的概率及其后果的严重程度，因此，风险与概率密切相关（见本章第一节"风险的含义"）。概率是度量某一事件发生的可能性大小的量，它是随机事件的函数。必然发生的事件，其概率为1；不可能事件，其概率为零；一般性的随机事件，其概率在 0 与 1 之间。

2. 概率分析

概率分析是使用概率研究预测不确定性因素对房地产项目经济效益影响的一种定量分析方法，通过分析不确定性因素的变化情况和发生的概率，计算在不同概率条件下房地产投资项目的经济评价指标，说明房地产项目在特定收益状态下的风险程度，从而在投资项目评估时帮助投资人做出科学的决策。同时，运用概率分析可以弥补盈亏平衡分析和敏感性分析在项目决策分析中的局限和不足。概率分析最大的优势在于能够说明项目维持可行或转化为不可行的可能性大小及概率有多大。

概率分析的一般步骤为：

（1）列出需要进行概率分析的不确定性因素；

（2）选择概率分析使用的经济评价指标；

（3）分析确定每个不确定性因素发生的概率；

（4）计算在给定的概率条件下经济评价指标的累计概率，并确定临界点发生的概率。

9.2.2 概率分析对风险的测度

在基础数据不确定的前提下，房地产投资项目财务评价分析中计算得到的各项经济效果评价指标都是不确定的，它们都是随机变量，因此可以用概率论的知识来测度投资风险的大小。下面介绍几个主要的测度风险大小的指标。

1. 期望值

随机变量的各个取值，以相应的概率为权数的加权平均数，称之随机变量的期望值，也称数学期望或均值。它反映随机变量取值的平均化。期望值可以由下式表达：

$$E(x) = \sum_{i=1}^{n} x_{ij} p_i \tag{9-2}$$

式中 $E(x)$——随机变量的期望值；

x_{ij}——第 j 种行动方案在第 i 种自然状态下的损益值；

p_i——各种可能结果出现的概率；

n——所以可能结果的数目。

期望值是房地产投资风险分析中要用到的一个很重要的概念。由于基础经济数据的不确定性，作为随机变量，往往可以取若干个可能值，此时，进行风险分析，总是用基础数据的期望值去计算房地产投资项目的经济效果评价指标（如净现值、内部收益率、利润等等），由于计算得到的评价指标也是随机变量，在进行风险分析时，也是用评价指标的期望值去评价项目财务的可行性和经济合理性。

如果随机变量是利润、净现值、内部收益率等盈利性指标，则其期望值称为损益期望值，它是在综合考察了项目的损失和收益后的可能净效益值。互斥方案选优中，如果方案风险大小相同，一般应选损益期望值最大的方案。

【例 9-1】 某房地产开发公企业有两个投资机会：项目 A 是娱乐性项目，如果市场状况良好，可能获得很高利润，也可能利润一般甚至亏损；项目 B 是普通商品住宅，其销售前景可准确预测出来。假设未来的市场状况只有繁荣、正常、衰退三种情况，两者均在建设期结束进入市场销售，开发投资均需要 4000 万元，其概率分布及各种情况的预期投资收益如表 9-1 所示。应该选择哪个方案？

甲、乙两项目预期投资收益的概率分布　　　　　单位：万元　**表 9-1**

市场状况 方案	繁荣 $p_1 = 0.2$	正常 $p_2 = 0.5$	衰退 $p_3 = 0.3$
项目 A 娱乐性项目	4000	2800	500
项目 B 普通商品住宅	3800	1900	600

解：$E(A) = 4000 \times 0.2 + 2800 \times 0.5 + 500 \times 0.3 = 2350$ 万元

$E(B) = 3800 \times 0.2 + 1900 \times 0.5 + 600 \times 0.3 = 1890$ 万元

由上可知，应该选择项目 A，投资娱乐性项目。

2. 标准差

各项评价指标的不确定，意味着作为随机变量，它们可以取不同的可能值，在这种情况下，我们是依据评价指标的期望值作为项目实施后的预期值，以决定项目的取舍。由于期望值只评价指标各可能取值的加权平均值，而并非评价指标的实际值，评价指标的实际取值只能取各可能值中的一个。因此，用评价指标的期望值来决定项目的取舍时，会由于评价指标的实际取值有可能偏离期望值而使项目产生风险。项目的风险大小可以用评价指标的标准差来测度。标准差大，意味着评价指标各可能取值偏离期望值的离散程度大，概率分布密度程度低，评价指标的不确定性程度大，项目的风险大；反之，标准差小，意味

着项目的风险小。标准差的表达式如下:

$$\sigma = \sqrt{\sum_{i=1}^{n}(X_i - E)^2 \cdot P_i} \qquad (9-3)$$

式中　σ——随机变量的标准差。

【例 9-2】 某房地产开发商面临两个投资方案,其年平均利润可能值及其发生的概率见表 9-2,试选择最佳方案。

各方案年平均利润表　　　　　　　　单位:万元　表 9-2

i	市场需求	发生概率 P_i	年利润 X_i	
			方案 I	方案 II
1	大	0.25	70	30
2	中	0.50	8	7
3	小	0.25	−50	−10

解:(1) 求出两个投资方案的利润期望值:

$$E_1 = \sum_{i=1}^{n} X_i P_i = 70 \times 0.25 + 8 \times 0.5 - 50 \times 0.25 = 9.0 \text{ 万元}$$

$$E_2 = \sum_{i=1}^{n} X_i P_i = 30 \times 0.25 + 7 \times 0.5 - 10 \times 0.25 = 8.5 \text{ 万元}$$

因为 $E_1 > E_2$,似乎应选方案 I,但进一步分析其利润的标准差,就会发现选择方案 I 并非上策。

(2) 计算两方案利润的标准差:

$$\sigma_1 = \sqrt{\sum_{i=1}^{n}(X_i - E)^2 \times P_i} = \sqrt{(70-9)^2 \times 0.25 + (8-9)^2 \times 0.5 + (-50-9)^2 \times 0.25}$$

$$= 42.44 \text{ 万元}$$

$$\sigma_2 = \sqrt{(30-8.5)^2 \times 0.25 + (7-8.5)^2 \times 0.5 + (-10-8.5)^2 \times 0.25} = 14.22 \text{ 万元}$$

显然,σ_1 比 σ_2 大得多,也即方案 I 的风险比方案 II 大得多,而两个方案的利润期望值又很接近,所以应当选择方案 II。

需要特别注意的是:用标准差来测度和比较两个(或两个以上)投资方案的风险大小,要求两个(或以上)方案的评价指标期望值相同或相近,当两个(或以上)方案的评价指标期望值不相同也不相近时,则要用变异系数来测度和比较风险的大小。

3. 变异系数

变异系数也称为投资风险度,等于标准差与期望值之比。用标准差来测度投资项目风险时,可能会出现一个投资成本较高,预期现金流量较大的投资方案,通常比较投资成本较小的投资方案有较大的标准差,但它的风险并不比投资方案小的风险大,只有在两个方案的期望值相等或相近的情况下,利用标准差来测定风险的大小才有意义。用变异系数来测定相对风险的大小可以弥补标准差的不足。所以,标准差是用来测度比较"绝对风险"的,变异系数是用来测度和比较"相对风险"的。变异系数的计算公式为:

$$V = \frac{\sigma}{E} \qquad (9-4)$$

式中　V——变异系数。

变异系数越大，方案风险也越大；反之，方案风险小。

【**例 9-3**】某房地产开发企业拟投资某房地产项目，该项目有两个投资方案：一是投资兴建写字楼；二是投资兴建商场。建成后，两方案均以出租的方式经营，经市场研究和预测，这两种投资方案的年净收益率和市场状况见表 9-3。试通过计算这两个方案年净收益率的标准差和变异系数，比较这两个投资方案的风险大小。

投资方案收益率和市场状况表 表 9-3

方案	年净收益率（%）			市场状况概率		
	需求旺 X_1	需求一般 X_2	需求弱 X_3	需求旺 P_1	需求一般 P_2	需求弱 P_3
1	35	20	8	0.3	0.5	0.2
2	44	19	10	0.2	0.7	0.1

解：（1）先计算两个方案年净收益率的期望值：

$$E_1 = 35 \times 0.3 + 20 \times 0.5 + 8 \times 0.2 = 22.1\%$$

$$E_2 = 44 \times 0.2 + 19 \times 0.7 + 10 \times 0.1 = 23.1\%$$

（2）计算两个方案年净收益率的标准差：

$$\sigma_1 = \sqrt{(35-22.1)^2 \times 0.3 + (20-22.1)^2 \times 0.5 + (8-22.1)^2 \times 0.2} = 9.59\%$$

$$\sigma_2 = \sqrt{(44-23.1)^2 \times 0.2 + (19-23.1)^2 \times 0.7 + (10-23.1)^2 \times 0.1} = 10.78\%$$

（3）计算两个方案年净收益率的变异系数

$$V_1 = \frac{9.59\%}{22.1\%} = 0.43; \quad V_2 = \frac{10.78\%}{23.1\%} = 0.47$$

通过计算比较结果，方案 1 的投资风险度为 0.43，方案 2 的投资风险为 0.47，因此，投资方案 2 的风险要大于投资方案 1，即投资兴建商场的风险比兴建写字楼的风险程度高。

9.2.3 决策树分析法

决策树分析法是直观运用概率分析的一种图解法，也是利用期望值进行投资方案选择，只是将出现的概率及可能出现的各种状态和损益结果绘制在树形图上，因此称之决策树。决策树分析法不仅能解决单阶段决策，特别适用于多阶段决策分析。决策树一般由决策点、机会点、方案枝、概率枝组成，如图 9-1 所示。

首先确定决策点，一般用"□"表示，从决策点引出若干条直线，代表各个决策方案，称之为方案枝，方案枝后连接"○"代表状态节点，从状态节点引出各条直线称为概率枝，概率枝后面的数值代表不同方案在不同状态下获得的收益值。在绘制决策树的同时，为了方便计算，对决策树中的"□"（决策点）和"○"（状态节点）进行编号，按照从左到右、从上到下的原则。

运用决策树进行决策分析，过程是从右至左，逐步进行分析。根据损益值和概率计算出期望值的大小，确定每个方案的结果，最终按结果进行选择。方案舍弃叫剪枝，被舍弃的方案在决策树图形上划双斜杠符号进行标记。最后在决策点上留下一条方案枝，就是最佳方案。

例 9-1 我们利用决策树法进行决策的过程如图 9-2 所示。

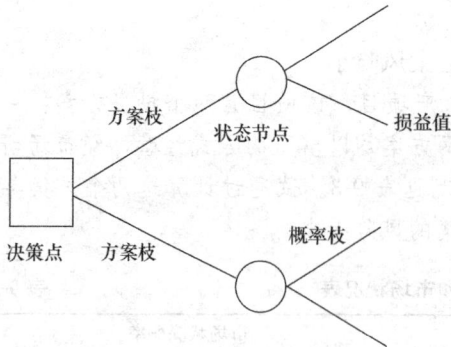

图 9-1 决策树示意图

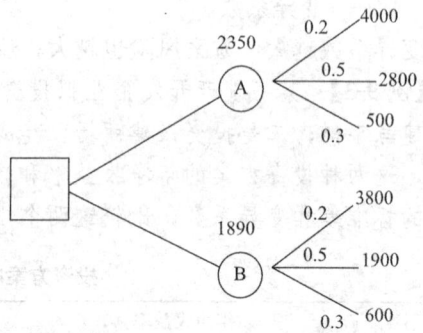

图 9-2 决策树法分析过程演示

9.3 房地产投资风险管理

9.3.1 房地产投资风险识别

1. 风险识别的含义

风险识别是风险管理和风险决策过程的第一步，也是基础的一步，只有全面、正确地识别房地产投资所面临的风险，风险衡量才能进行，风险管理决策才有意义。

风险识别是指借助于各种分析方法，完整地辨识出风险的来源和所在。由于每一个房地产项目本身就是一个复杂的系统，影响因素众多，而且各类风险因素所引起的后果的严重程度也不相同。风险识别就是从系统的观点出发，横观房地产投资项目所涉及的各个方面，纵观项目建设发展过程中的各个环节，将引起风险的极其复杂的事物分解成比较简单、容易被认识的基本单元。在众多影响因素中抓住主要因素，并且分析它们引起投资效果变化的严重程度。

2. 风险识别的方法

风险识别的主要方法有头脑风暴法、德尔菲法、情景分析法、故障树分析法等。

（1）头脑风暴法

1）含义

头脑风暴法又称专家会议法，由美国人奥斯于 1939 年首创。在房地产投资领域，该方法应用于概率的确定，主要是根据确定房地产投资各个不确定因素发生概率的目的与要求，邀请房地产投资专家和其他相关专家，通过会议的形式对拟定的房地产投资不确定因素展开讨论分析，最后综合意见，作出判断，得出房地产投资各个不确定因素发生的概率。该方法可在一个小组内进行，也可以由各专家单独完成，然后由负责人将他们的意见汇集起来，报送专业投资分析人员。

2）适用范围

头脑风暴法一般适用于问题简单、目标明确的情况。如果决策分析的问题较为复杂，是一个综合决策问题，应先将问题分解成几个子系统问题进行研究。经过适当的分解，可以使待分析的问题简化，待解决的任务更为突出、目标更为明确。运用头脑风暴法进行有关风险识别的讨论时，与会成员的讨论指向能趋于集中，效果将更加突出。

3）注意事项

组织头脑风暴会议，一般应注意以下事项：

A. 与会成员的选择与待分析决策问题的性质要一致，同时又要注意选择不同特点的专家参加。如与会成员中，既要有方法论学者，又要有擅长理论分析的专家，还要包括有丰富实践经验的专家等。

B. 参加小组讨论的专家最好是互不相识，会上不公布专家所在的单位、年龄、职称和职务，让每一位与会成员感觉到大家都是平等的。便于大家在讨论时不会因某些已知的信息（如对方的职务、职称等）而影响到自己对观点思想的表达和陈述。

C. 要创造自由的、无拘无束的会议环境。会议主持人应说明会议的召开方式及特点，使与会成员没有任何顾虑，做到畅所欲言，最大限度地激发思维，使与会成员真正产生思维共振、交融与相互启迪。

D. 鼓励与会成员对已经提出的想法进行修正和完善，并为其提供优先发言的机会。

E. 主持人还应在适当的时候作诱导性发言，尽量启发专家的思维、引导与会成员开展讨论和提出质疑。

（2）德尔菲法

1）含义

德尔菲法又称专家意见法，具体是指依据系统的程序，采用匿名发表意见的方式，即专家之间不得互相讨论，不发生横向联系，只能与调查人员发生关系，通过多轮次调查专家对问卷所提问题的看法，经过反复征询、归纳、修改，最后汇总成专家基本一致的看法，作为预测的结果。

2）实施步骤

A. 组成专家小组。按照课题所需要的知识范围，确定专家。专家人数的多少，可根据预测课题的大小和涉及面的宽窄而定，一般不超过20人。

B. 向所有专家提出所要预测的问题及有关要求，并附上有关这个问题的所有背景材料，同时请专家提出还需要什么材料。然后，由专家做书面答复。

C. 各个专家根据他们所收集的材料，提出自己的预测意见，并说明自己是怎样利用这些材料并提出预测值的。

D. 将各位专家第一次判断意见汇总，列成图表，进行对比，再分发给各位专家，让专家比较自己同他人的不同意见，修改自己的意见和判断。也可以把各位专家的意见加以整理，或请身份更高的其他专家加以评论，然后把这些意见再分送给各位专家，以便他们参考后修改自己的意见。

E. 将所有专家的修改意见收集起来，汇总，再次分发给各位专家，以便做第二次修改。逐轮收集意见并为专家反馈信息是德尔菲法的主要环节。收集意见和信息反馈一般要经过三、四轮。在向专家进行反馈的时候，只给出各种意见，并不说明发表各种意见的专家的具体姓名。这一过程重复进行，直到每一个专家不再改变自己的意见为止。

F. 对专家的意见进行综合处理。

3）注意事项

组织实施德尔菲法时，应该注意以下事项：

A. 由于专家组成员之间存在身份和地位上的差别以及其他社会原因，有可能使其中一些人因不愿批评或否定其他人的观点而放弃自己的合理主张。要防止这类问题的出现，必须避免专家们面对面的集体讨论，而是由专家单独提出意见。

B. 对专家的挑选应基于其对企业内外部情况的了解程度。专家可以是第一线的管理人员，也可以是企业高层管理人员和外请专家。例如，在估计未来企业对劳动力需求时，企业可以挑选人事、计划、市场、生产及销售部门的经理作为专家。

C. 为专家提供充分的信息，使其有足够的根据做出判断。例如，同样在估计未来企业对劳动力需求时，应为专家提供所收集的有关企业人员安排及经营趋势的历史资料和统计分析结果等。

D. 所提出的问题应是专家能够回答的问题。

E. 允许专家粗略的估计数字，不要求精确。但可以要求专家说明预计数字的准确程度。

F. 尽可能将过程简化，不问与预测无关的问题。

G. 保证所有专家能够从同一角度去理解相关定义。

H. 向专家讲明预测的重要性，以争取他们对德尔菲法的支持。

4）适用范围

德尔菲法作为一种主观、定性的方法，不仅可以用于预测领域，而且可以广泛应用于各种评价指标体系的建立和具体指标的确定过程。

例如，我们在考虑一项投资项目时，需要对该项目的市场吸引力作出评价。我们可以列出同市场吸引力有关的若干因素，包括整体市场规模、年市场增长率、历史毛利率、竞争强度、对技术的要求、对能源的要求、对环境的影响等。市场吸引力这一综合指标就等于上述因素的加权求和。每个因素在构成市场吸引力时的重要性即权重和该因素的得分，需要由管理人员的主观判断来确定。这时，我们同样可以采用德尔菲法。

（3）情景分析法

情景是一个投资项目或某个房地产企业未来状态的描述，或者按年代的梗概进行的描述。其研究的重点是：当某种因素变化时，整个情况会怎么样？会有什么危险发生？就像电影的一幕幕场景一样，供人们研究比较。运用这种方法可以帮助识别在房地产投资中引起危险的关键因素及其影响程度，它的具体应用分为筛选、监测和诊断三个步骤。

情景分析法适用于：提醒房地产投资者注意某种措施或政策可能引起的风险或危险的后果；建议需要进行监测的房地产投资风险范围；研究某种关键性因素对未来房地产投资决策过程的影响。

（4）故障树分析法

1）含义

故障树分析技术是美国贝尔电报公司的电话实验室于 1962 年开发的，它采用逻辑的方法，形象地进行危险的分析工作，特点是直观、明了、思路清晰、逻辑性强，可以做定性分析，也可以做定量分析。故障树分析法原理是将复杂的事物分解成比较简单的、容易被认识的事物。具体做法是利用图解的形式将大的故障分解成各种小的故障，或对各种引起故障的原因进行分解、细化。故障树作为一种有效的风险识别方法，故障树实际上变成了风险树。此时可以将企业面临的主要风险分解成许多细小的风险，将产生风险的原因一层又一层地分析，排除无关的因素，从而准确地找到对房地产投资者真正产生影响的风险及原因。

2）实施步骤

A. 熟悉系统。要详细了解系统状态及各种参数，绘出业务流程图或布置图。

B. 调查事故。收集事故案例，进行事故统计，设想给定系统可能发生的事故。

C. 确定顶上事件。要分析的对象即为顶上事件。对所调查的事故进行全面分析，从中找出后果严重且较易发生的事故作为顶上事件。

D. 确定目标值。根据经验教训和事故案例，经统计分析后，求解事故发生的概率（频率），以此作为要控制的事故目标值。

E. 调查原因事件。调查与事故有关的所有原因事件和各种因素。

F. 画出故障树。从顶上事件起，逐级找出直接原因的事件，直至所要分析的深度，按其逻辑关系，画出故障树。

G. 分析。按故障树结构进行简化，确定各基本事件的结构重要度。

H. 事故发生概率。确定所有事故发生概率，标在故障树上，并进而求出顶上事件（事故）的发生概率。

I. 比较。比较分可维修系统和不可维修系统进行讨论，前者要进行对比，后者求出顶上事件的发生概率即可。

原则上是上述九个步骤，在分析时可视具体问题灵活掌握，如果故障树规模很大，可借助计算机进行。目前我国故障树分析一般都考虑到第七步进行定性分析为止，也能取得较好效果。

对于以上几种分析方法，由于情景分析法、故障树分析法均需要借助计算机系统，而不同的分析目标又需要不同的计算机程序，在房地产投资分析中应用成本较高，难度也较大。头脑风暴法和德尔菲法使用方式较为简单，运用范围广泛，成本较低，效率较高，故在房地产投资分析中得到了广泛运用。

9.3.2 房地产投资风险管理

房地产投资风险管理即房地产投资风险防范与处理，它的基本方法可分为控制型和财务型两大类。控制型方法是避免、消除和减少意外事故发生的机会、限制已发生损失继续扩大的一切措施，重点在于改变引起房地产项目意外事故和扩大损失的各种条件。财务型方法是在实施控制型方法后，对无法控制的房地产投资风险所做的财务安排，这一类方法的核心是将消除和减少风险的成本均匀地分布在一定时期内，以便减少因随机性的巨大损失发生而引起财务上的波动，通过财务处理，可以把风险成本降低到最低程度。上述方法可以归结为下列几种：

1. 风险回避

风险回避是指房地产投资者通过房地产投资风险的识别和估计，发现某项房地产投资活动可能带来巨大的风险损失时，事先就避开风险源地或改变投资方式，主动放弃或拒绝实施这些可能导致风险损失的投资活动，以消除风险隐患。这是一种相对最为彻底的处理手段，是一种完全自给自足型的风险管理技术，有效的回避措施可以在房地产投资风险事件发生之前完全消除其给投资者造成某种损失的可能，而不再需要实施其他风险管理措施。

但是，风险回避虽然在一定程度上有效地消除风险源，避免可能产生的潜在损失或不确定性，但其在房地产实际开发运作中的应用也具有很大的局限性：

(1) 风险回避只有在开发商对风险事件的存在与发生、对损失的严重性完全确定时才具有意义，而一般开发商不可能对房地产投资中所有的风险都能进行准确识别和衡量。

(2) 由于风险回避措施通常与放弃某项投资活动相联系，这虽然使开发商遭受损失的可能性降为零，但同时也使其失去获得相关收益的可能性。

(3) 避免某种房地产投资风险实现或采用风险回避措施在经济上是不合理的。房地产投资中潜在着的各种经济风险、社会风险和自然风险，如社会经济发展的周期性、气候异常等都是难以回避的。

(4) 房地产投资风险无处不在，有时避开了某一种风险却又可能导致另外一种或几种新的风险，不同的开发方案具有不同的风险产生，避不胜避。

2. 风险自留

风险自留是指房地产投资者以其自身的财力来负担未来可能的风险损失。风险自留可以包括两个方面的内容：承担风险和自保风险。承担风险与自保风险都是房地产投资者以自己的财力来补偿风险的损失，区别在于后者需要建立一套正式的实施计划和一笔特别的损失储备或者基金；而前者则无需建立这种计划和基金，当损失发生时，直接将损失摊入成本。有些风险虽然也会带来经济损失，但由于损失规模较小，对房地产经营者影响不大，在此情况下可以采用承担风险的方法加以处理。承担风险要考虑企业的财务承受能力。自保风险用于处理那些损失较大的房地产风险，由于这些风险带来的损失较大，无法直接摊入成本。

(1) 承担风险

承担风险是指某种风险不可避免或该风险的存在可能获得较大利润或较少支出时，企业本身将风险承担下来，自身承受风险所造成的损失。它分为两类：一是消极的自我承担，是由于没有意识到风险的存在，因而没有处理风险准备时，或明知风险存在却因疏忽怠慢而低估了潜在的损失程度时，所产生的风险自留，都属于消极的自我承担；二是积极的自我承担，是指自己承担风险比其他方法更经济合理，或者预计损失不大，企业有能力自我承担的情况。承担风险要考虑企业的财务承受能力。其适用范围为：

1) 用其他方法处理的成本大于自我承担风险的代价。

2) 有些风险虽然也会带来经济损失，但由于损失规模较小，对房地产经营者影响不大，在此情况下可以采用承担风险的方法加以处理。

3) 不可转移出去的风险。

4) 风险管理人员由于缺乏风险的技术知识，或疏忽处理而造成的风险损失。

(2) 自保风险

自保风险是企业本身通过预测其拥有的风险损失发生的概率与程度，并根据企业自身的财务能力预先提取基金以弥补风险所致损失的积极性自我承担。自保风险用于处理那些损失较大的房地产风险，由于这些风险带来的损失较大，无法直接摊入成本，所以需要采用自保风险的办法。自保风险通常是根据对未来风险损失的测算，采取定期摊付、长期积累的方式在企业内部建立起风险损失基金，用以补偿这些风险所带来的损失。自保风险与保险经营的基本原理基本一致，但是由于自保风险的损失成本在一个企业内部进行，因而房地产投资者只支付实际损失额，免除了保险公司的利润和管理费。自保风险主要有以下三种表现形式：

1）将风险损失摊销计入成本；

2）建立和使用内部风险损失基金；

3）组织和经营专业自保公司，降低企业总体风险水平，提高收益能力。

3. 风险转移

风险转移就是将各种风险因素采用一定措施转移出去。一般来说，风险转移的形式有三种：一种是作为风险控制措施的风险转移，既通过契约或合同将损失的财务负担和法律责任转移给非保险业的其他人，以达到降低风险发生频率和缩小其损失程度的目的，包括将承担有风险的财产或活动转移给别人和将风险本身转移给其他人；另一种是作为风险财务措施的非保险风险转移，既寻求外部资金来支付可能发生的损失，将损失的财务负担转移给其他人，这种方式包括转移财务责任和发行房地产投资公司股票；第三种形式是保险转移，保险是由保险人或保险公司对被保险的经济损失所提供的保障，是被保险人以合同的形式将各种自然灾害、意外事故等可能造成的各种损失转移给保险公司。房地产投资风险的转移方法主要有：契约型转移、项目资金证券化、投保转移等。

（1）契约型转移

在房地产投资中，契约型的转移主要包括预售、预租、出售一定年限的使用权、项目工程出包、分包等方式。

1）预售、预租。在房地产投资过程中，预期的房地产价格和需求量是在项目开发前根据市场情况预测的，但在项目长时间的开发期内，市场的变化具有不确定性，因此待项目完工推出时其市场状况与预测的想必可能已经疲软，这时投资者会因此承担较大的风险。如果投资者在开发过程中采取了预售、预租这两种销售方式就可以将风险转移出去：第一，把价格下降、租金下降带来的风险转移给了客户、承租人；第二，把物业空置带来的风险转移给了客户、承租人。

2）出售一定年限的房地产使用权。出售一定年限的房地产使用权实际上是房地产融资的一种方式，投资者实在不愿意出售开发房地产又不愿承担抵押贷款的债务压力但又不得不利用该房地产来筹集大量资金的一种较好的方法。其做法是把房地产一定年限的使用权出售出去，到期后投资者收回房地产的使用权。这种做法一般多见于商业房地产，且出售的年限较长。出售一定年限的房地产使用权可以为投资者筹集大量资金，而且也能为投资者转移不少风险。第一，出售一定年限的房地产使用权可以把在出售期间因房地产租金下跌、空置率增加引起的风险转移出去。第二，出售一定年限的商业房地产，尤其是商场、酒店物流也可以把经营期内必经的非正常经营期所引起的风险，或因经营管理不善造成的非正常经营期人为延长而引起的风险转移出去，等到其使用权收回时，经营状况已走了正常经营的轨道。

3）项目工程发包与分包。项目工程发包与分包是投资者与承包商签订合同将工程承包给建筑商和投资者自己承揽工程但分包给各建筑商进行施工建设。投资者使用这种方法可以把因工期延长、建筑施工质量低下引起的风险转移给承包商。采用项目工程发包和分包方法转移风险必须注意以下几个问题：①承包合同中必须明确规定双方权利和义务。承包合同必须是经过公证的具有法律效力的协议；②选择适当的合同形式。严格控制承包费用因合同形式不得当，或具体条款不严密，避免因此产生的建筑成本上升而引起的风险；③明确经济责任，规定延误工期、建筑施工质量低下或其他违约情况的处罚办法。

（2）房地产投资项目资金证券化

房地产投资项目资金证券化是指房地产项目的直接投资资金转化为有价证券的形态，使投资者与标的物之间有直接的物权关系转变为以有价证券为承担形式的债权债务关系。房地产投资项目资金证券化能较好地转移风险。房地产投资项目资金证券化有两种途径及相应的转移风险的能力。

1）发行股票、债券等有价证券筹集项目资金。股票、债券持有人为该项目的与其有价证券价值相适应的投资分权主体，股票、债券可以转让。这实际上是所有权的证券化及分散。这种方式能较好地转移风险：首先，发行股票，每一个持票人都是该项目的股东，股东在分享权益的同时，也承担项目的风险从而把项目一定比例的风险转移给了其他股东。其次，发行债券，虽然到期可以兑换，但把在持有期内因利率变动所引起的融资成本加大的风险化解出去了。最后，股票可以转让，增加了不动产的流动性，发行股票的筹资者在自己认为必要时随时可以抛售自己所占有的股票份额来转移投资风险。

2）成立房地产投资信托机构，投资者将项目资金交给房地产投资信托机构，由投资信托机构开发经营项目，投资信托机构将投资资金证券化，并将相应的有价证券交给投资者，投资者凭有价证券收取相应的利润。这样投资者就把自己开发经营所引起的风险转嫁给了房地产信托机构。

（3）投保转移

有些风险，由于人们对自然力失去控制或自然本身发生异常所造成损失的可能性，我们可以事先向专业保险公司投保，这种风险一旦发生，我们就可以向保险公司索赔，获得保险公司的补偿，从而将房地产投资风险转移给保险公司。

4. 风险组合

这种方法是将许多类似的但不会同时发生的风险集中起来考虑，从而能较为准确地预测未来风险损失发生的状况，并使这一组合中发生风险的损失部分，能得到其他未发生风险损失且取得风险收益的部分补偿。例如，房地产投资者分别将资金投入住宅与办公大楼，如果投入住宅的部分遭受损失，而投入办公大楼的部分不但未遭受损失，而且获得较高的收益，则投入办公楼部分的收益就可以补偿投资于住宅所遭受的损失。

风险组合可以通过投资者所面临的风险单位进行空间与时间的分离，这样便可以达到减轻风险损失的目的。房地产投资项目独立性的增加和相关性的降低，在其他情况不变的情况下，是能够减轻风险的。风险组合也可以通过增加风险单位数量来提高企业预防未来损失的能力。房地产投资者可以通过企业合并或内部扩大规模从事多种经营规避风险。这在市场波动大、竞争激烈的环境中是极为成功的。

5. 风险预控

风险的客观存在使投资者不得不寻找更为积极的办法来预防风险。而做好市场研究是这种积极的办法之一。降低风险发生可能性就需要作充分的市场研究。在投资过程中的收益和支出的预测，资金的机会成本和市场价值的估算等，都是从市场研究中得到的。全面的市场现状调查、客观的需求供给增长预测、严谨的未来供需缺口分析都是建立在科学手段基础之上，单凭主观臆测做出的可行性研究是风险发生的必要因素。投资者关于投资环境的信息越多，信息质量越高，那么投资者所作的预想可能越准确；对市场信息的细致研究，会导致对开发过程和经营成果的较准确的估计，从而使风险在事先就得到很好的控制。

本 章 小 结

房地产投资风险分析就是根据房地产投资不确定性因素在一定范围内的随机变动，分析确定这种变动的概率分布和它们的期望值以及标准偏差，说明房地产项目在特定收益状态下的风险程度，进而为投资者决策提供可靠依据。

概率分析是使用概率研究预测不确定性因素对房地产项目经济效益影响的一种定量分析方法，通过分析不确定性因素的变化情况和发生的概率，计算在不同概率条件下房地产投资项目的经济评价指标，说明房地产项目在特定收益状态下的风险程度，从而在投资项目评估时帮助投资人做出科学的决策。

房地产投资风险管理主要包括风险识别和风险管理两方面。

风险识别是指借助于各种分析方法，完整地辨识出风险的来源和所在。有头脑风暴法、德尔菲法、情景分析法、故障树分析法等识别方法。

风险管理即房地产投资风险防范与处理，它的基本方法可分为控制型和财务型两大类。

思 考 题

1. 风险的构成要素有哪些？
2. 房地产投资风险包括哪些主要类型？
3. 简述房地产投资风险识别的方法。
4. 风险测度用到的指标有哪些？如何进行风险程度判断？
5. 简述地产投资风险管理的方法。

练 习 题

1. 某投资者以78万元购买了一个商铺单位2年的经营权，第一年净现金流量可能为：33万元、24万元和19万元，概率分别为0.2、0.6和0.2；第二年净现金流量可能为：42万元、30万元和17万元，概率分别为0.15、0.7和0.15，若折现率为10%。问购买商铺投资是否可行。

2. 某房地产开发商有三个可行的方案，见表9-4。三个方案投资额分别为：A方案1000万元，B方案2000万元，C方案200万元，项目经营期为10年。试用决策树法选择最优方案（$i=10\%$）。

各方案损益及概率表 单位：万元　**表 9-4**

状态 概率 损益值	经营状况好 0.5	经营状况一般 0.3	经营状况差 0.1	经营状况极差 0.1
A 方案	200	100	−10	−45
B 方案	220	150	−20	−60
C 方案	68	43	−8	−12

10 房地产投资社会影响分析

【学习要点】 通过本章学习，了解房地产投资社会影响分析的概念、作用及特征、房地产投资社会信息调查的程序；熟悉房地产投资社会影响分析的主要内容、程序、相关影响分析的内涵与程序；掌握社会信息调查与搜集的方法。

10.1 社会影响分析概述

10.1.1 社会影响分析的概念及特征

1. 社会影响分析的概念

社会影响分析又称为社会影响评价或社会评价，是识别和评价项目的各种社会影响，分析当地社会环境对拟建项目的适应性和可接受程度。

房地产投资社会影响分析是分析拟建房地产项目对当地社会的影响和当地社会条件对项目的适应性和可接受程度，评价项目的社会可行性，旨在促进房地产项目的利益相关者对项目投资活动的有效参与，优化项目建设实施方案，规避投资项目的社会风险。

房地产投资项目是在一定的社会环境条件下实施的，在其投资建设和经营过程中，会产生各种各样的社会影响。房地产投资项目的利益相关者根据其获得收益或受到损失的情况，以不同的途径和方式对项目的建设实施施加各种影响，这种影响通过项目传递到社会生活的方方面面。项目的社会影响分析越来越受到重视，是评价项目可行性必不可少的一环，具有很重要的作用。

房地产投资社会影响分析的作用如下：

（1）有利于经济发展目标与社会发展目标协调一致，防止单纯追求项目经济效益

实践证明，项目建设与社会发展能够协调配合，是促进经济发展目标和社会目标实现的基本前提，是建设和谐社会，实现以人为本的科学发展观的基本要求。

（2）有利于项目所在地区利益协调一致，减少社会矛盾和纠纷，防止可能产生的不利社会影响和后果，促进社会稳定

分析有利影响和不利影响的大小，判断有利影响和不利影响在项目投资效果中的分布情况，是判断一个项目好坏的重要尺度之一。房地产投资社会影响分析将社会影响加以量化，提出不利影响，加强有利影响，促进利益协调发展。

（3）有利于避免或减少项目建设和运营的社会风险，提高投资效益

房地产投资社会影响分析侧重于分析项目是否适合当地人群的文化生活需要，包括文化教育、卫生健康、宗教信仰、风俗习惯等；考察当地人群的需求状况，对项目的态度如何，支持还是反对。这就可以有效减少和避免社会风险发生，促进社会和谐和进步，同时提高房地产投资项目的收益水平。

【阅读材料】 目前，对房地产投资项目的科学的可行性研究越来越成为一个项目获得成功的必备条件。《房地产开发项目经济评价方法》中，房地产投资项目的可行性研究主要包括财务评价（财务分析）和综合评价。财务评价是指投资分析人员在房地产市场调查与预测，项目策划，投资、成本和费用估算，收入估算和资金筹措等基本资料和数据的基础上，通过编制基本财务报表，计算财务评价指标，对房地产投资项目的盈利能力、清偿能力和资金平衡状况所进行的分析，据此评价和判断投资项目在财务上的可行性。房地产投资项目综合评价，包括综合盈利能力分析和社会影响分析。应从区域经济社会发展的角度，分析和计算房地产投资项目区域经济效益和费用，考察项目对社会经济的净贡献，判断项目的社会经济合理性。

《房地产开发项目经济评价方法》中，社会影响分析是定性和定量的描述难以用货币计量的间接效益和间接费用对房地产投资项目的影响。社会影响分析主要包括下列内容：

（1）就业效果分析。就业效果分析主要是指考察房地产项目对区域劳动力就业的影响。如果当地并无就业压力，项目范围内主要使用外来劳动力，则不必进行就业效果分析。就业效果以就业成本和就业密度两项指标来进行描述，并可与当地的相应指标进行比较。

（2）对区域资源配置的影响。

（3）对环境保护和生态平衡的影响。

（4）对区域科技进步的影响。

（5）对区域经济发展的影响。主要包括：对繁荣商业服务的影响、对促进旅游业的影响、对发展第三产业的影响等。

（6）对减少进口（节汇）和增加出口（创汇）的影响。

（7）对节约及合理利用国家资源（如土地、矿产等）的影响。

（8）对提高人民物质文化生活及社会福利的影响。

（9）对远景发展的影响。

2. 房地产投资社会影响分析的特征

（1）宏观性

房地产投资项目进行社会影响分析所依据的是社会发展目标，考察房地产投资项目对实现社会发展目标的作用和影响，而社会发展目标本身是依据国家和地区的宏观经济与社会发展需要来制定的。社会发展目标包括经济增长目标、国家安全目标、人口控制目标、减少失业和贫困目标、环境保护目标等，涉及社会生活的方方面面。在进行房地产投资项目的社会影响分析时要认真考察与房地产投资项目建设相关的各种可能的影响因素，这种分析和考察应该是全面的，是从所有与项目相关的社会成员角度进行的，带有广泛性和宏观性。

（2）长期性

一般经济评价只考察投资项目大约 20 年的经济效果，而社会影响分析关系社会经济发展和地区长期发展、人口增长与生存，因此通常要考虑中期和远期发展规划及要求，在某些领域可能涉及几十年、上百年。

（3）目标的多样性和复杂性

社会影响分析的目标分析是按国家、地方和当地社区三层次展开的，通常低层次的社会目标依据高层次的社会目标制定。因此，社会影响分析需要从国家、地方、社区三个不同的层次进行分析，做到宏观分析与微观分析相结合。社会目标层次的多样性，决定了社会影响分析需要综合考察社会生活的各个领域与项目之间的相互关系和影响，必须分析多个社会发展目标、多种社会政策、多种社会影响和多样的人文环境因素，这个过程必然带有复杂性，还需要采用综合评价的方法。

（4）分析指标和标准的差异性

社会影响分析在不同行业和不同地区间差异明显。环境多样性、影响因素复杂性、社会目标多元化、社会效益本身的多样性，这些原因使得难以使用统一的量纲、指标和标准来计算和比较社会影响效果。因此，社会影响分析通用指标少，专用指标多；定性指标多，定量指标少。

10.1.2 房地产投资社会影响分析的内容

1. 房地产投资社会影响分析的内容

房地产投资社会影响分析在内容上分成三个部分，包括：社会影响分析、互适性分析、社会风险分析。

（1）社会影响分析

社会影响分析在内容上可分为三个层次，从国家、地区、社区三个层面展开，包括正面影响和负面影响。具体分析内容按照当前各类社会问题考虑包括以下内容：

1）对所在地居民收入的影响分析

主要分析预测由于项目实施可能造成当地居民收入增加或者减少的范围、程度及其原因；收入分配是否公平，是否扩大贫富收入差距，并提出促进收入公平分配的措施建议。

2）对居民生活水平和生活质量的影响分析

分析预测项目实施后居民居住水平、消费水平、消费结构、人均寿命等方面的变化及原因。

3）对居民就业的影响分析

分析预测项目的建设、运营对当地居民就业结构和就业机会的正面与负面影响。其中正面影响是指可能增加就业机会和就业人数，负面影响是指可能减少原有就业机会及就业人数，以及由此引发的社会矛盾。

【例 10-1】 某项目总投资为 270 万元（包括直接投资 200 万元，相关投资 70 万元）。项目可提供总就业人数 300 人（其中直接就业 200 人，间接就业 100 人），详见表 10-1。试评估总就业效益、直接就业效益和间接就业效益。

项目就业影响表　　　　　　　　　　　　　　　　　　表 10-1

投资类别	新就业机会（人）			投资（万元）
	非熟练工人	熟练工人	总数	
项目本身	50	150	200	200
供给投入项目	20	30	50	30
使用产出项目	10	40	50	40
总计	80	220	300	270

解：总就业效益＝300人/270万元＝1.11人/万元

熟练工就业效益＝220人/270万元＝0.8人/万元

非熟练工就业效益＝80人/270万元＝0.3人/万元

直接就业效益＝200人/200万元＝1.0人/万元

间接就业效益＝100人/70万元＝1.43人/万元

4）对不同利益相关者的影响分析

分析预测项目的建设和运营使哪些人受益或受损，以及对受损群体的补偿措施和途径。

5）对弱势群体利益的影响

分析预测项目的建设和运营对当地妇女、儿童、残疾人员利益的正面或负面影响，对弱势群体利益的负面影响如何处理，应采取哪些措施。

6）对文化、教育、卫生的影响分析

分析预测项目的建设和运营期间是否可能引起当地文化教育水平、卫生健康程度的变化以及对当地人文环境的影响，提出减少不利影响的措施建议。

7）对基础设施、社会服务容量和城市化进程等的影响分析

分析预测项目的建设和运营期间，是否可能增加或者占用当地的基础设施，包括道路、桥梁、供电、给排水、供汽、服务网点，以及产生的影响。

8）对少数民族风俗习惯和宗教的影响分析

分析预测项目建设和运营是否符合国家的民族和宗教政策，是否充分考虑了当地民族的风俗习惯、生活方式或者当地居民的宗教信仰，是否会引发民族矛盾、宗教纠纷，影响当地社会安定。

通过以上分析，对项目的社会影响做出评价。编制社会影响分析表，见表10-2。

项目社会影响分析表　　　　　　　　　　　　　　表10-2

序号	社会因素	影响的范围、程度	可能出现的后果	措施建议
1	对所在地居民收入的影响			
2	对居民生活水平和生活质量的影响			
3	对居民就业的影响			
4	对不同利益相关者的影响			
5	对弱势群体利益的影响			
6	对文化、教育、卫生的影响			
7	对基础设施、社会服务容量和城市化进程等的影响			
8	对少数民族风俗习惯和宗教的影响			

（2）互适性分析

互适性分析主要是分析预测房地产投资项目能否为当地的社会环境、人文条件所接纳，以及当地政府、居民支持项目存在和发展的程度，考察项目与当地社会环境的相互适应关系。主要包括以下内容：

1）分析预测与项目直接相关的不同利益群体对房地产项目建设和运营的态度及参与

程度，选择可以促成项目成功的各利益群体的参与方式，对可能阻碍项目存在与发展的因素提出防范措施。分析内容包括：项目所在地区不同利益相关者参与项目活动的重要性，对当地人群的参与有影响的关键的社会因素，在项目社区中是否有一些群体被排斥在项目设计方案之外或在项目方案中没有发表意见的机会，找出项目地区的人群参与项目设计、准备和实施的恰当的形式和方法。

2）分析预测与项目所在地区的各类组织对项目建设和运营的态度，可能在哪些方面、在多大程度上对项目予以支持和配合。分析内容包括：当地政府对项目的态度及协作支持的力度；当地群众对项目的态度以及群众参与的程度。

3）分析预测项目所在地区现有技术、文化状况能否适应项目建设和发展。一方面考虑项目能否得到成本较低的技术工人、相关技术支持，另一方面考虑项目建成后能否被所在地区接受，即是否符合文化习惯。

通过项目与所在地的互适性分析，评价当地社会对项目适应性和可接受程度，编制社会对项目的适应性和接受程度分析表，见表10-3。

社会对项目的适应性和可接受程度分析表　　　　　　　　　　表 10-3

序号	社会因素	适应程度	可能出现的问题	措施建议
1	不同利益相关者的态度			
2	当地社会组织的态度			
3	当地技术、人文环境条件			
4	当地政府及主管部门态度			

（3）社会风险分析

项目的社会风险分析是对可能影响项目的各种社会因素进行识别和排序，选择影响面大、持续时间长，并容易导致较大矛盾的社会因素进行预测，分析可能出现这种风险的社会环境和条件。通过分析社会风险因素，编制项目社会风险分析表，见表10-4。

社会风险分析表　　　　　　　　　　表 10-4

序号	社会因素	适应程度	可能出现的后果	措施建议
1	拆迁安置问题			
2	弱势群体支持问题			
3	受损补偿问题			
4	政策支持问题			

2. 房地产投资社会影响分析范围的界定

（1）社会影响分析的项目范围

社会影响分析难度大、要求高，并且需要一定的资金和时间投入，因此并不要求任何项目都进行社会影响分析。一般而言，社会影响分析的主要针对那些当地居民受益较大、对人们生活影响较大、容易引起社会矛盾的房地产投资项目进行社会影响分析。

（2）需要进行社会影响分析项目的特征

①项目地区的居民无法从以往的发展项目中受益或历来处于不利地位；②项目地区存在比较严重的社会、经济不公平等现象；③项目地区存在比较严重社会问题；④项目地区面临大规模企业结构调整，并可能引发大规模的失业人口；⑤可预见到项目会产生重大负面影响，如非自愿搬迁、文物古迹严重破坏；⑥项目活动会改变当地人口的行为方式和价值观念；⑦社区参与对项目效果可持续性和成功实施十分重要；⑧项目分析人员对项目影响群体和目标群体的需求及项目地区发展的制约因素缺乏足够的了解。

（3）社会评价重点关注的人群范围

社会评价的中心主题是强调以人为本。从以人为本的思想出发，就必然要求在社会影响分析中将人的因素放在中心位置予以考虑，社会影响分析重点关注人群范围如下：

①贫困人口：贫困人口的社会影响力明显较弱，如果不特别关注，就很容易忽视他们的声音和权益；②少数民族；对于房地产项目的社会影响分析要特别关注项目对少数民族的风俗习惯和宗教方面的影响；③非自愿搬迁人口：对于涉及非自愿搬迁的项目来说，非自愿搬迁人口是受项目影响的重要群体，是社会评价必须关注的重点。

10.1.3　房地产投资社会影响分析的程序

房地产投资社会影响分析的程序主要包括调查社会资料、识别主要社会因素、论证当地社会对项目的接受程度、比选优化方案四个步骤。

1. 调查社会资料

调查了解房地产项目所在地区的社会环境等方面的情况。调查的内容包括项目所在地区的基本情况和受影响社区的基本社会经济情况在项目影响时限内可能的变化，包括人口统计资料，基础设施与服务设施状况，当地的风俗习惯、人际关系，各利益群体对项目的反应、要求与接受程度，各利益群体参与项目活动的可能性，如项目所在地区干部、群众对参与项目活动的态度和积极性，可能参与的形式、时间，妇女在参与项目活动方面有无特殊情况等。

2. 识别主要社会因素

将调查得来的社会资料按照类别不同进行划分，通常可做以下划分：

（1）影响人类生活和行为的因素：就业的影响、对收入分配的影响、对社区发展和城市建设的影响、对居民身心健康的影响、对文化教育事业的影响、对社区福利和生活保障的影响。

（2）影响社会变迁的因素：对自然和生态环境的影响、对资源综合利用的影响、对能源节约的影响、对耕地和水资源的影响。

（3）影响社会稳定与发展的因素：对民俗习惯、宗教信仰、民族团结的影响，对社区组织机构和地方管理机构的影响，对国家安全和地区威望的影响。

按与项目之间的关系和预期影响程度，社会因素可分为影响一般、影响较大、影响严重三级，应侧重分析评价那些影响严重的社会因素。

3. 论证当地社会对项目的接受程度

对所有当前和潜在的社会因素进行深入分析，论证项目的可接受程度。一般将可接受程度分为高、中、低三级，应侧重对接受程度低的因素进行分析，并提出促进项目与当地社会相互适应的措施和建议。

4. 比选优化方案

对拟建项目的建设地点、技术方案和工程方案中涉及的主要社会因素进行定性、定量分析，比选推荐社会正面影响大、社会负面影响小的方案。主要内容包括：

(1) 确定分析目标与分析范围

根据房地产项目投资的目的、功能以及国家和地区的社会发展战略，对与项目相关的各社会因素进行分析研究，找出项目对社会环境可能产生的影响，确定房地产项目分析的目标，并分析出主要目标和次要目标。房地产投资项目社会影响分析的范围包括项目涉及的空间范围和时间范围：空间范围是指房地产项目所在的社区、县市；时间范围是指房地产项目的寿命期或预测可能影响的年限。

(2) 选择分析指标

根据分析的目标，选择适当的分析指标，包括各种效益和影响的定性指标和定量指标。所选指标不宜过多，要便于数据的收集和评定的进行。

(3) 确定分析标准

在广泛调查研究和科学分析的基础上，收集项目本身及分析空间范围内社会、经济、环境等各方面的信息，并预测在分析和项目建设阶段有无可能发生变化，然后确定分析的标准，尤其是定量指标的分析标准一定要明确给出。

(4) 列出备选方案

根据项目的建设目标、不同的建设地点、不同的资金来源、不同的技术方案等，理清可供选择的方案，并采取拜访、座谈、实地考察等方式，了解房地产项目影响区域范围内地方政府与群众的意见，将这些意见纳入方案比较的过程中。

(5) 进行项目分析评价

根据调查和预测的资料，对每一个备选方案进行定量和定性分析。首先，对能够定量计算的指标，依据调查和预测资料进行测算，并根据一定标准分析其优劣。其次，对不能定量计算的社会因素进行定性分析，判断各种定性指标对项目的影响程度，提示项目可能存在的社会风险。再次，分析判断各定性指标和定量指标对项目实施和社会发展目标的重要程度，对各指标进行排序并赋予一定的权重。对若干重要的指标，特别是不利影响的指标进行深入的分析研究，制定减轻不利影响的措施，研究存在的社会风险的性质与重要程度，提出防控风险的措施。

(6) 专家论证

根据项目的具体情况，可召开相应规模的专家论证会，将选出的最优方案提交专家论证，对中选方案进行详细分析，就其不利因素、不良影响和存在的问题提出改进和解决办法，进一步补充和完善该方案。

(7) 编制社会影响分析报告

将对所分析项目的调查、预测、分析、比较的过程和结论，以及方案中的重要问题和有争议的问题写成一定格式的书面报告。在明确方案优劣势的基础上，得出项目是否具有社会可行性的结论或提出相关改进建议，形成项目社会影响分析报告或篇章，作为项目决策者的决策依据之一。

10.2　社会调查与信息搜集

10.2.1　社会信息的内涵与类型

1. 社会信息的内涵

社会信息是指人们创造的信息。社会信息的来源有两方面：一是来源于人们对自然信息的观察研究；二是来源于人们构成社会时，社会系统联系沟通的需要；以及反映和交流人们的思想感情及意识形态的需要。社会信息是比自然信息复杂得多的信息，社会信息是符号信息，是对自然和社会现象的抽象，如数字是对事物量的抽象，而文字是对各种现象质的抽象。

为了进行房地产投资社会影响分析（社会评价），通常需要从特定目标人群中收集有关社会信息资料。诸如人口统计资料、收入分配、社会服务的供应程度、人们的宗教信仰、人们对项目的意见和态度等信息，在项目的整个周期中可能都是需要的。项目周期不同阶段社会影响分析需要回答的问题不同，所需要的信息内容也会有所不同。例如在立项阶段，社会影响分析应重点关注我们可能遇到什么样的发展问题，以及什么类型的项目才能克服这些问题。在项目准备阶段，社会影响分析则应重点关注为了保证项目目标的实现，应该采用什么样的项目建设和实施方案等。在项目后评价阶段，需要重点检验项目的预期社会目标是否已经得以实现。因此不同阶段的社会影响分析，所需要的信息不同。

2. 社会信息的类型

为了叙述方便，我们将社会信息分为如下四类：

A类：房地产投资项目方案设计所需的一般统计信息；

B类：为确立项目目标及实施框架所需的有关因果关系及动态趋势的信息；

C类：房地产投资项目影响分析（评价）所需的基础性调查信息；

D类：房地产投资项目监督与评价所需的受项目影响人群信息。

房地产投资项目社会影响分析人员在进行评价时，应根据不同阶段的需要来收集不同类别的信息。一般情况下，项目周期中不同阶段的社会影响分析投入及所需信息有如下关系。见表10-5。

项目周期不同阶段的社会影响分析投入及所需信息　　　　　　　表 10-5

项目周期各个阶段	社会影响分析投入	所需主要信息
项目立项	识别项目目标群体、确定项目概念	A类、B类
项目准备（包括方案设计与评估阶段）	设计参与机制、进行社会可行性分析	A类、B类
项目实施（监测评估）	社区动员、受益者分析	D类
项目后评价	社会影响分析	C类

10.2.2　房地产投资社会信息调查的程序

房地产投资社会信息调查程序，是指社会调查过程中的前后时间顺序与具体步骤。作为一项科学的认识活动，社会信息调查的一般过程是与科学的认识规律和科学研究的一般程序相一致的。一般可分为四个阶段：确定调查对象、调查方案设计、收集整理资料、分析总结。

1. 确定调查对象

确定调查对象就是选择信息的发布者。调查对象的选定是否恰当，对社会评价工作的成效具有至关重要的影响，应根据项目的不同阶段、影响范围以及目标群体等因素合理确定。

2. 调查方案设计

调查方案是在进行调查之前拟定的可执行的详细工作步骤。调查方案的设计一般包括以下步骤：

（1）拟定调查提纲。确定调查项目，界定调查内涵，并确立完整的社会指标作为测量调查项目的尺度；

（2）设计调查表。按照逻辑关系和便于实际调查的顺序，设计若干具体的问题，所有问题设计都要以能够收集到真实确切的资料为原则；

（3）根据调查目的、要求以及对象范围等情况，决定调查研究的方式和方法；

（4）制订工作计划，明确时间分配、人员配备、财务预算等。

3. 收集整理资料

资料收集要依据多种因素综合考虑，如调查总体的性质、样本规模的大小、调查的目标和重点、调查课题完成的时间要求等等。对所收集的资料要进行初步的整理，去粗取精、去伪存真。在收集和整理资料时，要注意以下几点：

（1）按照调查提纲和调查表的问题全面地收集资料；

（2）注意谈话技巧；

（3）应区别对象和场合决定采用记录方式或使用录音等工具，应以不影响被访者提供资料为原则；

（4）为了克服语言和理解的差异，在被访者作答关键性的问题以后，访问者应重复答案以得到对方的确认或否定。

4. 分析总结

信息调查结束后，应对所收集的资料信息进行分析并得出相应调查结论。一方面应用统计手段进行数量分析，研究这些调查资料所表现出的各种总体数量特征；另一方面应运用比较、归纳、推理或统计等方法发现各变量之间的内在联系，揭示数量特征及含义，得出社会调查结论。

10.2.3 房地产投资社会信息调查的方法

社会信息调查的方法很多，每一种方法都有自己特定的优点和不足，有着各自不同的适用的条件和场合。比较常用的有：

1. 访谈法

访谈法就是访问者直接向被调查者口头提问、当场记录其答案并由此了解有关社会实际情况的一种方法。访谈是一种特殊的人际沟通，主要用于研究需要向不同类型的人了解不同类型的材料的比较复杂的问题。访谈法有两种基本类型：个别访谈，是指访谈对象是单个人情况下的访谈；团体访谈，即是多人同时作为被访对象参与访谈，由调查者搜集资料的方法。

访谈法的优点是：

（1）非常容易和方便可行，引导深入交谈可获得可靠有效的资料；

（2）适用范围比较广；

（3）回复率比较高；访谈法的缺点：样本小，需要较多的人力、物力和时间，应用上受到一定限制。

另外，访谈法无法控制被调查者受调查者的种种影响（如角色特点，表情态度，交往方式等），所以访谈法一般在调查对象较少的情况下采用，且常与问卷法、测验等结合使用。

在访谈过程中应该注意：

（1）谈话要遵循共同的标准程序，要准备好谈话计划，包括关键问题的准确措辞以及对谈话对象所做回答的分类方法；

（2）访谈前尽可能收集有关被访者的材料，对其经历、个性、地位、职业、专长、兴趣等有所了解；要分析被访者能否提供有价值的材料；要考虑如何取得被访者的信任和合作；

（3）访谈所提问题要简单明白，易于回答；提问的方式、用词的选择、问题的范围要适合被访者的知识水平和习惯；谈话内容要及时记录。记录也可以用表格整理谈话材料。

2. 观察法

在社会学的所有研究方法中，观察法是一种最基本、最常用的方法。所谓观察法，就是观察者根据研究课题、有目的地用眼睛、耳朵等感觉器官，直接或间接地对研究对象进行观察，以取得有关资料的方法。

在科学实验和调查研究中，观察法具有如下几个方面的作用：

（1）扩大人们的感性认识；

（2）启发人们的思维；

（3）导致新的发现。

观察法的类型很多，依观察者是否参与被观察对象的活动，可分为参与观察与非参与观察；依对观察对象控制性强弱或观察提纲的详细程度，可分为结构性观察与非结构性观察等。参与观察是一种投入其中成为一员的内部观察，它能够获取极为丰富、生动、详尽的资料，从而剖析到事物的深处。美国人类学家摩尔根深入印第安人部落、学者怀特深入街角写出《街角社会》是参与观察的典型事例；非参与观察是一种外部观察，观察者不介入被观察者的活动，处于旁观，以保证事实的真实面目。其优点是：观察研究者可以不暴露自己的研究者身份，使观察处于秘密的状态。费孝通先生和夫人王同惠女士在20世纪30年代对我国西南少数民族花篮瑶的调查就属于非参与观察。

观察法的一般步骤为：

（1）观察准备，准备工作包括以下三项内容：明确观察目的；制订观察计划；做好物质准备；

（2）进行实际观察。进行实际观察应尽量按计划进行，不要轻易更换观察的重点、超出原定的范围，致使离开了原定的观察目的；因人、因事而异地通过各种途径进行有效的观察。一般的途径有以下几个方面：参观、听课、参加活动、列席会议、结合个别谈话、召开座谈会等形式的调查等方法进行观察。

观察法的优点包括：

（1）观察者可以观察到某个现象或过程各个层面的真实情况；

（2）有助于揭示行为模式、社会和经济进程，以及那些信息提供者本身也未意识到或不能加以适当描述的环境因素；

（3）观察法有助于了解社区中贫困人口和其他容易被忽略人群的需要、行为模式和环境条件，而往往这些人不能明确反映他们所处的困境和面临的问题；

（4）观察法能搜集到一些信息提供者以外的无法用语言表述的资料。

观察法也同其他科研方法一样，有自身的局限性：

（1）受时间的限制，某些事件的发生是有一定时间限制的，过了这段时间就不会再发生；

（2）受观察对象限制。如研究青少年犯罪问题，有些秘密团伙一般不会让别人观察的；

（3）受观察者本身限制。一方面人的感官都有生理限制，超出这个限度就很难直接观察。另一方面，观察结果也会受到主观意识的影响；

（4）观察者只能观察外表现象和某些物质结构，不能直接观察到事物的本质和人们的思想意识；

（5）观察法不适应于大面积调查。

为此，在运用观察法时，除了尽力提高观察法的功能，如灵活移动观察位置、转换观察背景、延长观察时间以及增加观察次数等等，以改善观察结果，另外，还要结合统计方法，对多次观察数据进行科学处理。

3. 问卷法

问卷法是研究者用来从个体对一些问题的回答中收集各种信息的一种调查方法。它的形式是一份精心设计的问题表格，用途在于测量人们的态度、行为等特征。20世纪以后，结构式的问卷越来越多地被用于定量研究，它与抽样调查相结合，已成为社会学研究的主要方法之一。

问卷法按照提问和反应的结构方式，通常可分为两大类：自由回答（无结构）和有选择的回答（有结构）。自由回答问卷通常被称为开放式问卷，后者则被称为封闭式问卷或固定选择问卷。封闭式问卷的最大优点是答案较为集中，数据处理较为简单。而自由式的问卷，可能得到各种不同的回答，首先要对回答归类、评分和编码。而这过程需要有专业知识和对研究问题的了解，相对而言花时较多且费用较大。而回答者也可能觉得要详细叙述颇为复杂枯燥而有可能不作答或只给出简朴的、不详尽的回答，但自由式问题不限制回答者的思路，因而有可能提供一些研究者没有考虑到的极有价值的信息，发现新的问题。

设计问卷需要很强的技术性。问卷的设计是关系整个调查成败的一个关键环节，调查研究的组织者要舍得下功夫，认真琢磨、反复推敲，设计出高质量高水平的问卷。

（1）问卷的结构

一份完整的问卷应包括前言、主体、结束语三部分。前言是对调查目的、意义、调查的组织者以及有关调查事项的说明，以获得被调查者的理解和支持。前言的语言要诚恳、平易近人，特别是要说明调查的保密原则和匿名性。主体是问卷的核心，包括问题和答案。结束语主要是向被调查者表示感谢，并询问一下对问卷设计和调查本身的看法和感受。设计问卷需注意的问题已经在本书第三章"房地产市场调查"中有详尽介绍，此处不再赘述。

（2）问卷种类

问卷一般包括半封闭和全封闭两种形式。半封闭式问卷要求被调查者用自己的语言和方式来回答所提出的问题，被调查者对问题的回答是自发和自由的，被调查者可以畅所欲言，但是要进行定量分析就比较困难；全封闭式问卷则给出一系列预先规定的答案，被调查者只需勾画出自己认为适当的选项，这在一定程度上对被调查人充分的表达自己的见解构成一定限制，但问卷的处理效率高。

4. 文献法

所谓文献，就是用文字、图像、符号、声音等载体储存起来的资料。搜集文献的方法多种多样，应该针对文献的不同来源和出版、收藏情况，采取不同的方法。对于大众传播媒介公开出版、并正在市面上出售的各种书籍、刊物、磁带、光盘等文献资料，在经费许可的情况下可采取购买的方法搜集；对市面上已停止出售的这类文献，可到图书情报机构或可能收藏这类文献的单位、读者那里去借阅，对其中某些重要部分可以采取复印的方法搜集。对于企事业单位、社会团体的规章制度、统计报表、总结报告、族规家谱、教义教条等文献，可采取向有关单位直接索取、文献交换、复印复制、借阅摘录等方法搜集；也可以到这些企事业单位的主管部门、社会组织的成员和各种档案管理机构去索取、复印、借阅。对于个人写的日记、信件、记录、自传等文献，只能在征得这些文献主人同意的前提下，采取借阅、复印等方式搜集。

10.3　相关影响分析

10.3.1　相关影响分析的内涵

相关影响分析也称利益相关者分析，利益相关者是指与房地产项目有利害关系的人、群体或机构。相关影响分析在社会影响分析中用于辨认项目利益相关群体，分析他们对项目的实施及实现目标的影响。利益相关者能够影响组织，他们的意见一定要作为决策时需要考虑的因素。但是，所有利益相关者不可能对所有问题保持一致意见，其中一些群体要比另一些群体的影响力更大，这是如何平衡各方利益成为战略制定考虑的关键问题除了对战略制定产生影响以外，利益相关者分析也是评价战略的有力工具。

房地产投资项目从开始到最后完成，有多方利益相关者参与。在房地产投资项目建设过程中，不同的利益相关者对项目的影响力、行为可预测性、利益一直在变化。可采用影响力、行为预测和影响力、利益矩阵来具体分析他们在过程中的作用变化情况，得出各个利益相关者对房地产的影响力度，给项目的管理人员提供参考，更好地完成项目。

相关影响分析的重要性表现在以下几个方面：

（1）房地产投资战略包含着各方利益相关者的共同期望，不是某个利益相关者能够独立决定的，因此必须进行相关影响分析；

（2）房地产企业外部的利益相关者经常通过与内部利益相关者的联系来影响企业战略，以反映其的利益需求，相关影响分析能够提供一条有效的渠道为企业外部的利益相关者反映其利益需求。

（3）了解利益相关者如何影响房地产投资策略，是任何房地产企业战略分析非常重要的部分，并且形成战略文化评估的核心。

10.3.2 房地产投资相关影响分析的程序

房地产投资相关影响分析的程序包括：识别利益相关者、分析利益相关者的利益所在以及项目对他们的利益所产生的影响、分析各利益相关者的重要性和影响力、为重要的利益相关者制定相应的参与方案。

1. 识别利益相关者

房地产投资项目利益相关者一般划分为项目受益人、项目受害人、项目受影响人和其他利益相关者，他们可能会对项目产生重大影响，或者对项目能否达到预定目标起着重要作用。具体的类别如图 10-1 所示。

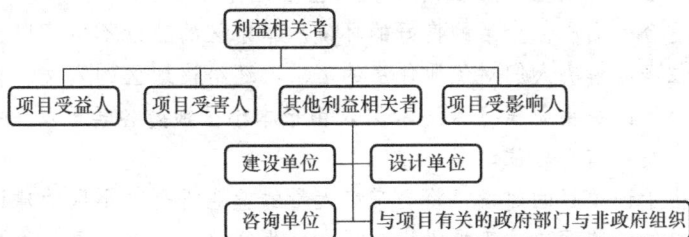

图 10-1 利益相关者的种类图

2. 分析利益相关者的利益构成

在对项目的关键利益相关者进行界定之后，需要对他们从项目实施中可能获得的利益以及可能对项目产生的影响进行分析。重点研究以下问题：

（1）利益相关者对项目有什么期望？

（2）项目将为他们带来什么样的益处？

（3）项目是否会对他们产生不利影响？

（4）利益相关者拥有什么资源以及他们是否愿意和能够动员这些资源来支持项目的建设？其拥有的资源可以是各类物质资源，但更重要的是各类社会资源，如在当地社会网络中的地位，对其他社会成员的影响力等。

（5）利益相关者有没有与项目预期目标相冲突的任何利害关系，以及是否可能动员各类资源来阻碍项目的建设？

3. 分析各利益相关者的重要性和影响力

获得所需信息之后，将利益相关者分为主要利益相关者（直接受益人或直接损害人）、次要利益相关者（与项目实施有关的机构或个人），并从以下方面对利益相关者的影响力及其重要程度进行分析评价：

（1）权利和地位的拥有程度；

（2）组织机构的级别和层次；

（3）对战略资源的控制力；

（4）其他非正式的影响力；

（5）与其他利益相关者的权利关系；

（6）其影响力对项目取得成功的重要程度。

4. 为重要的利益相关者制定相应的参与方案

在利益相关者分析的基础上，通过制定利益相关者的参与方案，确保关键利益相关者能够积极参与到项目中来，发表其对项目的看法，将有价值的意见吸纳到项目的方案设计和实施中去，以保障其合理利益不受侵害。

【例 10-2】 某房地产投资（住宅小区）项目社会影响分析文本（节选）

1. 项目对社会影响分析

随着国民经济的发展，房地产市场已成为国民经济的重要组成部分，尤其是住宅房地产的开发已成为房地产开发市场的核心，它对拉动我国国民经济的增长起到了至关重要的作用随着人民生活水平的提高，人们对住房的需求不仅仅满足于有一个基本的居住条件，人们现在更加重视居住的质量，居住的环境（包括室外环境和室内环境），本小区的建房目标就是要建造适合人们居住生活的良好的环境。本小区的建设不但可以为大量××市居民提供高质量的住房，解决人们对优质住房的需求，还给该地区的人文、自然环境带来了巨大的改善：本小区的绿化面积将达到35%，由于本小区地处各学校及医疗点附近将会吸引大批教师及各界精英前来居住。

除此以外，由于该项目的建设，将会带来大量的就业机会。小区的建设过程将会给包括设计院、施工单位、监理单位等提供许多机会；小区建好以后，要想维护小区良好的室外环境，必须大量人员进行维护，这就给许多物业服务企业提供了机会；同时，本项目还设置有商铺，可增加大批销售岗位。

2. 项目对所在地的互适性分析

该项目开发完毕后，所在地人流、车流将有很大的增量，对交通和市场将有更高的要求。本地块位于××路540号，南临××路，东面50m为解放路，西面500m为××大道，周围的交通条件较好。项目所在地原来居住环境较差，人口众多，特别是人均居住面积狭窄，社会问题多，本项目建成后将会缓解这一地区的居住需求压力，提供更好的居住条件，并增加商铺等配套设施，能够改善周围环境和居住质量，符合当地政府的远景规划，也满足了当地居民的居住要求。

3. 社会风险分析

社会风险因素主要是指由于人文社会环境因素的变化对房地产市场的影响，从而给从事房地产商品生产和经营的投资者带来损失的可能性。本项目的房地产市场的社会风险因素主要有城市规划风险、区域发展风险、公众干预风险、住客干预风险、治安风险等。基于市场信息研究结论，项目已经做好拆迁安置补偿计划及对弱势群体的支援与安置，且短期内不会出现政策的较大变动。

本 章 小 结

　　房地产投资社会影响分析是分析拟建房地产项目对当地社会的影响和当地社会条件对项目的适应性和可接受程度，评价项目的社会可行性，旨在促进房地产项目的利益相关者对项目投资活动的有效参与，优化项目建设实施方案，规避投资项目的社会风险。房地产投资的社会影响分析在内容上分成三个部分，包括：社会影响分析、互适性分析、社会风险分析。

　　房地产投资社会影响分析的程序主要包括调查社会资料、识别主要社会因素、论证当地社会对项目的接受程度、比选优化方案四个步骤。

　　社会信息是指人们创造的信息。社会信息调查的一般过程是与科学的认识规律和科学研究的一般程序相一致的。一般可分为四个阶段：确定调查对象、调查方案设计、收集整理资料、分析总结。

　　相关影响分析在社会影响分析中用于辨认项目利益相关群体，分析他们对项目的实施及实现目标的影响。房地产投资相关影响分析的程序包括：识别利益相关者、分析利益相关者的利益所在以及项目对他们的利益所产生的影响、分析各利益相关者的重要性和影响力、为重要的利益相关者制定相应的参与方案。

思 考 题

1. 房地产投资社会影响分析有哪些特征？
2. 房地产投资社会影响分析的作用有哪些？
3. 房地产投资社会影响分析的主要内容有哪些？
4. 房地产投资社会影响分析的程序有哪些？
5. 相关影响分析包括哪些程序？

练 习 题

　　已知某规划小区建设概况如下，试对该项目进行社会影响分析。

　　小区内现状住宅主要分布在厂区西北角和南端。规划住宅主要集中在小区中央，部分布置于靠近铁路的东北角，在高度控制方面，本着中间高、两边低的原则，越靠近铁路高度越低，以减少铁路噪声对居民的干扰。

　　A厂周围居住区建成较早，配套设施不完善，缺乏集中的、有规模的地区级公建中心。因此规划在区域内两条主干道（B路和C路）交汇处的东北部，即现状A厂的西南角建设一处地区级的公建中心。由于周围地区缺少有规模的医院，所以在B路以北，靠C路一侧规划一家医院。

　　C路是经过居住区的一条主要生活性道路，规划公建区多沿C路布置。在现状综合楼以南安排一处农贸市场，以解决C路沿线的马路市场问题。在B路与D路之间的C路东侧形成一组完整的商业区。为满足服务半径要求，方便小区东北部居民，在E区路南，规划一处小规模商服用地。

居住区东部目前是仓储区，有一组电气化铁路从居住区边经过。规划中将锅炉房、公交首末站和其他市政场站布置在铁路沿线，另外将中小学用地也靠近铁路布置，但要采取降低噪声影响的物理措施。

规划在 B 路西侧布置一条 20～30m 宽的绿化隔离带，以减少铁路噪声干扰。其余绿地集中在现状综合楼以东的一块占地 0.88 公顷的用地内。另外，居住区还将配备 30 班中学一所，24 班小学两所，9 班幼儿园两所，4 班、6 班托儿所各一所。

11　房地产投资方案比选分析

【学习要点】　通过本章学习，了解房地产投资方案及其比选的含义、房地产投资方案比选指标的运用、房地产投资决策的含义；熟悉房地产投资方案的类型、方案比选的步骤、房地产投资决策的步骤；掌握房地产投资不同类型方案比选的操作方法及投资决策的类型、方法。

11.1　房地产投资方案比选

11.1.1　房地产投资方案比选的含义

房地产投资方案是指房地产投资项目各阶段可供选择的开发经营方案，是达到项目最终目标的方法、手段、条件的总和。广义上包括项目的规划设计方案、投融资方案、开发建设方案、营销方案等。

在房地产投资项目运营过程中，投资者面临的投资方案大多不是唯一的，而是多种可能的方案。由于投资者所拥有的物质资源的限制，加上对各种风险因素的考虑，投资者必须从各种投资机会和可能的投资方案中选择预期收益最大者，而必须作出决策。进一步说，对房地产投资项目面临的各种可供选择的方案，进行计算和分析，从中筛选出满足最低收益率要求的可供比较方案，并对这些方案做出最后选择的过程，被称为房地产投资方案比选。

11.1.2　房地产投资方案的类型

在多方案的比较选择中，考虑问题往往比较宏观，即从项目角度出发，考虑某一或某几个方案是否能满足要求，因此必须要考虑方案与方案之间内在、外在的联系，以便得出正确的判断。

房地产投资项目方案的类型有很多，按其相互之间的经济关系，主要有以下三种类型：

1. 独立方案。一组方案中，各个方案之间相互独立，互不排斥，对一个方案的选择结果对其他方案的选择不产生重大影响，这些方案便是独立方案。独立方案的特点是各个方案之间没有排他性，只要资金等条件允许，而且每个方案自身可行，就可以几个方案共存。例如某房地产投资者拥有足够的物质资源及人员，想同时投资开发几个项目，每个项目都可行，则这些开发方案之间的关系就是相互独立的，可以同时存在。

2. 互斥方案。互斥方案是指一组方案中的各个方案相互关联、互相排斥，彼此可以相互替代，采纳这些方案中的某一方案，就会自动排斥这组方案中的其他方案。由于房地产投资者拥有的资金和土地资源的有限性，使其难以实施所有的投资方案，而必须在各个方案之间做出选择。

3. 混合方案。混合方案是独立方案和互斥方案的混合结构，具体说，就是在一定约束条件下，由若干个相互独立的方案，在这些独立方案中又分别包含有几个互斥方案。例如某投资者欲投资开发几个项目，而每个项目分别有几个方案，比如 A 地块有 A_1、A_2 两个互斥方案，B 地块有 B_1、B_2 两个互斥方案，C 地块有 C_1、C_2、C_3 等互斥方案，由于资金有限，需要选择能使资金得到充分运用的方案，这时就面临着混合方案的选择问题。

在方案选择前搞清这些方案属于何种类型是至关重要的，因为方案类型不同，其选择、判断的标准也不同，选择结果也不同。

11.1.3 房地产投资方案比选的指标

投资方案比选中常用的分析指标有总投资收益率、投资回收期、净现值、差额内部收益率、等额年值、费用现值和等额年费用等。按照是否考虑资金的时间价值，将房地产投资方案比选的指标分为静态指标和动态指标。

1. 静态指标

（1）差额投资收益率（ΔR）。差额投资收益率也称追加投资收益率，就是单位追加投资所带来的成本节约额。其计算公式为：

$$\Delta R = \frac{C_1 - C_2}{I_2 - I_1} \tag{11-1}$$

式中 ΔR——差额投资收益率；

C_1，C_2——两个比较方案的年成本；

I_1，I_2——两个比较方案的总投资。

差额投资收益率进行方案比选的判别原则是：如果差额投资收益率大于设定的基准收益率，则投资额大的方案优选；反之，则投资额小的方案较优。

【例 11-1】 某房地产投资项目有 A、B 两个方案，方案 A 投资额为 400 万元，年经营成本为 300 万元，方案 B 投资额为 650 万元，年经营成本为 250 万元。假定项目所在行业的基准收益率为 15%，请进行方案比选。

解：将有关数据代入计算式，得：

$\Delta R = (300 - 250) \div (650 - 400) = 0.2 = 20\%$

因为 20% > 15%，所以方案 B 优于方案 A。

（2）差额投资回收期（ΔP）。差额投资回收期是指通过成本节约收回追加投所需的时间，亦称追加投资回收期。其计算公式为：

$$\Delta P = \frac{I_2 - I_1}{C_1 - C_2} \tag{11-2}$$

式中 ΔP——差额投资回收期；

I_1，I_2——两个比较方案的总投资；

C_1，C_2——两个比较方案的年成本。

差额投资回收期进行方案比选的判别原则是：差额投资回收期小于基准投资回收期，则说明投资额大的方案较好；反之，则投资额小的方案较优。

【例 11-2】 某房地产投资项目有 A、B 两个方案，其投资额分别为 300 万元和 500 万元，经营成本分别为150万元和100万元，假定基准投资回收期为5年。要求以差额投资回收期进行方案比选。

解：将有关数据代入计算式，得：

$$\Delta P = (500 - 300) \div (150 - 100) = 4 \text{ 年}$$

因为4年<5年，所以方案B优于方案A。

2. 动态指标

(1) 差额内部收益率（ΔIRR）。差额内部收益率是相比较的两个方案的各年净流量差额的现值之和等于零时的折现率，必须指出的是，只有方案的内部收益率大于或等于基准收益率的方案，才能参加方案比选。其计算公式为：

$$\sum_{t=1}^{n} \left[(CI - CO)_2 - (CI - CO)_1 \right]_t (1 + \Delta IRR)^{-1} = 0 \tag{11-3}$$

式中　$(CI-CO)_2$——投资额大的方案的净现金流量；

　　　$(CI-CO)_1$——投资额小的方案的净现金流量；

　　　　ΔIRR——差额内部收益率。

差额内部收益率进行方案比选的判别原则是：在各个方案都可行的条件下，差额内部收益率大于基准收益率，则说明投资额大的方案较好；反之，则说明投资额小的方案较好。

(2) 净现值（$FNPV$）。财务净现值是投资项目净现金流量的现值累计之和，在本书第七章已经论述，它只适用于计算期（开发经营期）相同的各方案的比选，且要求$FNPV \geqslant 0$的方案才能参加比选。其计算公式为：

$$FNPV = \sum_{t=1}^{n} (CI - CO)_t (1 + i_c)^{-t} \tag{11-4}$$

净现值进行方案比选的判别原则是：净现值大的方案为较优的方案。

(3) 净现值率（$FNPVR$）。净现值率是投资方案的净现值与该方案原始投资现值之和的比，既适用于投资额相同的方案的比选，也适用于投资额不同的方案比选。其计算公式为：

$$FNPVR = FNPV / I_p \tag{11-5}$$

式中　$FNPVR$——净现值率；

　　　$FNPV$——某方案的净现值；

　　　I_p——该方案的原始投资现值之和。

净现值率进行方案比选的判别原则是：如果是单一方案，则$FNPVR \geqslant 0$方案予以接受；如果是多方案比选，净现值率最大的方案为最佳方案。

【例11-3】　某房地产投资项目有A、B、C、D四个方案，计算期（开发经营期）相同，基准收益率为12%，四个方案原始投资现值分别为：500万元、900万元、1000万元、1500万元，计算出的净现值分别为：-30万元、33万元、-32万元、200万元。试以净现值率进行方案比选。

解：将有关数据代入计算式，得：

$$FNPVR_A = -30/500 = -0.06$$
$$FNPVR_B = 33/900 \approx 0.04$$

$$FNPVR_C = -32/1000 \approx -0.03$$
$$FNPVR_D = 200/1500 \approx 0.13$$

在比选时，因 A、C 方案的净现值<0，故直接排除，而 D 方案的净现值率最大，所以 D 方案为最优方案。

（4）等额年值（AW）。将项目的净现值换算为项目计算期内各年的等额年金就是等额年值，它适用于原始投资不相同，尤其是项目计算期不同的方案比较决策。其计算公式为：

$$AW = FNPV \times \frac{i_c(1+i_c)^n}{(1+i_c)^n - 1} \tag{11-6}$$

式中　$FNPV$——项目的净现值；

$\quad\quad i_c$——项目的基准收益率；

$\quad\quad n$——项目计算期（开发经营期）。

等额年值进行方案比选的判别标准是：等额年值最大的方案最优。

（5）费用现值（PC）。把计算期内的各年投入（费用）按基准收益率折现后的现值就是费用现值，它适用于各方案效益相同（或基本相同）的方案比选，且要求计算期也相同。其计算公式为：

$$PC = \sum_{t=1}^{n}(C-B)_t(1+i_c)^{-t} \tag{11-7}$$

式中　C——第 t 期投入总额；

$\quad\quad B$——期末余值回收。

费用现值进行方案比选的判别标准是：总费用现值最小的方案较好。

（6）等额年费用（AC）。将计算期内所有费用现值，按事先选定的基准收益率折现为每年等额的费用就是等额年费用，它适用与各方案效益相同（或基本相同）、计算期相同或不同的方案比选。其计算公式如下：

$$AC = PC \times \frac{i_c(1+i_c)^n}{(1+i_c)^n - 1} \tag{11-8}$$

等额年费用进行方案比选的判别标准是：等额年费用最小的方案较好。

11.1.4　房地产投资方案比选的步骤

房地产投资方案比选的一般步骤是：

1. 确立项目目标。项目目标是评判项目实施方案优劣的根本。确立了项目目标才能开始对项目实施方案进行比较和选择。项目目标也一般分为中短期目标和长期目标，比选时各方案都不能违背项目目标。

2. 构想和建立项目备选方案。要达到项目目标可能选择的方案有很多，但首先要求是可行的方案，也就是技术上先进、经济上合理、财务上可行的方案。构建备选方案的目的是可以使项目有多种达到目标的可能性，这些可能性中存在着费用水平低、收益高、技术先进的方案。

3. 将项目目标转化为可以量化的效果指标。项目目标有时可能是笼统的，为了进行方案的比较和选择，就必须将项目的目标加以量化，使之有确定的表达方式，比如净收益达到多少，内部收益率为多少等。

4. 估算各个备选方案的费用和效果。根据项目目标，分别估算各个方案可能实现的经济效果和其发生的总费用。经济效果差的方案就可以被直接排除。

5. 利用相关指标综合分析项目方案的优缺点。对比分析各个方案的相关指标，如上文提到的净现值、费用现值、差额内部收益率、差额投资回收期等，利用这些指标的判别标准逐一进行剔除和遴选，保留较好的方案。

6. 推荐最佳方案或提出优先采用的次序。根据指标分析的结果，找出最佳方案，或根据指标结果进行优劣排序，最终确定方案比选的结论。

11.2　不同类型的方案比选

11.2.1　互斥方案的比选

1. 计算期（寿命期、开发经营期）相同的互斥方案的比较与选择

当可供选择的互斥方案计算期相同时，可以直接选用差额内部收益率、净现值或等额年值指标进行方案比选。

【例 11-4】 某房地产投资项目有 A、B、C、D 四个方案，计算期为 8 年，基准收益率为 12%，四个方案原始投资现值和年净现金流量资料见表 11-1，请先计算并评价各个方案是否具有可行性，然后确定哪个方案最佳。

各方案净现金流量资料　　　　　　单位：万元　**表 11-1**

年份 方案	0	1~8
A	−533	100
B	−960	200
C	−1524	300
D	−1727	400

解：（1）净现值法：利用各方案的净现值进行方案的比选。

根据财务净现值计算公式，将已知条件代入相关公式，得：

$$FNPV_A = -533 + 100 \times (P/A, 12\%, 8) = -36.24 \text{ 万元}$$

$$FNPV_B = -960 + 200 \times (P/A, 12\%, 8) = 33.53 \text{ 万元}$$

$$FNPV_C = -1524 + 300 \times (P/A, 12\%, 8) = -33.71 \text{ 万元}$$

$$FNPV_D = -1727 + 400 \times (P/A, 12\%, 8) = 260.06 \text{ 万元}$$

因为 A、C 方案的净现值<0，故直接排除，而 D 方案的净现值最大，所以 D 方案为最优方案。

（2）差额内部收益率法：利用两方案的差额内部收益率进行方案的比选。

采用差额内部收益率法对互斥方案进行比选的步骤：

第一步，计算各备选方案的 IRR。

第二步，将 $IRR \geqslant i_c$ 的方案按投资规模由小到大依次排列。

第三步，计算前两个方案的差额内部收益率。

如果 $\Delta IRR \geqslant i_c$，则说明投资大的方案优于投资小的方案，保留投资大的方案，反之则保留投资小的方案。

第四步，将保留的较优方案依次与相邻方案两两逐对比较，直至全部方案比较完毕，则最后保留的方案就是最优方案。

本例差额内部收益率法计算过程如下：

经过试差法计算，A 方案的 IRR 为 10%，B 方案的 IRR 为 13%，C 方案的 IRR 约为 11.75%，D 方案的 IRR 约为 16.88%。分析结果表明，四个方案中只有 B、D 方案可行。

只比较 B、D 方案即可，B 方案的投资规模较小，排在前面，D 方案排在后面。

根据计算公式得 ΔIRR 约为 20%，20%＞12%，故 D 方案为最优方案。

对于同一个项目的所有方案，利用净现值、差额内部收益率和等额年值进行比选的结论是一致的。

2. 计算期（寿命期、开发经营期）不同的互斥方案的比较与选择

如果各比较方案的计算期不同，其比较基础就不一样，无法直接进行比较。因此，计算期不相等的互斥方案的比较与优选，关键在于使其比较的基础一致。这时适合选择等额年值或等额年费用指标进行比选。如果要采用其他方法，须事先对各种比较方案的计算期和计算公式作适当的调整后再进行比较，使各方案之间具有可比性。

下面先介绍利用等额年值进行方案比选的方法。等额年值具有等额不变的特性，方案的等额年值可以使计算期不同的方案具有可比性。

【例 11-5】 已知四个投资方案的净现值指标分别为 216.12 万元、119.24 万元、212.88 万元、227.52 万元，A 和 B 方案的项目计算期均为 10 年，C 和 D 方案的项目计算期均为 12 年，基准收益率为 10%，请进行方案比选。

解：方案的计算期不同，所以不能直接选用净现值、差额内部收益率进行方案比选。根据题意选择等额年值进行比选。

$$AW_A = 216.12 \times (A/P, 10\%, 10) = 35.17 \text{ 万元}$$
$$AW_B = 119.24 \times (A/P, 10\%, 10) = 19.41 \text{ 万元}$$
$$AW_C = 212.88 \times (A/P, 10\%, 12) = 31.24 \text{ 万元}$$
$$AW_D = 227.52 \times (A/P, 10\%, 12) = 33.39 \text{ 万元}$$

因为 A 方案的等额年值最大，所以 A 方案为最优方案。本例中，虽然 D 方案的净现值最大，但是由于计算期（开发经营期）不同，并不能说明 D 方案就是最优方案，还需比较等额年值。

如果想利用净现值、差额内部收益率等指标进行比选，就必须对计算期进行调整，使方案具有可比性。通常有以下几种处理方法：

（1）方案重复法。方案重复法也称计算期最小公倍数法，是将各方案计算期的最小公倍数作为比较方案的计算期，进而进行方案比选的一种方法。这种方法有两种方式：第一种方式，将各方案计算期的各年净现金流量或费用流量进行重复计算，直到与最小公倍数计算期相等；然后，再计算净现值、净现值率、差额内部收益率或费用现值等评价指标；最后根据调整后的评价指标进行方案比选。第二种方式，直接计算每个方案项目原计算期内的评价指标（主要指净现值），再按照最小公倍数原理分别对其折现，并求代数和，最

后根据调整后的净现值指标进行方案比选。

（2）最短计算期法。最短计算期法又称最短寿命期法，是指在将所有方案的净现值均还原为等额年值的基础上，再按照最短的计算期来计算出相应净现值，进而根据调整后的净现值指标进行方案比选的一种方法。这种方法的依据是：对于计算期相差较大的方案，用方案重复法时确定的最小公倍数可能很大，如四个方案的计算期分别为 15、20、30、40 年，那么它们的最小公倍数就是 120 年，而在这 120 年内进行重复计算太过复杂。实际上，在较长的时间内对现金流量多次进行折现，其折现的数值已经非常小，对决策的影响程度已不大，因此可以选择最短计算期作为计算期。

【例 11-6】已知某房地产投资项目有 A、B 两个方案，其计算期分别为 10 年和 15 年，它们的净现金流量情况见表 11-2，基准收益率为 12%，分别用方案重复法和最短计算期法比较这两个方案。

各方案净现金流量资料　　　　　单位：万元　表 11-2

方案＼年份	1	2	3	4~9	10	11~14	15
A	−600	−600	480	480*	600		
B	−1300	−1600	−700	900*	900	900*	1200

注：* 表示每年的数据

解：根据各项目的计算期和基准收益率，计算 A、B 方案的财务净现值分别为：

$$FNPV_A = -600 \times (1+12\%)^{-1} - 600 \times (1+12\%)^{-2}$$
$$+ 480(P/A,12\%,7) \times (1+12\%)^{-2} + 600 \times (1+12\%)^{-10} = 925.49 \text{ 万元}$$
$$FNPV_B = -1300 \times (1+12\%)^{-1} - 1600 \times (1+12\%)^{-2} - 700 \times (1+12\%)^{-3}$$
$$+ 900(P/A,12\%,11) \times (1+12\%)^{-3} + 1200 \times (1+12\%)^{-15} = 1088.47 \text{ 万元}$$

（1）用方案重复法进行比选

由于两个方案的计算期最小公倍数为 30 年，在此期间，A 方案重复两次，而 B 方案只重复 1 次。因此：

$$FNPV'_A = 925.49 + 925.49 \times (P/F,12\%,10) + 925.49 \times (P/F,12\%,20)$$
$$= 1319.42 \text{ 万元}$$
$$FNPV'_B = 1088.47 + 1088.47 \times (P/F,12\%,15) = 1287.33 \text{ 万元}$$

因为 $FNPV'_A > FNPV'_B$，所以 A 方案优于 B 方案。

（2）用最短计算期法进行比选

A、B 两个方案中，最短的计算期为 10 年，因此：

$$FNPV''_A = FNPV_A = 925.49 \text{ 万元}$$
$$FNPV''_B = FNPV_B \times (A/P,12\%,15) \times (P/A,12\%,10)$$
$$= 1088.47 \times (A/P,12\%,15) \times (P/A,12\%,10)$$
$$= 902.98 \text{ 万元}$$

因为 $FNPV''_A > FNPV''_B$，所以 A 方案优于 B 方案。

3. 计算期（寿命期、开发经营期）较短的出售型房地产项目互斥方案的比较与选择

对于计算期（寿命期、开发经营期）较短的出售型房地产投资项目，可以直接采用利

润总额、投资利润率等静态指标进行方案比选。运用这些指标时，只要按照指标反映方案的优劣直接判断即可。

4. 效益相同或基本相同的互斥方案的比较与选择

效益相同或基本相同的互斥方案，可以采用费用现值指标和等额年费用指标进行费用部分的比选。

【例 11-7】 某房地产投资项目拟定了 3 个使用功能相同的建设方案，3 个方案的费用支出情况见表 11-3，期末回收残值率为初始投资的 5%，基准收益率为 12%，试采用费用现值和等额年费用进行方案比选。

某房地产项目各方案费用支出情况 单位：万元 表 11-3

年 份	收支项目	方 案		
		A	B	C
0	初始投资	1200	1500	2000
1~10	年经营费用	210	120	100
10	残值回收	60	75	100

解：(1) 用费用现值进行方案比选

$PC = \sum_{t=1}^{n}(C-B)_t(1+i_c)^{-t}$，将已知数据代入上述公式，得：

$PC_A = 1200 + 210 \times (P/A, 12\%, 9) + (210-60)/(1+12\%)^{10}$
$\qquad = 2367.23$ 万元

$PC_B = 1500 + 120 \times (P/A, 12\%, 9) + (120-75)/(1+12\%)^{10}$
$\qquad = 2153.88$ 万元

$PC_C = 2000 + 100 \times (P/A, 12\%, 9) + (100-100)/(1+12\%)^{10}$
$\qquad = 2532.82$ 万元

因为 B 方案的费用现值最小，所以 B 方案为最优方案。

(2) 用等额年费用进行方案比选

$AC = PC \times \dfrac{i_c(1+i_c)^n}{(1+i_c)^n-1}$，将已知数据代入上述公式，得：

$AC_A = 2367.23 \times (A/P, 12\%, 10) = 418.96$ 万元

$AC_B = 2153.88 \times (A/P, 12\%, 10) = 381.20$ 万元

$AC_C = 2532.82 \times (A/P, 12\%, 10) = 448.27$ 万元

因为 B 方案的等额年费用最小，所以 B 方案为最优方案。

根据上例的计算结果，当各方案的计算期相同时，利用费用现值和等额年费用指标进行方案比选，计算结果是相同的。

11.2.2 独立方案的比选

独立方案的比选指的是在资金约束条件下，如何选择一组方案组合，以便获得最大的总体效益。

当各个方案相互独立时，若资金对所有方案不构成约束，只要分别计算各方案的净现

值或财务内部收益率等指标，选择符合标准的方案即可；若资金不足以分配到全部符合标准的方案时，即形成所谓的资金约束条件下的优化组合问题。这时通常采用互斥组合法进行方案比选。互斥组合法就是利用某种方法把各独立方案都组合成相互排斥的方案，其中每一个组合方案代表一个相互排斥的组合，这就可以利用互斥方案的比较方法，选择最优的组合方案。

1. 计算期相同的独立方案的互斥组合

计算期相同的互斥组合法的主要步骤是：首先建立所有的互斥的方案组合；其次计算各方案的比较效益指标，如净现值等指标；最后进行各互斥组合的比选。

【例 11-8】 已知某房地产投资商面临 A、B、C 三个独立方案。3 个方案的投资总额、年净收益等有关数据见表 11-4，基准收益率为 12%。投资总额限制在 450 万元以内（包括 450 万元），请设计投资方案组合。

各方案投资总额等数据资料　　　　单位：万元　表 11-4

方　案	投资总额	年净收益	计算期	净现值	净现值率
A	150	35	8	23.87	0.1591
B	230	52	8	28.31	0.1231
C	200	46	8	28.51	0.1426

解：（1）建立所有的互斥方案组合，并计算净现值指标，见表 11-5。

互斥方案组合及净现值　　　　单位：万元　表 11-5

序　号	方案组合	投资总额	年净收益	净现值
1	0	0	0	0
2	A	150	35	23.87
3	B	230	52	28.31
4	C	200	46	28.51
5	AB	380	87	52.18
6	AC	350	81	52.38
7	BC	430	98	56.83
8	ABC	580	133	超过资金限额

（2）进行方案比选。根据上表，方案组合 8 的投资总额超过了资金的约束条件，所以不予考虑。满足资金约束条件的另外 7 个方案组合中，B、C 方案组合的净现值最大。

（3）因为 B、C 方案的组合净现值最大，所以该组合为最佳方案组合。

2. 计算期不同的独立方案的互斥组合

对于计算期不同的独立方案，可用内部收益率标准对所有方案由大到小进行排列，并在资金约束条件下，选择方案组合，使其达到整体内部收益率最大。

【例 11-9】 已知某房地产投资商面临 A、B、C 三个独立方案。3 个方案的投资总额、年净收益等有关数据见表 11-6，基准收益率为 12%。投资总额限制在 450 万元以内（包括 450 万元），请设计投资方案组合。

各方案投资总额等数据资料　　　　　单位：万元　**表 11-6**

方　案	投资总额	年净收益	计算期	净现值	内部收益率
A	150	35	8	23.87	0.1642
B	230	52	10	63.81	0.1845
C	200	46	13	95.48	0.2109

解：（1）建立所有的互斥方案组合，并计算整体财务内部收益率，见表 11-7。

互斥方案组合及内部收益率　　　　　单位：万元　**表 11-7**

序　号	方案组合	投资总额	年净收益	整体内部收益率
1	0	0	0	0
2	AB	380	87	0.1677
3	AC	350	81	0.1751
4	BC	430	98	0.1960
5	ABC	580	133	超过资金限额

（2）方案 A、B、C 组合的投资超出资金限额，故直接排除。方案 B、C 组合的整体财务内部收益率最大，因此该方案组合为最优组合。

11.2.3　混合方案的比选

混合方案的比选也存在有无资金限制之分。如果无资金约束，只要从各独立项目中选择互斥型方案净现值（或等额年值）最大的方案加以组合即可。如果有资金约束，可利用净现值和差额内部收益率。

【例 11-10】　某房地产开发商准备投资三个项目，每个项目的开发经营期为 8 年，不计残值。各项目彼此独立。其投资总额及年净收益见表 11-8。各投资项目又分别有 3 个、4 个、3 个方案，每个项目的各个方案是互斥的，假定基准收益率为 15%，该开发商的资金限额是 600 万元，请问该开发商如何选择最优方案？

各方案投资总额等数据资料　　　　　单位：万元　**表 11-8**

项　目	投资方案	投资总额	计算期	年净收益
A	A_1	100	8	30
	A_2	200	8	70
	A_3	300	8	90
B	B_1	100	8	20
	B_2	200	8	55
	B_3	300	8	75
	B_4	400	8	95
C	C_1	200	8	85
	C_2	300	8	110
	C_3	400	8	150

解：首先采用某一评价指标（财务净现值或财务内部收益率）分别对独立项目的各个互斥方案进行优选排序，剔出不合格的方案，然后进行互斥组合方案的优选。

(1) 利用财务净现值分别对独立项目的各个互斥方案进行优选。

首先编制各独立项目互斥方案财务净现值表，然后对各方案的财务净现值进行排序和剔除不合格的方案，见表11-9。

各项目互斥方案净现值数据表   单位：万元   表 11-9

项 目	投资方案	净现值	排 序	优选结果
A	A_1	79.4	3	保留
	A_2	110.9	1	保留
	A_3	103.6	2	保留
B	B_1	−10.3	4	小于0，剔除
	B_2	46.6	1	保留
	B_3	36.3	2	保留
	B_4	26	3	保留
C	C_1	184.2	3	保留
	C_2	193.3	2	保留
	C_3	272.6	1	保留

(2) 对互斥组合方案进行优选。

对各项目的各独立方案，找出在资金限额条件下的较优互斥组合，从中选择最优互斥组合。所谓较优互斥组合，是指至少保证某一互斥关系中的最优方案得以入选的互斥组合。

资金限额为600万元，则较优的互斥组合方案有三个：A_2、B_2、C_1；A_2、C_3；B_2、C_3。计算出的财务净现值为：

$$FNPV(A_2+B_2+C_1)=341.7 万元$$
$$FNPV(A_2+C_3)=381.5 万元$$
$$FNPV(B_2+C_3)=319.2 万元$$

A_2、C_3 组合财务净现值较大，所以 A_2、C_3 组合为最优方案组合。

用财务内部收益率的比选方法同理，在此略过。计算结果与净现值指标计算结果相同。

11.3 房地产投资决策

11.3.1 房地产投资决策的含义

房地产投资决策是指房地产投资者为了实现其预期的投资目标，运用一定的科学理论、方法和手段，通过一定的程序，对若干个可行的投资方案进行研究论证，从中找出最满意的投资方案的过程。房地产投资决策分为宏观投资决策、中观投资决策和微观投资决策。本书着重讲解房地产微观投资决策。

1. 房地产投资决策的目标

从最终目标来说，房地产投资的最主要目标是获取高额利润，虽然选择的实现高额利润的方法和手段不同，但最终目标是一致的。

当然获取高额利润并不是唯一目标，因为还要考虑安全性、变现性、现期与远期收入、通货膨胀的影响等，还要符合社会利益和环境利益。安全性体现在房地产投资项目运营的过程中所面临的风险问题，有时尽管投资利润总额并不是很高，但投资者也会进行投资，这便是出于安全性的考虑；变现性主要是由于房地产自身的特性，房地产投资价值量大，回收期长，所以为保证及时收回投资，变现性是投资决策时必须要考虑的问题；现期与远期收入问题主要体现在投资者选择近期利益还是远期利益，如果选择近期利益则会面临高风险的项目，如果选择远期利益则会选择有升值潜力的待开发项目，同时风险性也较低；房地产投资在漫长的开发经营期内会受到通货膨胀的影响导致最终的利润发生变化，所以在投资决策时要尽量考虑通货膨胀的影响而选择能够抵御通货膨胀的项目。

2. 房地产投资决策的要素

房地产投资决策是一项系统工程，它由众多要素组成，在房地产投资行为中起着举足轻重的作用。房地产投资决策通常由以下要素组成：

（1）房地产投资决策者。房地产投资决策者是房地产投资决策的主体和最终得出结论的人。

（2）决策目标。房地产投资决策的目标如上文所述是以最小的资金投入获得最大的经济效益，并尽量降低房地产投资的风险，实现经济利益、环境利益、社会利益三者共赢。

（3）决策参数。决策参数是决策者在投资过程中可能采取的各种行动方案，是可以人为地进行调节控制的因素。如开展市场调研和市场预测；制定中长期规划；进行市场细分，选择适应市场需求的新产品；完善售后服务等。

（4）状态变量。状态变量是指决策者所面临的各种自然状态，这些状态包含着诸多不确定性因素，决策者必须把握这些不确定性因素，采取科学态度应对，使决策更合理、更科学。

11.3.2 房地产投资决策的类型

根据房地产投资决策的不同目标和不同性质，房地产投资决策可以分为以下几类：

1. 根据决策目标的层次划分

（1）战略决策。战略决策是指带有全局性、长期性、影响重大的决策。战略决策的决策人一般是房地产投资者中的高层人士，决策内容包括房地产经营目标、发展方向、经营方针和策略等重大经营问题。这种决策是在对房地产企业内部条件和外部环境作出全面分析和预测的基础上做出的，目的是为了发挥房地产企业的原有水平，适应当前及未来房地产市场竞争并在竞争中得以生存、发展。

（2）战术决策。战术决策是指带有局部性、短期性并为战略目标服务的决策。战术决策的重点是为实施房地产经营活动而在财力、人力、物力和组织等方面所作的决定，包括具体的实施方案、程序、人员安排、资金分配使用等具体的措施步骤。

（3）业务决策。业务决策，又称执行性决策，是日常工作中为提高生产效率、工作效率所作的决策，涉及范围较小，对投资活动只产生局部影响，包括对工作的改进、制度的优化和实施措施的改善等。

2. 根据决策问题出现的重复程度划分

（1）程序化决策。程序化决策是指决策过程的每一步都按照规范化的固定程序，这些程序可以反复的使用以解决同类问题，如人事聘用制度等。

（2）非程序化决策。非程序化决策是指在经营决策过程中有些突发的、首次出现的问题，此时没有固定程序可循，只能根据所出现的问题采取特殊的对策，即制定适合解决问题的新程序。

3. 根据决策使用的分析方法划分

（1）定性决策。定性决策是指决策者运用社会科学原理，根据个人的经验和判断力从决策对象的本质属性研究入手，根据事物的内在联系及其运动规律进行决策。这种决策依靠人的经验、智能，因此决策会带有主观性。

（2）定量决策。定量决策是把问题的目标和变量因素用数学表达式表示出来，建立数学模型，将已知条件和参数代入到模型中，最终求解，即得出决策结论。定量决策是将已知条件量化处理，所得出的结论是客观的，精确的。

在实际中，往往需要定性决策和定量决策结合起来，既需要主观判断，也需要客观估算，最终才能得出准确的结论。

4. 根据决策问题所处的条件划分

（1）确定型决策。确定型决策是指具有确定性的主观要求与客观条件，但却有多种可供选择的方案，对未来各种事件或变化趋势能做出明确的决策。一般情况下，作为确定型决策应有明确的决策目标，两个以上可供选择的投资方案，不同投资方案在未来状态下的预测结果可以通过模型计算出来，而未来状态是相对确定的。

（2）不确定型决策。不确定型决策是指决策者在决策时不知道所处理的未来事件在各种特定条件下的明确结果及各种结果发生的概率，使决策者在一种无法肯定的情况下进行的决策。如投资某住宅项目未来市场状况好还是不好其盈利状况便会不同。

（3）风险型决策。风险决策又称为概率型决策，这种决策事件的未来自然状态和变化趋势是随机的，一般从历史资料中可以获得一个客观概率，并由此计算出事件发生的期望值。一般情况下，若决策方案中有待实现的条件只能做出概率的估计，在这种情况下根据随机的状态作出的决策往往要冒一定的风险，这种决策就是风险型决策。

11.3.3 房地产投资决策的步骤

房地产投资决策的步骤是指房地产投资者在决策过程中，根据科学性、高效性原则，各工作环节应遵循的符合其运动规律的先后顺序。房地产投资决策的步骤可以分为如下七个阶段：

1. 调查研究提出房地产投资项目

调查研究提出房地产投资项目以市场调查尤为重要，它是房地产投资决策的前提和基础。这一阶段的关键在于明确问题，包括希望解决的问题是什么？它的关键因素是什么？必须在什么时间解决它？为什么要解决这一问题？为解决这一问题愿付出多大代价？在发现问题的过程中，可以使用关键因素分析技术。关键因素即在做出任何行动之前，必须改变、转移和消除的因素。通过发现这一关键因素，我们通常可以透过问题的表象把握真正的问题所在。确定决策的时机也是十分重要的，无论是先于或滞后于决策能产生实效的时机，都无法实现有效的决策。

2. 确定房地产投资决策目标

合理的目标是合理决策的前提。决策目标的形成、目标的大小、层次及决策者对目标的认识都会影响决策的顺利进行。决策目标是由上述阶段中所要解决的问题决定的。在目标确定过程中，首先必须把要解决问题的性质、结构、症结及其原因分析清楚，然后才能有针对性地确定合理的决策目标。决策目标必须十分明确，目标过分抽象或模棱两可、含糊不清，决策将无所遵循，决策目标的实现程度也难以衡量。合理的决策目标应该是可以衡量其成果、规定其时间和确定其责任的。另外，决策目标往往不止一个，而且多个目标之间有时还会有矛盾，这就给决策带来了一定的困难，所以，要处理好多目标之间的相互关系。

3. 找出所有可行方案

根据房地产投资目标和有关的信息情报，拟定可行方案，并要求整体详尽性和相互排斥性相结合，以避免方案选择过程中的偏差。整体详尽性指拟定的各种备选方案应尽量包括所有可能找到的方案，因为方案的数量越多、质量越好，选择的余地就越大。相互排斥性指在不同方案中只能选用一个方案。分析者对于最有潜力的方案，应依照下列原则进行检查：主要分析工作应致力于最有效的几个方案上；用在分析上的总费用不可超过它的预期收益。在拟定备选方案的过程中，还应考虑可能出现的意外变动，并对主要的参数及可能出现的误差和变动，进行预测性分析。

4. 确立衡量房地产投资效益的标准

衡量效益的标准决定了最后的分析结果。但这一标准很大程度上取决于决策者的主观判断。在不同的决策者之间，最佳方案的选择很可能因衡量效益的标准不同而不同。通常可以通过成本与收益来衡量方案效益。成本是方案实施过程中所需消耗的资源，如资金、人员、设备等。收益则是由某些行动的结果而产生的价值。在决定选择方案的整体价值时，成本与收益都要考虑。确立了各可行方案的效益衡量标准后，就可据以对每个方案的预期结果进行分析测算，以供方案评价和选择之用。

5. 房地产投资方案评估及方案选择

方案评估就是根据确立的决策目标所提出的各种可行方案以及衡量效益的标准、预期的结果等，分别对各方案进行衡量。方案的选择则是就每一方案的结果进行比较，选出最可能实现决策预期目标或期望收益最大的方案，作为初步最佳方案。方案评估的标准包括方案的作用、效果、利益、意义等，应具有技术可能性和经济合理性。选择方案的方法通常有经验判断法、数学分析法和试验法三类。经验判断法是依靠决策者的经验进行判断，常用的有淘汰法、排队法、归类法等。数学分析法是应用决策论的定量化方法进行方案选择。常用的有概率法、效用法、期望值法、决策树等。试验法，则是在管理决策中，特别是新方法的采用、新工艺的试验中所采用的一种选择方法，可视为正式决策前的试验。

6. 实施房地产投资决策方案

方案的实施是决策过程中至关重要的一步，在方案选定以后，就可制定实施方案的具体措施和政策。在方案实施的过程中，关键是将政策和措施贯彻下去，按照预先设计好的方案进行，在实施过程中也要注意突发事件的影响，及时反馈信息，可以不断改进实施措施，但保证政策的延伸性也是保证实施效果的重要手段。

7. 追踪调查方案实施、保证目标的实现程度

执行一个大规模的决策方案通常需要较长的时间，在这段时间中，情况可能会发生变化。而初步分析只产生对于该问题的一个初步估计。因此，在进行方案计划的设置及解决

不确定性问题时，方案应不断加以调整和完善。同样，任何连续性活动过程由于涉及多阶段控制，定期的分析也是必要的。这是在变动的环境中获取最优结果的唯一途径。另一方面，由于外部环境和内部条件的不断变动，也需要通过不断修正方案来消除不确定性，以适应变化了的情况，进行必要的调整。

11.3.4 房地产投资决策的方法

决策技术和方法可以帮助决策者抓住事物的本质、要害，分析项目决策的主观、客观因素，做出合理的决策。决策的类型不同，所采用的决策方法就不同。主要分为定性分析方法和定量分析方法两种。

1. 定性分析方法

定性分析方法通常有两种类型：一是经验判断法。这时依据既有的相关领域的决策经验进行判断，这种方法直观易用，缺点是分析不够深入，缺乏充分的论证。二是创造工程法。它是运用人们的创造性思维进行投资决策的方法，主要包括：畅谈会法、综摄法、形态方案法和主观概率法等。下面主要介绍畅谈会法和综摄法。

(1) 畅谈会法。畅谈会法通过召开专家会议，使与会者相互启发、相互影响，引起思维共振效应，形成宏观智能结构，从而激发更多的创造性思想。畅谈会法一般遵循四项规则：第一，不允许对别人的意见反驳、批评，也不要做结论；第二，鼓励自由思考，思路越广越受欢迎；第三，意见和建议越多越好，不受限制也不怕矛盾；第四，寻求意见的改进与联合，即参加者希望本人的意见经改进更明确有力，也希望本人与他人提出的意见不谋而合，注重意见的实效。运用畅谈会法一般召开直接畅谈会和质疑畅谈会两个会议，前者通过组织专家会议就决策的问题共同讨论，发挥宏观智能结构及集体效应，进行创造思维活动，后者是对第一个会议所提出的有疑义的地方加以更深入的讨论研究。

(2) 综摄法。综摄法是利用非推理因素，通过召开一种特别会议来激发群体的创造力的方法，其实质是对表面无关的事物进行的联想结合。综摄法的具体步骤是：第一，给定并详细介绍问题的有关背景材料、现行解决方法、已经想到和试验过哪些新设想，指出期望的创新解决方法；第二，问题重新表述，即从另外的角度提出问题；第三，分析排列，对所表述问题加以分析比较，并根据其对问题之创新解决的重要性加以系统排列；第四，远离问题，根据排定的顺序，每次以一种表述形式为出发点，从熟悉的领域转入尽可能远离问题的陌生领域，并尽力搜索表面与问题无关，实则却有类似之处的要素；第五，强行结合，将类比的结果与原问题强行结合起来，以形成一种创新的方案设想；第六，方案的认可，经强行结合形成初步设想后，须围绕其不足之处继续寻求改进完善，直至得出决策者满意的创新方案。

2. 定量分析方法

定量分析方法是主要采用数量指标和数学模型来进行房地产投资决策的方法，通过对决策问题进行定量分析、计算，已取得最优方案。常用的定量分析方法有：确定型决策、风险型决策、不确定型决策。

(1) 确定型决策。确定型决策通常有很多可供选择的方案，是一种理想状态下的决策类型。其决策方法有两种：①单纯选优法。该方法是根据已掌握的每一方案的每一确切结果的比较，直接选出最优方案的决策方法。具体涉及利润、净现值、投资回收期等绝对指标和内部收益率、净现值率等相对指标。实践中常用的房地产投资方案比选决策方法就是单纯选优法，具体来说，就是直接比较不同方案的净现值、内部收益率等指标，指标数值最大者就是最优的方案；②模型选优法。模型选优法是指在未来的自然状态完全明确的情况下，通过建立数学模型，求出最优方案的决策方法。它是在一定约束条件下，运用数学模型来解决如何实现效益最大或花费最小的技术经济问题。常见的有盈亏平衡分析、线性规划、多元回归、灰色系统决策等方法。

（2）风险型决策。在房地产开发经营过程中，大量的决策问题都具有某种潜在的风险，而其风险多少遵循统计规律，风险型决策是重要的决策方法，在本书第九章的相关内容中曾阐述其主要思想。风险型决策方法主要有：①期望值法。由概率论可知，数学期望是随机变量取值的平均数，为此把每个行动方案的期望值求出来加以比较，如果决策目标是效益最大，则采用效益期望值最大的行动方案，如果决策目标是使损失最小，则应选择损失期望值最小的方案；②最大可能法。最大可能法认为概率最大的那个自然状态是必然事件，即发生的概率为 1，其他自然状态是不可能事件，发生的概率为 0。这样，就可以选择概率最大的那个自然状态作为决策依据。房地产投资中，若干自然状态中，某一状态发生的概率值远大于其他自然状态发生的概率值，而不同自然状态下的收益值相差又不十分大时，可以采取最大可能法进行投资决策；③决策树法。决策树是一种决策分析工具，它以方块和圆圈为节点，并用直线把它们连接起来构成树状图形，把决策方案可能产生的各种情况及其概率、各种情况的目标、后果、风险和损益期望值系统的在图上反映出来，供决策分析和决策。

（3）不确定型决策。这类决策问题的特点是只能对风险后果进行估计，它是在对决策问题的自然状态发生的概率毫无所知的情况下进行的。不确定型决策的主要方法有：

① 乐观法。这是对客观情况持乐观态度的决策方法，其决策的原则是坚持"大中取大"，它首先找出每种方案在各种自然状态下的最大效益值，然后再从这些效益中选择最大值所对应的方案为最优方案。采用这种方法的决策者属于风险喜好型，往往敢于冒风险，极力追求最大投资利益。

【例 11-11】 某房地产投资者欲投资建设一住宅小区。由于缺乏有关资料，公司对商品房销售量只能估计为较高、一般、较低 3 种情况，而对每种情况出现的概率无法预测，为了开发建设，公司提出了独资建设、与当地有关部门合作建设、与外商合作建设 3 个方案，并计算出每个方案在 3 种情况下的收益值，见表 11-10。试进行方案决策。

各方案收益值表　　　　　　　　　单位：万元　**表 11-10**

状　态	方案 1 收益值	方案 2 收益值	方案 3 收益值
好	1200	600	800
一般	600	450	500
差	−300	100	120

解：从上表中所反映的各方案的收益值情况可以看出，每个方案的最大收益值分别为：1200 万元、600 万元、800 万元，根据大中取大原则，决策者应该选择方案 1。

② 悲观法。这种方法坚持"小中取大"，它是先找出每个方案在各种自然状态下最小收益值，然后选择最小收益值中最大的方案为最优方案。这种方法的目的是把风险降低到

最小程度，比较悲观保守。

上例中，3个方案的最小收益值分别为－300万元、100万元、120万元，决策者根据小中取大的原则，应选择方案3为最优方案。

③ 最小后悔值法。决策者在制定决策后，若事实不符合理想状态，他可能就会对所选择的方案后悔，希望自己以前选择的方案是完全不同的另一方案。这个方法的实质是使后悔值最小的方案为最合理的方案。用这个方案进行决策，首先是求出每个方案在各种自然状态下的后悔值（后悔值为每种状态下的最高值与其他值之差），然后比较各方案的最大后悔值，从这些最大后悔值中选择最小的一个，其对应的方案就是最优的方案。

【例11-12】 已知条件如例11-11，现将各方案后悔值计算见表11-11。试进行方案决策。

各方案后悔值表　　　　　　　　　　　单位：万元　表 11-11

状　态	方案1后悔值	方案2后悔值	方案3后悔值
好	0	600	400
一般	0	150	100
差	420	20	0

解：3个方案的最大后悔值分别为420万元、600万元、400万元，应该选择后悔值最小的对应的方案，因此应该选择方案3为最优方案。

④ 机会均等法。决策者在决策过程中，不能肯定各种自然状态出现的概率，就简单地认为它们出现的概率相同。如果有 n 个自然状态，则每个自然状态出现的概率为 $1/n$。然后按照风险型决策方法，计算各方案的损益期望值，选取期望值中最大者为最优方案。

【例11-13】 已知条件如例11-11，现将各方案期望值计算见表11-12。试进行方案决策。

各方案期望值表　　　　　　　　　　　单位：万元　表 11-12

方　案	概　率			收益值			期望值
	好	一般	差	好	一般	差	
1	1/3	1/3	1/3	1200	600	－300	500
2	1/3	1/3	1/3	600	450	100	383.33
3	1/3	1/3	1/3	800	500	120	473.33

解：3个方案的期望值分别为500万元、383.33万元、473.33万元，应该选择期望值最大的方案，因此应该选择方案1为最优方案。

定量分析方法要进行比较精确的计算和分析，从而将决策推向科学化。当决策涉及较多社会因素、心理因素和人为因素时，由于许多因素很难量化处理或难以精确化，这时定量分析方法就应该与定性分析方法结合起来，使决策更为准确。

本 章 小 结

对房地产投资项目面临的各种可供选择的方案，进行计算和分析，从中筛选出满足最低收益率要求的可供比较方案，并对这些方案做出最后选择的过程，被称为房地产投资方案比选。房地产投资项目方案的类型有很多，主要有三种类型：独立方案、互斥方案、混合方案。

投资方案比选中按照是否考虑资金的时间价值，将房地产投资方案比选的指标分为静态指标和动态指标。静态指标包括：差额投资收益率、差额投资回收期等；动态指标包括：差额内部收益率、净现值、净现值率、等额年值、费用现值、等额年费用等。

互斥方案的比选分为计算期相同、计算期不同、计算期较短、效益相同或基本相同等情况，分别选择不同的指标进行方案比选；当各个方案相互独立时，若资金对所有方案不构成约束，只要分别计算各方案的净现值或财务内部收益率等指标，选择符合标准的方案即可；若资金不足以分配到全部符合标准的方案时，通常采用互斥组合法进行方案比选；混合方案的比选如果无资金约束，只要从各独立项目中选择互斥型方案净现值（或等额年值）最大的方案加以组合即可，如果有资金约束，可利用净现值和差额内部收益率。

房地产投资决策的步骤为：调查研究提出房地产投资项目、确定房地产投资决策目标、找出所有可行方案、确立衡量房地产投资效益的标准、房地产投资方案评估及方案选择、实施房地产投资决策方案、追踪调查方案实施保证目标的实现程度等；决策方法主要分为定性分析法和定量分析法，定性分析法包括：畅谈会法、综摄法、形态方案法和主观概率法等；定量分析法包括：确定型决策、风险型决策、不确定型决策。

思 考 题

1. 房地产投资方案有哪几种类型？
2. 房地产投资方案比选有哪些类型的指标？
3. 房地产投资互斥方案比选分为哪些情况？每种情况的比选要点是什么？
4. 房地产投资决策的类型有哪些？
5. 房地产投资决策的步骤是怎样的？
6. 不确定型决策的主要方法有哪些？

练 习 题

1. 某房地产投资者有一片待开发土地，现有三个投资方案，A 方案是将土地出租，B 方案是建设住宅，C 方案是建设宾馆。三个方案的计算期均为 6 年，基准收益率为 11%，各年净现金流量见表 11-13，试问哪个方案最可行？

某公司投资项目净现金流量表 单位：万元 **表 11-13**

年份（年末）	0	1	2	3	4	5	6
方案 A	0	200	200	200	200	200	200
方案 B	−1000	600	600	600	600	600	600
方案 C	−1500	600	800	900	1000	1000	1000

2. 某房地产公司对于某一投资项目有三个互斥的投资方案，各方案的具体情况见表 11-14。计算期均为 5 年，基准收益率为 10%，试进行方案比选。

某公司投资项目投资、收益等数据表　　　单位：万元　**表 11-14**

投资方案	初始投资	年经营收益	年经营费用	年净收益
方案 A	2000	500	150	450
方案 B	3000	680	204	476
方案 C	4000	800	240	560

3. 某房地产公司对某一项目设计了 A、B、C 三种投资方案，这三种方案的损益情况与当前该地区房地产市场需求情况数据见表 11-15。据调查，未来市场需求将面临高、中、低三种状态，三种状态的概率是未知的，请分别用乐观法、悲观法、最小后悔值法、机会均等法进行投资决策。

某公司投资项目损益数据表　　　单位：万元　**表 11-15**

投资方案	未来市场需求		
	高	中	低
方案 A	2000	1500	1000
方案 B	3000	1400	800
方案 C	1500	600	250

12 房地产投资项目可行性研究报告的撰写

【学习要点】 通过本章学习，了解房地产投资项目可行性研究的含义、任务、作用、依据、阶段；熟悉房地产投资项目可行性研究报告的结构和内容；掌握房地产投资项目可行性研究报告编制步骤和要求。

12.1 房地产投资项目可行性研究概述

12.1.1 房地产投资项目可行性研究的含义和任务

房地产投资项目可行性研究是指在房地产项目投资前期，通过房地产投资环境及房地产市场状况的调查分析，对拟开发项目若干个开发经营方案进行评价，编制可行性研究报告，判断项目的可行性。它是项目投资前期工作的重要内容，是项目投资决策中必不可少的一个工作程序。

在项目投资分析与决策过程中，可行性研究具体是指在项目投资决策之前，调查、研究与拟建项目有关的自然、社会、经济、技术等资料，分析、比较可能的项目投资建设方案，预测、评价项目建成后的社会经济效益，并在此基础上，综合论证项目投资建设的必要性、财务上的赢利性、经济上的合理性、技术上的先进性和适用性、建设条件上的可能性和可行性，从而为投资决策提供科学依据。

可行性研究报告是可行性研究阶段的主要成果，房地产投资项目可行性研究报告是项目实施主体为了实施某项经济活动需要委托专业研究机构编撰的重要文件，是将可行性研究结论性意见进行综合论述并给出结论性意见的文件。一个完整的可行性研究报告至少应包括以下三方面的内容：

（1）分析论证项目投资建设的必要性。这一工作通常是通过市场预测工作（即通过市场预测，分析项目所生产产品的市场需求情况）来完成。

（2）分析项目投资建设的可行性。这一工作主要是通过技术分析和生产工艺来完成。软件项目主要是从技术角度、开发过程与方法等方面分析。

（3）分析项目投资建设的合理性（财务上的赢利性和经济上的合理性）。这一工作主要是通过项目的效益分析来完成。项目投资建设的合理性是可行性研究的核心问题。

项目可行性研究的任务就是通过对拟建项目进行投资方案规划、工程技术论证、经济效益的预测和分析，经过多个方案的比较和评价，为项目决策提供可靠的依据和可行的建设方案，并明确回答项目是否应该投资和怎样投资。

12.1.2 房地产投资项目可行性研究的作用和依据

1. 房地产投资项目可行性研究的主要作用

（1）可行性研究是项目投资决策的重要依据。开发项目投资决策，尤其是大型投资项目决策的科学合理性，是建立在根据详细可靠的市场预测、成本分析和效益估算进行的项目可行性研究的基础上的。

（2）可行性研究是项目立项、审批、开发商与有关部门签订协议、合同的依据。在我国投资项目必须列入国家的投资计划。尤其是房地产项目，要经过政府相关职能部门的立项、审批、签订有关的协议，依据之一就是可行性研究报告。

（3）可行性研究是项目筹措建设资金的依据。房地产开发项目可行性研究对项目的经济、财务指标进行了分析，从中可以了解项目的筹资还本能力和经营效益的获取能力。银行等金融机构是否提供贷款，主要依据可行性研究中提供的项目获利信息，因此可行性研究也是企业筹集建设资金和金融机构提供信用贷款的依据。

（4）可行性研究是编制设计任务书的依据。可行性研究对开发项目的建设规模、开发建设项目的内容及建设标准等都作出了安排，这些正是项目设计任务书的内容。

（5）可行性研究是环保部门审核项目环境效益的依据。环境效益分析是可行性研究中不可缺少的一部分，在进行项目可行性研究时，必须对项目的环境影响作出评价。另外，主管部门在审批可行性研究报告时，要同时审查项目的环境保护方案。

2. 房地产投资项目可行性研究的依据

（1）国家和地区的总体经济状况、房地产市场发展情况，以及有关房地产政策、金融信贷政策、税收政策、住房政策等；

（2）项目所在地的城市总体发展战略、产业布局，近远期的重点发展区域，城市总体规划、分区规划、详细规划等规划条件，以及市政建设等专项规划方案；

（3）项目所在地的社会、人文、收入水平、自然环境、地质条件、气象、交通状况等基础资料；

（4）项目建议书，以及开发商基本构想和项目规划设计方案等；

（5）有关工程技术方面的标准、规范、指标、要求等；

（6）房地产市场供给和需求调研资料，项目经济分析所需的各项成本依据、经济分析参数，指标体系等。

12.1.3 房地产投资项目可行性研究的阶段

可行性研究是在项目投资前期所做的工作。它分为四个阶段，内容由浅入深。

1. 投资机会研究

该阶段的主要任务是对投资项目或投资方向提出建议，即在一定的地区和部门内，以自然资源和市场的调查预测为基础，寻找最有利的投资机会。

投资机会研究分为一般投资机会研究和特定项目的投资机会研究。前者又分为三种：地区研究、部门研究和以利用资源为基础的研究，目的是指明具体的投资方向。后者是要选择确定项目的投资机遇，将项目意向变为概略的投资建议，使投资者可据以决策。

投资机会研究的主要内容有：地区情况、经济政策、资源条件、劳动力状况、社会条件、地理环境、国内外市场情况、项目建成后的社会影响等。该阶段投资估算的精确度为±30%，研究费用一般占总投资的 0.2%～0.8%。

2. 初步可行性研究

投资机会研究如果可行的话，则进入到初步可行性研究阶段。在初步可行性研究阶段，作进一步的分析研究，考察项目是否做详细可行性研究。需对下列内容做粗略的审查：市场需求与供应、建筑材料供应情况、项目所在地区的社会经济状况、项目地址与周围环境、项目规划设计方案、项目进度、项目销售收入与投资估算、项目财务分析等。

初步可行性研究阶段投资估算的精度为±20%，所需研究费用一般占总投资的 0.25%～1.5%。

3. 详细可行性研究

详细可行性研究，即通常所说的可行性研究，其成果为可行性研究报告。详细可行性研究是房地产投资项目投资决策的基础，是在分析项目技术和经济可行性后做出投资与否决策的关键步骤。

其投资估算的精度为±10%。所需研究费用，小型项目约占总投资的 1.0%～3.0%，大中型项目约占总投资的 0.2%～1.0%。

4. 项目的评估与决策

按照国家有关规定，对于大中型和限额以上的项目及重要的小型项目，必须经有权审批单位委托有资格的咨询评估单位就项目可行性研究报告进行评估论证。

项目评估是由决策部门组织或授权于建设银行或咨询公司或有关专家，代表国家对上报的房地产投资项目可行性研究报告进行全面审核和再评估阶段。

12.2　房地产投资项目可行性研究报告的结构和内容

12.2.1　可行性研究报告的结构

一般来讲，专业机构编写一个项目的可行性研究报告应包括封面、摘要、目录、正文、附件和附图等部分。

(1) 封面：一般要反映可行性报告的名称，专业研究编写机构名称及编写报告的时间三个内容。

(2) 摘要：它是用简洁明了的语言概要介绍项目的概况、市场情况可行性研究的结论及有关说明或假设条件，要突出重点，假设条件清楚，使阅读人员在短时间内能了解全报告的精要。也有专家主张不写摘要，因为可行性研究报告事关重大，阅读者理应仔细全面阅读。

(3) 目录：由于一份可行性报告少则十余页，多则数十页，为了便于写作和阅读人员将报告的前后关系、假设条件及具体内容条理清楚地编写和掌握，必须编写目录。

(4) 正文内容：它是可行性报告的主体，一般来讲，应包括以下内容：

1) 项目概况

主要包括：项目名称及背景、项目开发所具备的自然、经济、水文地质等基本条件，项目开发的宗旨、规模、功能和主要技术经济指标、委托方、受托方、可行性研究的目的、可行性研究的编写人员、编写的依据、编写的假设和说明。

2) 市场调查和分析

在深入调查和充分掌握各类资料的基础上，对拟开发项目的市场需求及市场供给状况进行科学的分析，并作出客观的预测，包括开发成本、市场售价、销售对象及开发周期、销售周期等。

3）规划设计方案优选

在对可供选择的规划方案进行分析比较的基础上，优选出最为合理、可行的方案作为最后的方案，并对其进行详细的描述。包括选定方案的建筑布局、功能分区、市政基础设施分布、建筑物及项目的主要技术参数、技术经济指标和控制性规划技术指标等。

4）开发进度安排

对开发进度进行合理的时间安排，可以按照前期工程、主体工程、附属工程、竣工验收等阶段安排好开发项目的进度。作为大型开发项目，由于建设期长、投资额大，一般需要进行分期开发，需要对各期的开发内容同时作出统筹安排。

5）项目投资估算

对开发项目所涉及的成本费用进行分析评估。房地产开发所涉及的成本费用主要有土地费用、前期工程费用、建筑安装费用、市政基础设施费用、公共配套费用、期间费用及各种税费。估算的精度没有预算那样高，但需力争和未来开发事实相符，提高评价的准确性。

6）项目资金筹集方案及筹资成本估算

根据项目的投资估算和投资进度安排，合理估算资金需求量，拟订筹资方案，并对筹资成本进行计算和分析。房地产开发投资巨大，必须在投资前做好对资金的安排，通过不同的方式筹措资金，减少筹资成本，保证项目的正常进行。

7）项目财务分析

依据国家现行的财税制度、现行价格和有关法规，从项目的角度对项目的盈利能力、偿债能力和外汇平衡等项目从财务状况进行分析，并借以考察项目财务可行的一种方法。具体包括在项目的预售预测、成本预测基础上进行预计利润表、预计资产负债表、预计财务现金流量表的编制，借款还本付息表、资金来源与运用表的编制，以及进行财务分析指标和偿债指标的计算，如财务净现值、财务内部收益率、投资回收期、债务偿还期、资产负债率等，据以分析投资的效果。

8）不确定性分析和风险分析

主要包括盈亏平衡分析、敏感性分析和概率分析等内容。该分析通过对影响投资效果的社会、经济、环境、政策、市场等因素的分析，了解各种因素对项目的影响性质和程度，为项目运作过程中对关键因素进行控制提供可靠依据。同时根据风险的可能性，为投资者了解项目的风险大小及风险来源提供参考。

9）可行性研究的结论

根据对相关因素的分析和各项评价指标数值，对项目的可行与否作出明确的结论。

10）研究人员对项目的建议

对项目中存在的风险和问题提出改善建议，以及对建议的效果作出估计。

（5）附件：它包含可行性研究的主要依据，是可行性研究报告必不可少的部分。一般来讲，一个项目在做正式的可行性研究时，必须有政府有关部门的批准文件（如规划选址意见书、土地批租合同、土地证、建筑工程许可证等）。专业人员必须依照委托书和上述文件以及相应的法律、法规方能编写项目可行性研究报告。

（6）附图：一份完整的可行性报告应包括以下附图：项目的位置图、地形图、规划红线图、设计方案的平面图，有时也包括：项目所在地区或城市的总体规划图等等。

12.2.2　可行性研究报告的内容

房地产投资项目受投资环境等多方面因素的影响，不同的投资项目具有不同的特点，可行性研究报告的内容也应有所不同，但就一般房地产投资项目而言，应包括以下主要内容：

1. 总论

（1）项目名称；

（2）该项目提出的背景；

（3）承办单位概况；

（4）可行性报告编制的依据；

（5）项目提出的理由；

（6）项目拟建地点；

（7）项目预期目标；

（8）项目主要建设条件；

（9）主要技术经济指标；

（10）问题与建议。

2. 项目投资环境与市场研究

（1）投资环境分析。简述国家政治经济形势，开发地区的经济社会及管理情况、政治因素。

（2）市场供求分析。分别对需求与供给进行分析。

（3）销售预测。根据现在的市场情况预测未来销售期的销售情况。

（4）营销策略。同时要进行自身竞争能力及竞争对手分析；分析相关市场，如建材市场、劳动力市场等。

3. 建设规模、用途、项目开发条件

（1）建设规模设想比选。如结构形式、建筑面积、使用功能。

（2）推荐建设规模方案。

（3）项目现状概况。项目建设地点与地理位置、土地权属类型及占地面积、土地状况。

（4）项目建设条件。了解项目所在地的地形、地貌、水文地质条件；不良地质情况。分析周边建筑、环境条件、城市规划与区域性规划要求、交通、社会、法律、公共设施、征地拆迁、施工条件等问题。

（5）拟建场地条件比选。

（6）推荐选址方案。

4. 建设方案比选

（1）建设指导思想、创意和设计原则。

（2）项目总体规划方案。

（3）建筑方案。建筑艺术与风格、特征与结构、建筑与城市整体协调情况。建筑主体与辅助工程、建筑效果及比选。

5. 节能节水措施

（1）节能措施及能耗指标分析。

（2）节水措施及水耗指标分析。

6. 环境影响评价

（1）项目建设地理环境状态。

（2）项目实施及运作后对环境的影响。

（3）环境保护措施。包括对水的污染，林业、水利、农田、矿产等方面的影响，采取何种保护措施与投资计划。

（4）环境影响评价专项报告。

7. 劳动、安全、卫生与消防

（1）危害因素分析。

（2）有害物质种类及危害程度分析。

（3）安全设施与措施。

（4）消防设施与措施。

（5）土石方爆破安全。

8. 组织机构与人力资源

（1）组织机构的设立、体系、网络及管理层次。

（2）人力资源及其配置。

9. 项目进度计划

（1）建设工期目标。

（2）项目进度计划（网络图、横道图）。

10. 投资估算与资金筹措计划

（1）投资估算。

（2）开发建设投资估算。其中涉及土地征用及拆迁费、前期工程费，工程监理费、建安工程费、设备、工器具、基础设施、公共设施配套配等。

（3）编制投资估算表。

（4）资金筹措方式与来源。

11. 财务分析

（1）财务分析基础数据选取。例如，销售价格和租金、计算期、财务基准收益率等。

（2）销售出租收入计算。

（3）编制财务分析分类报表。一般包括：财务现金流量表、损益和利润分配表、资金来源与运用表、借款偿还计划表。同时引进财务分析指标的分析，其中包括：财务内部收益率、资本金收益率、财务净现值、投资回收期、投资利润率、投资利税率等。

12. 社会影响分析

（1）项目对社会的影响评价。

（2）社会风险分析。

（3）评价结论等。

13. 研究结论与建议

（1）结论。

（2）建议。

14. 附图、附表、附件等

（1）附图。包括项目总体规划图，各种建设方案图，平面图、立面图、剖面图及标准楼层图，辅助配套设施、建筑小品等图样。

（2）附表。各类财务分析计算表、计划表。

（3）附件。项目建议书和立项申请的政府批复文件，设计方案的评审纪要文件，环境影响评价报告的批复文件，当地政府的环境、林业、土地、计划、安全、规划、交通等方面的批复文件。另有有关水、电、暖、燃气、通信等供应或协调文件等。

12.3　房地产投资项目可行性研究报告编制步骤和要求

12.3.1　房地产投资项目可行性研究报告编制步骤

1. 签订委托协议

正规的可行性研究报告一般是委托有资质的咨询单位负责编写。编制单位与委托单位，就项目可行性研究报告编制工作的范围、重点、深度要求、完成时间、费用预算和质量要求交换意见，并签订委托协议，据以开展可行性研究各阶段的工作。

2. 组建工作小组

根据委托项目可行性研究的工作量、内容、范围、技术难度、时间要求等组建项目可行性研究工作小组。工作小组应包括项目的各个工种，为使各专业组能够协调工作，保证《报告》的总体质量，应由总工程师和总经济师负责统筹协调。

3. 制定编写工作计划

落实成员之后，需编制详尽的工作计划，具体内容包括工作范围、重点、深度、进度安排、人员配置、费用预算及《报告》编制大纲，并与委托单位交换意见。

4. 调查研究收集资料

各专业组根据《报告》编制大纲进行实地调查，收集整理有关资料，包括市场和社会调查，向行业主管部门调查，向项目所在地区调查，向项目设计的有关企业、单位调查，收集项目建设、运营等各方面所必需的信息资料和数据。

5. 方案编制与优化

在调查研究收集资料的基础上，对项目的规划设计方案、建筑物布局、市政设施及其他公用设施配套等方案进行比选，对多方案进行技术经济比较和评价，提出推荐方案。

6. 项目评价

对推荐方案进行环境影响分析、财务分析、国民经济分析、社会影响分析和风险分析，判断项目的环境可行性、经济可行性、社会可行性和抗风险能力。当有关评价指标结论不足以支持项目方案成立时，应对原设计方案进行调整或重新设计。

7. 编写《报告》

项目可行性研究报告各专业方案，经过技术经济论证和优化后，由各专业分工编写。经项目负责人衔接汇总，提出《报告》初稿。

8. 与委托单位交换意见

《报告》初稿形成后，应与委托单位交换意见，修改完善，形成正式《报告》。

12.3.2 房地产投资项目可行性研究报告编制要求

房地产可行性研究报告是项目可行性研究成果的最终体现，对项目能否投资建设和整个建设过程均有重大影响，因此编写过程必须谨慎。

1. 报告内容要简洁明了

作为可行性研究成果的最终体现，项目可行性研究报告一般是很复杂的，尤其是大型项目，研究报告往往长达数百页，几十万字。在撰写报告时，切忌烦琐啰唆，要用简洁的语言、形象生动的图表形式表达出分析者的真实意图。在报告格式上，可将原始资料数据以及详细分析推导过程在附件中体现。另外，撰写报告时可以在报告正文前加"索引"，以指引读者在正文或是附件中寻找相应的内容。

2. 表达方式应形象生动

房地产投资项目可行性研究报告在很多情况下均涉及数字和数字处理，为了避免枯燥乏味，报告中可尽量采用形象生动的图表或精美的图片，通过色彩、线条、图形的运用来增强表达效果和说服力。

3. 数据资料要客观真实

为了保证研究结果符合实际情况，编写可行性报告，必须站在客观公正的立场上进行调查研究，重视基础资料的收集。对于基础资料，要按照实际情况进行论证评价，实事求是，如实反映客观规律，要以严肃、认真、科学的态度对待可行性研究。数据资料只能通过客观调查获得，切忌先定论后编数据，失去研究的意义。总之，一切结论要来源于客观分析，有理有据，得出最后的结论。

4. 观点要明确，资料要充分

观点是在经过对资料反复研究后形成的，资料是观点的前提，观点是资料的归宿。在进行可行性分析时，一定要理顺二者之间的辩证关系，避免只有资料而没有观点的数据罗列现象，也要避免只有空洞的观点而没有任何数据支撑的现象。

5. 内容应该有深度

可行性研究报告的内容除了逻辑合理、层次分明、针对性强以外，还要有一定的深度，不能流于形式。应该从不同角度，不同层面对项目的可行性做深层次的研究分析。否则，报告就不是一份高质量的研究报告，起不到其应发挥的作用。

6. 印刷、装帧要美观

房地产投资项目可行性研究报告的内容编写完成后，还应注重印刷和装帧质量，书写要规范，避免出现错漏之处，否则将直接影响上级部门对可行性研究报告的审核结论。

12.4 房地产投资项目可行性研究报告案例

12.4.1 房地产投资项目可行性研究报告编制的一般模式

第一部分 房地产项目总论

总论作为可行性报告的首要部分，要综合叙述研究报告中各部分的主要问题和研究结论，并对项目的可行与否提出最终建议，为可行性研究的审批提供方便。

1. 房地产项目背景

（1）项目名称。

（2）项目的承办单位。

（3）承担可行性研究工作的单位情况。

（4）项目的主管部门。

（5）项目建设内容、规模、目标。

（6）项目建设地点。

2. 项目可行性研究主要结论

在可行性研究中，对项目的产品销售、原料供应、政策保障、技术方案、资金总额筹措、项目的财务效益和国民经济、社会效益等重大问题，都应得出明确的结论，主要包括：

（1）项目产品市场前景

（2）项目原料供应问题

（3）项目政策保障问题

（4）项目资金保障问题

（5）项目组织保障问题

（6）项目技术保障问题

（7）项目人力保障问题

（8）项目风险控制问题

（9）项目财务效益结论

（10）项目社会效益结论

（11）项目可行性综合评价

3. 主要技术经济指标表

在总论部分中，可将研究报告中各部分的主要技术经济指标汇总，列出主要技术经济指标表，使审批和决策者对项目作全貌了解。

经济指标汇总表　　　　　　　　　　表 12-1

序　号	名　称	单　位	数　值
1	项目投入总资金	万元	
1.1	建设投资	万元	
1.2	流动资金	万元	
2	年营业收入（正常年份）	万元	
3	年总成本费用（正常年份）	万元	
4	年经营成本（正常年份）	万元	
5	年增值税（正常年份）	万元	
6	年销售税金及附加（正常年份）	万元	
7	年利润总额（正常年份）	万元	
8	所得税（正常年份）	万元	
9	年税后利润（正常年份）	万元	
10	投资利润率（%）	%	

序　号	名　称	单　位	数　值
11	投资利税率（%）	%	
12	资本金投资利润率（%）	%	
13	资本金投资利税率（%）	%	
14	销售利润率（%）	%	
15	税后财务内部收益率（全部投资）	%	
16	税前财务内部收益率（全部投资）	%	
17	税后财务净现值 $FNPV$（I=12%）	万元	
18	税前财务净现值 $FNPV$（I=12%）	万元	
19	税后投资回收期	年	
20	税前投资回收期	年	
21	盈亏平衡点（生产能力利用率）	%	

4. 存在问题及建议

对可行性研究中提出的项目的主要问题进行说明并提出解决的建议。

第二部分　房地产项目建设背景、必要性、可行性

这一部分主要应说明项目发起的背景、投资的必要性、投资理由及项目开展的支撑性条件等等。

1. 房地产项目建设背景

（1）项目政策层面发起背景

1）国家或行业发展规划

2）产业政策

3）技术政策

（2）项目市场层面发起背景

1）市场发展阶段、趋势、特点

2）市场发展前景

（3）项目发起人以及发起缘由

1）公司在技术方面的积累

2）公司在市场方面的积累

3）……

（4）……

2. 房地产项目建设必要性

（1）产业发展的要求

（2）市场发展的要求

（3）企业发展的要求

3. 房地产项目建设可行性

（1）经济可行性

（2）政策可行性

（3）技术可行性

（4）模式可行性

（5）组织和人力资源可行性

第三部分　房地产项目市场需求分析

市场分析在可行性研究中的重要地位在于，任何一个项目，其生产规模的确定、技术的选择、投资估算甚至厂址的选择，都必须在对市场需求情况有了充分了解以后才能决定。而且市场分析的结果，还可以决定产品的价格、销售收入，最终影响到项目的盈利性和可行性。在可行性报告中，要详细研究当前市场现状，以此作为后期决策的依据。

第四部分　房地产项目产品规划方案

1. 房地产项目产品产能规划方案
2. 房地产项目产品工艺规划方案
（1）工艺设备选型
（2）工艺说明
（3）工艺流程
3. 房地产项目产品营销规划方案
（1）营销战略规划
（2）营销模式
（3）促销策略

第五部分　房地产项目建设地与土建总规划

1. 房地产项目建设地
（1）房地产项目建设地地理位置
（2）房地产项目建设地自然情况
（3）房地产项目建设地资源情况
（4）房地产项目建设地经济情况
（5）房地产项目建设地人口情况
2. 房地产项目土建总规划
（1）项目厂址及厂房建设
（2）土建总图布置
（3）场内外运输
（4）项目土建及配套工程
（5）项目土建及配套工程造价
（6）项目其他辅助工程

第六部分　房地产项目环保、节能与劳动安全方案

在项目建设中，必须贯彻执行国家有关环境保护、能源节约和职业安全方面的法规、法律，对项目可能造成周边环境影响或劳动者健康和安全的因素，必须在可行性研究阶段进行论证分析，提出防治措施，并对其进行评价，推荐技术可行、经济，且布局合理，对环境有害影响较小的最佳方案。按照国家现行规定，凡从事对环境有影响的建设项目都必须执行环境影响报告书的审批制度，同时，在可行性报告中，对环境保护和劳动安全要有专门论述。

1. 房地产项目环境保护
（1）项目环境保护设计依据

（2）项目环境保护措施

（3）项目环境保护评价

2. 房地产项目资源利用及能耗分析

（1）项目资源利用及能耗标准

（2）项目资源利用及能耗分析

3. 房地产项目节能方案

（1）项目节能设计依据

（2）项目节能分析

4. 房地产项目消防方案

（1）项目消防设计依据

（2）项目消防措施

（3）火灾报警系统

（4）灭火系统

（5）消防知识教育

5. 房地产项目劳动安全卫生方案

（1）项目劳动安全设计依据

（2）项目劳动安全保护措施

第七部分　房地产项目组织和劳动定员

在可行性报告中，根据项目规模、项目组成和工艺流程，研究提出相应的企业组织机构，劳动定员总数及劳动力来源及相应的人员培训计划。

1. 房地产项目组织

（1）组织形式

（2）工作制度

2. 房地产项目劳动定员和人员培训

（1）劳动定员

（2）年总工资和职工年平均工资估算

（3）人员培训及费用估算

第八部分　房地产项目实施进度安排

项目实施时期的进度安排是可行性报告中的一个重要组成部分。项目实施时期亦称投资时间，是指从正式确定建设项目到项目达到正常生产这段时期，这一时期包括项目实施准备，资金筹集安排，勘察设计和设备订货，施工准备，施工和生产准备，试运转直到竣工验收和交付使用等各个工作阶段。这些阶段的各项投资活动和各个工作环节，有些是相互影响的，前后紧密衔接的，也有同时开展，相互交叉进行的。因此，在可行性研究阶段，需将项目实施时期每个阶段的工作环节进行统一规划，综合平衡，作出合理又切实可行的安排。

1. 房地产项目实施的各阶段

（1）建立项目实施管理机构

（2）资金筹集安排

（3）技术获得与转让

（4）勘察设计和设备订货

（5）施工准备

（6）施工和生产准备

（7）竣工验收

2. 房地产项目实施进度表

3. ××项目实施费用

（1）建设单位管理费

（2）生产筹备费

（3）生产职工培训费

（4）办公和生活家具购置费

（5）其他应支出的费用

第九部分　房地产项目财务分析

1. 房地产项目总投资估算

2. 房地产项目资金筹措

一个建设项目所需要的投资资金，可以从多个来源渠道获得。项目可行性研究阶段，资金筹措工作是根据对建设项目固定资产投资估算和流动资金估算的结果，研究落实资金的来源渠道和筹措方式，从中选择条件优惠的资金。可行性报告中，应对每一种来源渠道的资金及其筹措方式逐一论述。并附有必要的计算表格和附件。可行性研究中，应对下列内容加以说明：

（1）资金来源

（2）项目筹资方案

3. 房地产项目投资使用计划

（1）投资使用计划

（2）借款偿还计划

4. 项目财务分析说明及财务测算假定

（1）计算依据及相关说明

（2）项目测算基本设定

5. 房地产项目总成本费用估算

6. 销售收入、销售税金及附加和增值税估算

7. 损益及利润分配估算

8. 现金流估算

（1）项目投资现金流估算

（2）项目资本金现金流估算

9. 不确定性分析

在对建设项目进行评价时，所采用的数据多数来自预测和估算。由于资料和信息的有限性，将来的实际情况可能与此有出入，这会给项目投资决策带来风险。为避免或尽可能减少风险，就要分析不确定性因素对项目经济分析指标的影响，以确定项目的可靠性，这就是不确定性分析。

根据分析内容和侧重面不同，不确定性分析可分为盈亏平衡分析、敏感性分析。在可行性研究中，一般要进行盈亏平衡平分析、敏感性分析，还需进行风险分析（概率分析），可视项目情况而定。

第十部分 房地产项目财务效益、经济和社会效益分析

在建设项目的技术路线确定以后，必须对不同的方案进行财务、经济效益分析，判断项目在经济上是否可行，并比选出优秀方案。本部分的评价结论是建议方案取舍的主要依据之一，也是对建设项目进行投资决策的重要依据。本部分就可行性报告中财务、经济与社会效益分析的主要内容做一概要说明

1. 财务分析

财务分析是考察项目建成后的获利能力、债务偿还能力及外汇平衡能力的财务状况，以判断建设项目在财务上的可行性。财务分析多用静态分析与动态分析相结合，以动态为主的办法进行。并用财务分析指标分别和相应的基准参数——财务基准收益率、行业平均投资回收期、平均投资利润率、投资利税率相比较，以判断项目在财务上是否可行。

2. 国民经济分析

国民经济分析，是项目经济分析的核心部分，是决策部门考虑项目取舍的重要依据。房地产投资项目国民经济分析采用费用与效益分析的方法，运用影子价格、影子汇率、影子工资和社会折现率等参数，计算项目对国民经济的净贡献，评价项目在经济上的合理性。国民经济分析采用国民经济盈利能力分析和外汇效果分析，以经济内部收益率（EIRR）作为主要的评价指标。根据项目的具体特点和实际需要也可计算经济净现值（ENPV）指标，涉及产品出口创汇或替代进口节汇的项目，要计算经济外汇净现值（ENPV），经济换汇成本或经济节汇成本。

3. 社会效益和社会影响分析

在可行性研究中，除对以上各项指标进行计算和分析以外，还应对项目的社会效益和社会影响进行分析，也就是对不能定量的效益影响进行定性描述。

第十一部分 房地产项目风险分析及风险防控

1. 建设风险分析及防控措施
2. 法律政策风险及防控措施
3. 市场风险及防控措施
4. 筹资风险及防控措施
5. 其他相关风险及防控措施

第十二部分 房地产项目可行性研究结论与建议

1. 结论与建议

根据前面各节的研究分析结果，对项目在技术上、经济上进行全面的评价，对建设方案进行总结，提出结论性意见和建议。主要内容有：

（1）对推荐的拟建方案建设条件、产品方案、工艺技术、经济效益、社会效益、环境影响的结论性意见。

（2）对主要的对比方案进行说明。

（3）对可行性研究中尚未解决的主要问题提出解决办法和建议。

（4）对应修改的主要问题进行说明，提出修改意见。

(5) 对不可行的项目，提出不可行的主要问题及处理意见。

(6) 可行性研究中主要争议问题的结论

2. 附件

凡属于项目可行性研究范围，但在研究报告以外单独成册的文件，均需列为可行性报告的附件，所列附件应注明名称、日期、编号。

3. 附图（略）

12.4.2　房地产投资项目可行性研究报告案例及分析

开发建设××岛项目可行性研究报告

1. 项目概述

为了加快××岛海上国家公园建设步伐，推进××半岛工程开发进程，快速发展××岛旅游事业，提高居住档次，促进××县经济进一步繁荣，我公司拟在××县三盘岛开发建设××别墅区工程，为了做好项目报批立项工作，特编制项目可行性研究报告。

(1) 项目名称、业主及负责人

项目名称：××县××别墅区工程

项目业主：××××建设开发有限公司

法人代表：×××

(2) 建设单位简介

××××建设开发有限公司，隶属于××区建设局，经批准在××市工商行政管理局登记注册。注册号：×××；法人代表：×××；注册资本：1008万元；企业类别：有限责任公司；经营范围：房地产开发（凭资质经营）、建筑材料销售，城市综合开发资质为三级。公司现有职工21人，其中专业技术人员18人（高级职称5人，中级职称11人）是一支技术力量较强、职工素质较好的房地产开发队伍。

公司自创建以来，与××××房地产开发有限公司合作开发××市××××（总面积27000m²）、与×××房地产开发有限公司合作开发××市东方广场（总面积50000m²），工程质量优良，取得了较好的开发经验，有能力承担开发××别墅项目。

(3) 项目主要技术经济指标

1) 建设规模及用地技术经济指标

项目总用地面积（三地）　　　126665m²

项目总建筑面积　　　　　　　50000m²

其中：

别墅　　　　　　　47000m²

多功能用房　　　　1200m²

公建　　　　　　　1800m²

建筑占地面积约　　20000m²

建筑密度　　　　　16％

容积率　　　　　　0.4

绿地率　　　　　　>75％

2）各项财务指标初步预测

项目总投资	8865 万元
销售费用	30 万元
经营成本	12585 万元
营业税及附加（6.3%）	793 万元
开发总成本	9995 万元
利润总额	1797 万元
所得税	593 万元
净利润	1204 万元
开发成本利润率（税后）	12.8%
销售利润率（税后）	9.57%
销售利税率	20.58%
资本年均回报率	17.20%
盈亏平衡点	84.76%

（4）编制依据

1）××市城市规划设计研究院编制的××县××别墅区详细规划（送审稿）。

2）国有土地使用出让协议书。

2. 项目建设背景和必要性

（1）项目建设背景

××市"十五"计划纲要提出：强化海洋国土意识和海洋经济意识，合理开发"渔、港、景、海、涂"优势资源，加快发展海洋产业，建设"海上××"。坚持科技兴海，积极发展渔业……大力开发海洋旅游资源，发展海洋特色旅游业……进一步加强海岛及半岛地区的基础设施和生态建设，加快××半岛工程……建设××海上国家公园。

××市城镇体系规划：××是××中心都市圈组成部分。

××近年来社会经济实现了快速增长，积极创造条件，加快港业开发力度，已建成了××液化石油气中转站和 5 万吨级深水码头工程，积极发展效益渔业，基本建成五岛相连工程，为"十五"期内基本实现××半岛工程奠定基础。

（2）项目建设必要性

××县是省级重点旅游风景名胜业"石奇、滩佳、礁美、洞幽"。××将充分发挥得天独厚的旅游资源优势，继续实施"旅游兴县"的战略，加快海岛重点景区的开发建设，大力开发五岛相连工程沿线旅游资源，努力提升××岛旅游在××"山、江、海"旅游金三角的知名度。

为了加快××海上国家公园建设步伐，推进××半岛工程开发进程，充分发挥区域旅游资源优势，快速发展××旅游事业，配套建设一批高档别墅区，满足××、××及周边县、市中高收入群体的住房需求。促进××经济的进一步繁荣，同时提高我公司开发效益。因此，建设本项目是十分必要的。

3. 项目选址和建设条件

（1）项目选址

项目位于××岛西山头，基地东侧为旧村，南连××岛，周边为海中湖，基地中部现有三盘大桥（隧道）通过，可与××五岛相连。地块周边道路，市政配套设施已基本齐全，连岛公路已贯通，预计2005年××（××）半岛工程基本建成，陆岛相连，对外陆路交通形成，实现××××半小时交通圈。基地对外交通方便，环境优美，是建设××别墅的理想位置。

（2）外部配套条件

1）交通条件：连岛公路穿越基地，距××半岛近在咫尺，基地东片建6m宽单线主干道，西片建6m宽环状主干道，小区次干道4m宽，游步道沿环状道路外侧山体设置。西南侧海岸边设游船码头。

各别墅设有停车库，采用底层架空停车库设计，综合服务中心各配备地面停车位。

2）给水：水源采用自来水，从××大桥市政管线引入。

3）排水：雨、废分流，雨水按地势的高差经雨水管汇集后就近排入海中，污水经过生态化粪池处理后通过小区污水管排入大海。

4）供电：电源从三盘大桥市政干线引入，基地东西两片各设一个配电房。

5）电信：电话、有线电视、宽带网络从三盘大桥市政干线引入基地东西片，并沿基地主干道一侧埋地敷设。

4. 房地产市场需求分析

（1）宏观分析

国家继续把发展房地产业搞活市场作为扩大内需、拉动经济增长的重要手段。在宏观政策上，对其进行有力的调控引导，如国家住房制度改革政策的出台，停止了长期推行的福利分房，推动了个人购房市场的形成，另外各家银行的多次降息，按揭贷款购房期限的延长，城镇户籍制度的改革，大大刺激了房地产市场的需求。

（2）市场背景分析

××市国民经济持续快速健康发展，2001年国内生产总值比上年增长12.3%，财政总收入比上年增长30.1%，城市居民人均可支配收入达到13200元，增长9.5%。2002年上半年实现国内生产总值比上年同期增长12.5%，财政总收入增长32.5%。社会经济发展保持了良好态势，市民生活水平进一步改善，部分市民生活由小康水平向富裕迈进，多数市民住房消费已由解决"有房住"发展到"住好房"。越来越多市民卖掉小房住大房，卖掉旧房换新房，希望二次购房甚至三次购房的人越来越多。××有一批企业家和私人经济业主、高级技术管理人员，又有100多万人在全国各地经商办厂，这样造就了民间资金富裕、购买力持续旺盛的区域经济特色，购房可改善居住条件，同时可作为投资行为争取升值，因此××楼市连续五年持续高温，市区房价不断升温，房价居高不下，房地产市场显现一派红火的景象。

（3）潜在与有效需求

××市"十五"期末，城市化水平要达到50%，城市人口由现在的308万人增长到2005年413万人，净增人口105万人，需新增住房2520万 m^2，同时还有300万 m^2 旧房急需改造。1993年以前购置的住宅约有40%需更新换代，还有继续实施旧城改造需要拆迁一大批住宅，预示××房地产市场有着巨大的消费潜力。

（4）热销预测

××是省级重点旅游风景名胜区，"石奇、滩佳、礁美、洞幽"，项目区位置理想，环境优雅，设计新颖，套型丰富，配套设施完善，居住舒适，生活方便。"十五"期末××半岛工程基本实现后，对外交通便利，由于利用山地建设，房价居于××地区最低水平。

本项目住宅将会受到中高收入家庭购房群体的青睐，购买××别墅一可作为休闲度假房，二可作为大中企业专家楼，三可作为商品房投资争取升值。因此，预测销售前景乐观，预售时可能会出现热销局面。

5. 建设规模

项目用地面积	126665m²
项目总建设面积	50000m²

其中：

别墅	47000m²
多功能用房（超市、娱乐、休闲）	1200m²
公建用房	1800m²

注：公建用房包括物业、配电、会馆、消防、邮电、公厕等。

区间上山道路、土方开挖、管线预埋可先行实施。

二次绿化、给排水、供电、消防、有线电视、邮电、智能化网络、停车、垃圾收集、污水处理等配套设施同步建设。

用地技术经济指标：

建筑占地面积	20000m²
平均每户用地	120m²
容积率	0.4
建筑密度	16%
绿地率	＞75%
主次干道路、停车等	12000m²（约占总用地9%）

6. 规划设计方案

别墅区主要道路由××大桥接入，人口处设综合服务中心，沿地势延伸至西侧环状道路，构成小区的主要交通道路。西侧支路由环状道路引入，到达山体顶部，顶部结合中心公共绿地设置综合服务中心及物业管理。别墅沿小区主干道两侧或单侧布置，山中心绿地向西通过台阶可步行到西南角的观景广场和俱乐部，由观景广场可下行至游船码头。另外，在用地中部设置了一个生活服务点，方便居民生活需要。

按地形特点分为东、西两片别墅区，片区内各设置配套服务设施及公共绿地，西南角为滨海休闲区。

别墅：点式别墅和连体别墅，点式为二层，局部三层；连体式为三层，一层层高为3.5m，二～三层层高为3m，斜形坡屋面。

基地内设置观景台、观景广场、中心公共绿地，在观景广场处设置别墅区标志性雕塑，夜景则通过在各车行道及游步道、观景广场设置灯光加强视觉效果。

7. 建设进度安排

2002年7～12月	项目前期准备工作、方案设计
2003年1～4月	扩初及施工图设计

2003 年 5 月～2004 年 12 月　　　工程施工

2005 年 1～3 月　　　　　　　　项目竣工验收

8. 投资估算与资金筹措

（1）投资估算

1）用地费用：暂按有关出让协议山地 9.7 万元/亩计算。

2）场地平整：50 元/m²。

3）建筑安装费（含水、电）：参照××及××近期同类工程造价情况估算 1050 元/m²。

4）主次干道及广场（含山坡土石方开挖、管线预埋灯饰）：160 元/m²。

5）总图费用：（含码头、露天构筑物、绿化等）90 万元。

6）配套设施：变配电、备用发电机组、消防、宽带网络、给水等 276 万元。

7）开发单位管理费：包括监理、招标、管理等按工程费用等 4.5% 计算。

8）物业专项资金：按工程费 4% 计算。

9）人防工程易地建设费：15 元/m²。

10）电力增容费：220 元/kVA。

11）城市设施配套费：50 元/m²。

12）预备费（基本预备费）按下表中一、二两项合计数的 5% 计算。

本工程总投资 9965 万元，见表 12-2。

建设工程投资估算表　　　　　　　　　　　　表 12-2

序　号	工程项目	单 价	工程量	金 额	备 注
一	工程费用			6441	
1	场地平整	50 元/m²	126665m²	633	
2	建筑安装费	1050 元/m²	50000m²	5250	含水、电、消
3	区间道路广场	160 元/m²	12000m²	192	含水、电、消
4	总图（码头、绿化）			90	
5	配套设施			276	
(1)	变配电		1260kVA	126	
(2)	备用发电机组		300kVA	60	
(3)	消防、宽带及其他			90	
二	其他费用			2935	
1	用地费用	9.7 万元/亩	190m²	1843	
2	开发建设单位管理费用	4.5%		290	6441×0.045
3	勘察设计费	2.52%		162	6441×0.0252
4	物业专项资金	4%		258	6441×0.04
5	质监、白蚁防治费			29	
6	人防工程易地建设费	15 元/m²	50000m²	75	
7	电力增容费			28	
8	城市基础设施配套费	50 元/m²	50000m²	250	
三	预备费	5%	9376m²	469	
四	建设期利息			120	
	建设投资总计	1993 元/m²	5000m²	9965	

（2）资金筹措

项目总投资 9965 万元，开发企业按规定应投入项目资本金 2000 万元，总投资与资本金差额部分由商品房预售收入和商请有关银行贷款解决。

9. 财务效益初步分析

（1）销售价格设定

参考××市各地近期同类住宅交易价格，结合本项目特点和开发成本，设定别墅 2550 元/m^2，多功能用房（商用）5000 元/m^2。（以上设定价格仅供项目建议书财务测算使用，正式售价按规定另行报批）

（2）效益初步预测

经营收入	12585 万元
减：工程建设投资	9965 万元
销售费用	30 万元
营业税及附加（6.3%）	793 万元
利润总额	1797 万元
减：所得税	593 万元
税后利润	1204 万元

（3）财务分析指标

开发成本利润率（税后）	12.08%
开发成本利税率	25.99%
销售利润率（税后）	9.57%
销售利润率	20.58%
资本年均回报率	17.20%

（4）敏感性分析

影响房地产开发效益，主要是销售收入和开发成本两个因素，本项目影响投资效益最为敏感的因素是销售收入。经计算两个因素可容忍的极限为：当销售收入降低 15.24%，开发成本不变；或销售收入不变，当开发成本增加 17.98%，项目保本。本项目财务抗风险能力较强。

（5）财务效益小结

综合以上各项指标初步分析，项目在经济上达到"自我消化，自求平衡，略有利润"的要求，项目具有一定经济抗风险能力和清偿能力，本项目开发创税（营业税及附加、所得税）1386 万元，同时项目有较好的社会效益和环境效益。

对上述案例的简要分析如下：本可行性研究报告的研究对象是在××××县建设的别墅项目，本报告在市场调查及预测的基础上，对未来销售及收益情况作了合理预测，并对项目基础数据进行了合理估算，拟定了规划设计方案并给出了效益分析。但是，报告也存在一些问题：①本报告应加入节能节水及环境影响分析章节，对具体的建设过程中的各项方案进行描述论证；②本报告欠缺社会影响分析的内容，还应对项目建成后的社会影响进行分析、评价；③本报告还应对可能存在的风险进行分析评价；④报告最后应该得出结论并提出合理化建议。

本 章 小 结

房地产投资项目可行性研究是在项目投资决策前，对拟建项目进行全面的技术经济分析与论证，并对其做出可行或不可行评价的一种科学方法。它是项目投资前期工作的重要内容，是项目投资决策中必不可少的一个工作程序。

项目可行性研究的任务就是通过对拟建项目进行投资方案规划、工程技术论证、经济效益的预测和分析，经过多个方案的比较和评价，为项目决策提供可靠的依据和可行的建设方案，并明确回答项目是否应该投资和怎样投资。

可行性研究报告结构应包括封面、摘要、目录、正文、附件和附图等几部分。内容包括总论、项目投资环境与市场研究、建设规模用途项目开发条件、建设方案比选、节能节水措施、环境影响评价、劳动、安全、卫生与消防、组织机构与人力资源、投资估算与资金筹措计划、财务分析、社会效益分析、研究结论与建议、附图、附表、附件等。

房地产投资项目可行性研究报告编制步骤依次是签订委托协议、组建工作小组、制定编写工作计划、调查研究收集资料、方案编制与优化、项目评价、编写《报告》和与委托单位交换意见。

房地产投资项目可行性研究报告编制要求有报告内容要简洁明了、表达方式应形象生动、数据资料要客观真实、观点要明确、资料要充分、内容应该有深度、印刷和装帧要美观。

思 考 题

1. 房地产投资项目可行性研究的主要作用有哪些？
2. 简述房地产投资项目可行性研究的依据。
3. 简述房地产投资项目可行性研究报告的结构和内容。
4. 房地产投资项目可行性研究报告编制步骤是什么？
5. 房地产投资项目可行性研究报告编制有哪些要求？

练 习 题

在某学校附近有某一老旧小区计划拆迁改造，某房地产公司中标获得其项目，请教师根据当地房地产市场情况拟定相关数据，要求学生通过市场调研拟定该项目的可行性研究报告提纲，并作初步财务分析。

参 考 文 献

[1] 谭善勇. 房地产投资分析 [M]. 北京：机械工业出版社，2008.

[2] 高群. 房地产投资分析 [M]. 北京：机械工业出版社，2008.

[3] 中国房地产估价师与房地产经纪人学会. 房地产开发经营与管理 [M]. 北京：中国建筑工业出版社，2011.

[4] 全国注册咨询工程师资格考试教材编委. 项目决策分析与评价 [M]. 北京：中国计划出版社，2008.

[5] 刘秋雁. 房地产投资分析（第三版）[M]. 大连：东北财经大学出版社，2011.

[6] 施建刚. 房地产开发项目区位因素分析与研究 [J]. 华东经济管理，2001（8）.

[7] 刘立，马丽华. 2009 土地管理基础与法规 [M]. 武汉：华中科技大学出版社，2009.

[8] 周小平，熊志刚，王军艳. 房地产投资分析 [M]. 北京：清华大学出版社，2011.

[9] 冯力. 房地产投资分析 [M]. 北京：化学工业出版社，2010.

[10] 冯彬. 工程项目投资决策 [M]. 北京：中国电力出版社，2008.

[11] 王建红. 房地产投资分析（第 2 版）[M]. 北京：电子工业出版社，2012.

[12] 刘圣欢. 房地产投资分析 [M]. 武汉：武汉理工大学出版社，2011.

[13] 卜一德. 房地产开发经营管理实用手册 [M]. 北京：中国建筑工业出版社，2010.

[14] 全国注册咨询工程师资格考试教材编委. 工程项目组织与管理 [M]. 北京：中国建筑工业出版社，2011.

[15] 周小平，熊志刚. 房地产开发与经营 [M]. 北京：清华大学出版社，2010.

[16] 郑健力，张红. 城市房地产投资环境评价 [M]. 北京：清华大学出版社，2011.

[17] 俞明轩. 房地产投资分析 [M]. 北京：首都经贸大学出版社，2012.

[18] 银花，张加颖. 房地产经营管理 [M]. 北京：机械工业出版社，2007.

[19] 叶剑平，邹晓燕. 房地产市场营销 [M]. 北京：中国人民大学出版社，2012.